영적 지도력

SPIRITUAL LEADERSHIP

리더들이여, 계속해서 열심을 품으라!

영적 지도력

하나님께 쓰임 받는 리더들의 실제적 지침서

오스왈드 샌더스 지음 | 이동원 옮김

SPIRITUAL
J. OSWALD SANDERS
LEADERSHIP

요단
JORDAN PRESS

역자 서문

　청년 사역자의 길을 시작하며 샌더스의 이 책을 발견한 것은 큰 기쁨이었습니다. 저는 이 책의 페이지 페이지를 줄을 그어가며 읽고 또 읽고, 또 읽었습니다. 그리고 가능한 이 책의 적용점을 따라 행동하려고 성령님의 도우심을 구했습니다. 그리고 많은 세월이 지나 돌아볼 때 이 책은 저의 리더십을 만든 피와 살이었습니다.

　그동안 국내외 책의 시장에는 수많은 리더십의 책들이 범람했습니다. 어떤 책들은 기독교적 관점에서 또 어떤 책들은 경영학적 관점에서 소개되었습니다. 그러나 정직하게 기독교적이고 성경적인 리더십의 책들은 드물었습니다. 대부분의 기독교 리더십의 책들조차 경영학적 영향 하에 쓰인 것이 대부분이었습니다.

　적지 않은 리더십의 책들을 읽고 난 후, 저는 다시 오스왈드 샌더스를 찾게 되었습니다. 그의 예수 사랑, 그의 성경 사랑 안에서 저는 샌더스의 리더십 추구가 가장 편안했습니다. 그리고 그의 책은 여전히 저의 베스트 리더십 교본으로 오늘도 다시 저를 일깨웁니다. 샌더스가 사랑한 주님을 바라보며 그의 주님 따르기는 변함없는 저의 길임을 확인합니다.

저는 이제 치열한 현장 목회 사역에서 은퇴한 목회 사역자입니다. 그런데도 저는 지금도 종종 이 책을 찾게 되고 반복하여 읽고 묵상하게 됩니다. 그리고 제가 가르치는 리더십 교실에서 이 책은 아직도 우선순위 1번을 지키고 있습니다. 저는 이 책을 진정한 리더십의 영적 고전이라고 부르고 싶습니다.

리더십 책들이 범람하는 강에서 단 한 권의 보석을 건져 올리고자 하는 동역자들에게 성경적인 뿌리와 가지에서 맺히는 리더십의 열매를 갈망하는 모든 친구들에게 그리고 흔들리는 한국 교회 리더십의 위기에 안타까워하며 대안을 찾는 성도들에게 저의 평생을 만들고 빚지게 한 이 한 권의 고전을 마음을 다하여 추천드리는 바입니다.

이동원 목사
(지구촌교회 창립/원로, 지구촌 미니스트리 네트워크 대표)

저자 서문

이 책은 해외선교회 OMF 지도자들에게 했던 두 차례의 설교를 정리한 것이다. 싱가포르에서 있었던 이 설교가 더 널리 알려지고 더 많은 사람들에게 보급되어야 한다는 제안이 있어서 저자는 이 요구를 수락하게 되었다.

세속적이거나 영적인 영역을 막론하고 지도력에 대한 원리는 성경과 위대한 하나님의 사람들의 자서전에 소개되어 있다. 그러나 독자들은 이런 예들이 기술된 모든 자서전에 접근하기란 실로 어려운 일이기에 저자는 지도력에 있어서 다른 사람보다 뛰어나게 성공적이었던 사람들의 생애에서 그 사례를 선택하게 되었다.

가능한 한 어디서나 인용 자료들을 제시하고자 하였다. 성경을 언급할 경우에는 저자에게 가장 정확하고 명료하게 나타난 번역을 사용하였다.

이 자료는 성령께서 모든 능력을 구속자의 뜻에 온전히 맡기고 거룩한 야심을 품도록 그 마음속을 채우시는 젊은 그리스도인들에게 도움이 되도록 면밀하게 검토하고 선별하였다.

지도자로서의 길을 가는 사람들의 마음 가운데 열방을 다시 한 번 일으키고, 더욱 노력하여 보람 있는 사역을 추구한다면 이 책의 목적이 실현되리라 믿는다.

오스왈드 샌더스

역자서문 4

저자서문 6

01 명예로운 야심　10
02 지도자의 발견　20
03 주님의 지도원리　28
04 자연적 지도력과 영적 지도력　38
05 지도자 자질의 기준　52
06 바울서신에 나타난 지도자상　58
07 베드로서신에 나타난 지도자상　74
08 지도력의 필수적인 자질(I)　82
09 지도력의 필수적인 자질(II)　110
10 필수적인 자격 요건　134
11 지도자와 기도　144

- ⑫ 지도자와 시간　160
- ⑬ 지도자와 독서　174
- ⑭ 잠재된 지도력의 개발　190
- ⑮ 지도자가 치러야 할 대가　200
- ⑯ 지도자의 책임　218
- ⑰ 지도자 자격에 대한 엄격한 시험　228
- ⑱ 위임의 기술　240
- ⑲ 지도자의 교체　248
- ⑳ 지도자의 재생산　256
- ㉑ 지도자의 두드러진 위험들　266
- ㉒ 본을 보인 지도자, 느헤미야　284

01

명예로운
야심

지도력을 열망하는 것은 명예로운 야망이다(딤전 3:1 NEB 참조)

네가 너를 위하여 큰일을 찾느냐 그것을 찾지 말라(렘 45:5)

지도력에 대한 열망은 곧 명예로운 야망이라는 바울의 주장을 모든 그리스도인들이 이의 없이 받아들이지는 않을 것이다. 인간이 직책을 찾기보다는 직책이 인간을 찾아야 하지 않겠는가! 야심을 가진 사람에게 직책을 맡기는 것은 위험천만한 일이 아닐까? 야심이란 고상한 정신이 피해야 할 가장 고약한 마음의 상태라는 주장에는 과연 일말의 진리가 없는 것일까? 셰익스피어가(Shakespeare)가 희곡 『헨리 8세』에서 등장인물인 울지(Wolsey)를 통하여 다음과 같이 말한 것은 과연 심오한 진리를 나타내고 있는 것이 아니겠는가!

"크롬웰, 내가 그대에게 명하노니 야심을 버리라, 천사들도 그로 인하여 타락했노라. 그럴진대 창조주의 형상인 그대 인간이 그런 죄로 인한 유익을 어찌 구할 수 있으리오?"

우리는 이런 혹평들을 무시하는 야심이 실재한다는 것을 부인할 수 없다. 그러나 이 장의 처음 두 구절이 하나님을 신실하게 섬기려는 사람에게 계속적인 긴장이 되어 적용되고 그리하여 그의 삶의 지고한 가능성을 깨달을 수 있다면 그런 사람은 이와 같은 야심의 결과에 대하여 아무런 두려움을 가질 필요가 없을 것이다.

바울이 말한 명예로운 야망을 평가함에서 몇 가지 요인들이 꼭 기억되어야 한다. 먼저 우리는 그의 견해에 나타난 명예와 특권의 의미를 오늘날의 교회 지도자가 가지는 것과 같은 의미로 이해하려는 경향이 있음을 지적하고자 한다. 그러나 바울이 이 글을 기록하던 당시의 상황은 아주 달랐다. 그 시대에서 감독의 직분이란 욕심을 낼만한 선망의 위치라기보다, 커다란 위험과 무거운 책임을 느껴야만 했던 위치였다. 빈번한 곤경과 멸시와 배척이 그 자리의 보상이었다. 박해가 올 때 그는 맨 먼저 고난을 감수하는 자리에 서야 했다.

이러한 상황을 이해하지 않고 성경을 읽는다면, 우리는 바울의 진술에 그와 같은 위험이 내포되어 있는 것을 생각지 않을 수도 있다. 따라서 단지 지위만을 추구하는 자들과 협잡꾼들은 그와 같은 심각한 임무를 감당해야 하는 지도자의 위치를 전혀 갈구하지 않았을 것이다. 낙담

할 수밖에 없는 상황에서도 바울은 모험을 불사하고 위험을 짊어진 지도자들을 격려하고 찬사의 말을 해주는 것이 마땅하며 또 필요한 일이라고 느꼈을 것이다. 그러므로 바울은 "지도력을 열망하는 것은 명예로운 야망이다"라고 말할 수 있었다.

오늘날에도 똑같은 상황이 되풀이되고 있다. 공산주의 치하에서 가장 어려운 고난을 당하고 있는 중국교회 지도자들의 경우가 바로 그런 상황이다. 네팔에서 아주 적은 인원이 모이는 교회의 교인들이 체포되었다. 교인들은 일찍 석방되었으나, 그 교회의 책임 있는 목사는 여러 해 동안 감옥에서 고난을 감수하였다. 이처럼 오늘날에도 여러 나라에서 영적 지도자가 된다는 일은 결코 수월한 일이 아니다.

바울이 감독의 직분만 아니라 감독의 기능도 존경받을 만하고 고상하다고 말하는 것을 유의해서 보도록 하자. 이는 과연 세상에서 가장 명예로운 일이며, 가장 숭고한 동기에서 이 영광스러운 직분을 구할 때 그 결과는 현세와 내세에 모두 유익이 될 것이다. 바울 당시에는 오직 그리스도를 위한 깊은 사랑과 그리스도의 교회를 위한 순수한 관심만이 사람들로 하여금 이 직분을 열망케 하는 강력하고도 충분한 동기가 되었을 것이다. 그러나 오늘날 대부분의 나라에서 그리스도인 지도력은 명예와 특권의 의미로만 이해되고 있으며, 따라서 무가치한 야심이 작용하여 '자기추구'의 길로 사람을 인도하며, 영적이지 못한 사람들이 이 직분을 갈망하게 되는 결과를 초래했다.

이것은 바로 예레미야가 바룩에게 충고한 진리에서도 볼 수 있다.

"네가 너를 위하여 대사를 경영하느냐? 그것을 경영하지 말라." 그는 여기서 야심을 갖지 말라고 경고하는 것이 아니라 '자기중심적인 야심' 곧 '자신을 위한 대사'를 계획하는 것에 대한 경고이다. 위대한 사람이 되고자 하는 갈망 그 자체가 반드시 죄악은 아니다. 그 일의 특성을 결정하는 동기가 문제인 것이다. 주님은 위대해지고자 하는 열망을 무시하거나 비난한 것이 아니라, 보잘것없고 무가치한 동기에 근거한 지도력을 지적하여 훈계하신 것이다.

모든 그리스도인은 자신의 생애에서 하나님께서 자신에게 주신 능력과 재능을 최대한 개발시키고 활용할 책임이 있다. 그러나 예수께서는 자기중심적이고 결국 자신에게 귀결되는 야심은 잘못된 것이라고 가르치셨다. 스티븐 닐(Stephen Neill) 감독은, 성직 수임식 연설에서 "나는 야심이란 말이 보통 사람들에게 보편적으로 사용되고 있는 의미로는 죄악 된 개념이라고 생각한다. 또한 그리스도인들은 야심을 죄악시 해야 한다고 확신하며 더욱이 성직에 임명되는 목사들에게는 변명의 여지가 없는 것이라고 생각한다."[1]고 말한 바 있다.

그러나 이와 반대로 하나님의 영광을 위하여 그의 교회를 위해 가지는 야심은 정당할 뿐 아니라 적극적으로 칭찬할만하다. 본래 영어의 야심(ambition)은 '자신을 높이기 위해 자기를 선전한다'는 의미를 가진 라틴어에서 유래되었다. 사람들에게 자신을 나타내고, 인정받으며, 인

---

1) 1. Stephen Neill, *"Address to Ordinands,"* The Record, 28 March 1947, 161.

기를 얻고, 자신의 동료 중에서 뛰어나고, 다른 사람들을 지배하게 되는 여러 가지 다양한 요인들이 야심 가운데 내포되어 있을 것이다. 보통 야심가들은 돈이나 권세가 가져다주는 힘을 즐긴다. 주님은 이런 세속적인 야심을 호되게 꾸짖으셨다. 참된 영적 지도자는 결코 자신을 높이기 위한 목적으로 자기를 선전해서는 안 된다.

예수께서는 야심만만한 그의 제자들에게 위대함에 대한 새로운 표준을 선언하셨다. "이방인의 소위 집권자들이 저희를 임의로 주관하고 그 대인들이 저희에게 권세를 부리는 줄을 너희가 알거니와 너희 중에는 그렇지 아니하니 너희 중에 누구든지 크고자 하는 자는 너희를 섬기는 자가 되고 너희 중에 누구든지 으뜸이 되고자 하는 자는 모든 사람의 종이 되어야 하리라"(막 10:42-44).

이 혁명적인 사상을 선언하시는 말씀의 맥락에서 주님은 모든 이기적 야심의 가면을 벗기고 진정한 야심의 참된 성격을 제시하신 것이다. 예수님께서 자기의 몇몇 제자들에게 자신의 고민을 털어놓으시며 그의 임박한 고난과 죽음에 대해 말씀하셨다(33-34절). 예수님께서 이 말씀을 하시자마자, 야고보와 요한은 예수님의 죽으심에 대해서는 지극히 무관심하고 냉담한 채 "여짜오되 주의 영광 중에서 우리를 하나는 주의 우편에 하나는 좌편에 앉게 하여 주옵소서"(37절)라고 구한 것을 볼 수 있다. 그들은 영광의 면류관은 구하면서, 고난의 면류관을 위해서는 전혀 준비가 되어 있지 않았다. 그들은 왕위 대관식에는 관심이 있었으나, 십자가에 못 박히는 것에 대해서는 무관심하였다. 그들은 주님의 고난에 동참하기보다는 화려함과 권세를 더 좋아했다. 그러면 오늘날은 달라졌는가? 그들은 오늘의 우리와 마찬가지로 영광은 십자가의 길을 통해서만 도달할 수 있음을 배워야 했다.

고상한 동기에서 비롯된 위대하게 되고자 하는 열망은 근본적으로 잘못된 것이 아니지만, 이런 동기 없이 그저 가장 위대한 자가 되고 싶다는 욕망은 전적으로 잘못된 것이다. 이것이 바로 비열한 술책으로 자기들의 일시적인 진보를 획득하기 위해 사랑하는 어머니를 이용하여 도움을 청한 야고보와 요한의 그릇된 야심이었다. 그들은 간교하게도 그리스도 왕국에서의 특권적 위치와 권세에 있어서 그들의 가까운 친구들을 앞지르거나 그 친구들을 제외시키려고 했다.

여기서 그들은 이중적 오류를 범했다. 첫째, 그들은 그리스도의 왕국을 이 세상의 화려함과 호화스러움의 차원에서 상상했다. 둘째, 그들은 위대함이 지위와 장소에 있는 것이라고 오해했다. 이런 생각 때문에 그들은 주님 나라의 수석 각료가 되고자 하는 욕망을 갖게 되었던 것이다. 그들의 사고는 아직도 세상적인 기준에 사로잡혀 있었다. 후일 오순절의 큰 불길 속에서 성령의 역사하심으로 이들의 더러운 생각이 세속적인 욕망을 버렸을 때 그들은 비로소 참된 영적 지도자의 자리에 이르게 되었다. 오늘날도 권세와 높아지고자 하는 욕망으로 많은 교회들이 오염되고 있으며 영적 능력이 부인되고 있다. 디오드레베는 아직 죽지 않았다(디오드레베는 요한삼서 9절에 나타나는 인물인데 으뜸 되기를 좋아하는 사람이라고 증언되고 있다 -역주).

예수께서 두 제자의 야심적인 요구를 거절하신 후 그들에게 한 가지 대단히 중요하며 영원한 교훈을 가르치셨다. "너희는 너희가 구하는 것을 알지 못하는도다. 내가 마시는 잔을 너희가 마실 수 있으며 내가 받는 침(세)례를 너희가 받을 수 있느냐"라고 말씀하시자, 그들은 "할 수 있나이다"라고 하면서, 계속하여 예수님에 대한 지식이 결핍된 무모한 자기 신뢰의 대답을 하고 있다. 이때 예수께서는 내 좌우편에 앉는 것은 내가 줄 것이 아니라 누구를 위하여 준비되었든지 그들이 얻을 것이니라"고 대답하셨다(38-40절).

　예수께서는 그들과 우리에게 위대함과 지도력에 대한 세속적 사고는 그의 영적인 왕국에 합당하지 않다는 것을 가르치신 것이다. 실상 그분이 이해한 왕국의 가치와 세상의 가치는 정반대이다. 이 세상에서 가장 귀한 금이 천국에서는 도로포장에 사용되고 있다. '누구를 위하여 준비되었든지'란 말은 이를 위해 자기 자신을 준비하였던 자들을 의미한다. 그러면 그들이 갖추어야 할 준비는 무엇인가? 그는 모든 사람의 종이 되어야 한다는 사실이다. 그가 거느린 종들의 수가 아닌 자기가 섬겨온 사람들의 수가 하늘나라에서 크게 되는 기준이며, 지도력에 대한 참된 준비가 된다는 것이다. 다시 말하면 참으로 위대해지고 높아지는 것은 겸손하게 섬긴 봉사에 비례한다. 참된 위대함은 그가 처한 환경에 있는 것이 아니고, 그의 성품에 있다.

　우리 주님은 그 자신의 가르침에 대한 완전한 모본이셨다. "인자가 온 것은 섬김을 받으려 함이 아니라 도리어 섬기려 하고 자기 목숨을 많은 사람의 대속물로 주려 함이니라"(막 10:45). "나는 섬기는 자로 너희 중에 있노라"(눅 22:27).

영적 지도력에 대한 연구를 처음 시작하면서 하나님 편에서 선포된 이 주요 원리를 명확하게 이해하고 확고하게 받아들이려면 무엇보다 참된 위대함과 참된 지도력은 다른 이들에 대한 봉사를 감소시킴으로 성취되는 것이 아니라, 그들이 이타적으로 자신을 드림으로 성취됨을 알아야 한다. 그리고 이는 대가를 지불하지 않고는 결코 될 수 없는 일이다. 그것은 쓴 잔을 마시며 고난의 뼈아픈 침(세)례를 체험하는 것을 수반한다. 참된 영적 지도자는 자기가 삶에서 얻어낼 수 있는 유익과 기쁨보다 하나님과 자기 동료에게 기여할 수 있는 봉사에 더 관심을 두는 자이다.

사무엘 브랭글(Samuel L. Brengle)은 "역사의 가장 분명한 역설은 인간이 최후 심판을 받으면서 그동안 그가 누렸던 온갖 호칭과 지위가 전부 무시당하는 경우이다"라고 하면서 "역사는 어떤 사람이 소유했던 계급이나 칭호 혹은 그가 가졌던 직책에 전혀 관심두지 않고, 다만 그의 행위와 그의 마음과 인격에만 관심이 있다는 사실을 사람들의 궁극적인 평가에서 볼 수 있다"[2]고 하였다.

고든(S. D. Gordon)은 "한 인간의 야심을 그를 향한 하나님의 계획에 일치시켜 보라. 그러면 어느 광대한 바다에서도 성실히 그를 인도할 북

---

[2] C. W. Hail, *Samuel Logan Brengle* (New York: Salvation Army, 1933), 274.

극성을 소유하게 되리라"고 하면서, 이어서 참된 지도자는 '아주 짙은 안개 속과 매우 사나운 폭풍우 속에서도 불구하고 올바로 방향을 제시하는 나침반을 소유한 자'라고 기록하였다.

그리스도교 선교의 선구자인 진젠돌프(Zinzendorf) 백작은 지위와 부에 대해 그가 받았던 여러 가지 유혹에도 불구하고 그의 태도와 야심을 한 마디로 이렇게 요약하였다. "나에게는 단 하나의 열망이 있노라. 그것은 바로 그분, 오직 그분뿐이다." 그는 자신의 이기적인 욕망을 내던지고 대신 유명한 모라비안 교회의 창시자이며 지도자가 되었다. 그의 추종자들은 지도자의 정신을 깊이 받아들였으며 복음으로 세상을 뒤엎었던 것이다. 그들의 교회는 선교활동이 극히 제한되어 있었던 당시 모국의 교회들보다 세 배나 많은 전도자를 지닌 해외 교회를 만들어내는 독특한 특성을 나타낼 수 있었다. 그 교회에서 92명 중 한 사람의 비율로 해외 선교사가 배출되었다.

> 아담의 자손들인 우리가 위대해지려고 했기 때문에
> 그분은 작은 자가 되셨도다.
> 우리가 굽히기를 거절했기 때문에 그분은 스스로를 낮추셨도다.
> 우리가 지배하려 했음으로 그분은 섬기러 오셨도다.

02

지도자의 발견

무릇 높이는 일이 동쪽에서나 서쪽에서 말미암지 아니하며
남쪽에서도 말미암지 아니하고 오직 재판장이신 하나님이 이를
낮추시고 저를 높이시느니라 (시 75:6-7)

내게 하나님의 사람을 주소서.

-한 사람을

믿음이 그의 마음을

지배하는 사람을 주소서.

그러면 나는 모든 오류를

바로잡고 그리고

인류의 이름을 축복하겠나이다.

내게 하나님의 사람을 주소서.
-한 사람을
혀가 하늘의 불에 접촉된
사람을 주소서.
그러면 나는 가장 어둔 망을 밝혀
높은 결심과 깨끗한 열망을 지닌
마음들이 되게 하겠나이다.

내게 하나님의 사람을 주소서.
-한 사람을
주님의 능력 있는 한 선지자를
내게 주소서.
그러면 나는 칼이 아닌 기도로
이 땅에 평화를 가져오겠나이다.

내게 하나님의 사람을 주소서.
-한 사람을
그가 보는 환상에 성실한
사람을 내게 주소서.
그러면 저는 무너진 당신의
성소를 재건하고

그 앞에 민족들로 무릎 꿇게 하겠나이다.

-조지 리들(George Liddell)

하나님과 인간은 기독교 사역의 여러 영역에서 끊임없이 지도자를 찾고 있다. 성경에는 하나님께서 특별한 유형의 사람을 계속해서 찾고 계신 것으로 묘사되어 있다. 하나님은 사람들이 아니라 한 사람을, 집단이 아닌 한 개인을 찾고 계시다.

"여호와께서 그의 마음에 맞는 사람을 구하여"(삼상 13:14)
"내가 본즉 사람이 없으며"(렘 4:25)
"너희는 예루살렘 거리로 빨리 다니며 그 넓은 거리에서 찾아보고 알라 너희가 만일 정의를 행하며 진리를 구하는 자를 한 사람이라도 찾으면 내가 이 성읍을 용서하리라"(렘 5:1)
"이 땅을 위하여 성을 쌓으며 성 무너진 데를 막아서서 나로 하여금 멸하지 못하게 할 사람을 내가 그 가운데에서 찾다가 찾지 못하였으므로"(겔 22:30)

성경과 이스라엘의 역사 그리고 교회의 역사는 하나님께서 자신의 영적인 요구를 충족시키며 제자로서 모든 대가를 기꺼이 치르고자 하는 사람을 발견하실 때 그의 두드러진 결점에도 불구하고 그들을 사용하신다는 것을 증언하고 있다. 모세, 기드온, 다윗, 마르틴 루터(Martin

Luther), 존 웨슬리(John Wesley), 아도니람 저드슨(Adoniram Judson), 윌리엄 캐리(William Carey) 등 많은 지도자들이 모두 그런 사람들이었다.

교회의 초자연적 특성은 보통 인간의 수준을 초월하는 지도력을 요구하기 마련이다. 그렇지만 과연 이런 중대한 필요에 응하기 위해 하나님께 기름 부음을 받고 하나님에 의해 지배되는 사람의 필요는 채워져 왔는가? 어떤 면에서 보면 이렇게 헌신된 지도자의 수요는 항상 모자랐다. 그 이유는 간단하다. 지도자에 대한 요구사항이 너무 엄중하기 때문이다.

"교회는 매우 절실하게 지도자를 필요로 하고 있다. 그러나 소리가 들려오기를 아무리 기다려도 들을 만한 소리든 임하지 않는구나. 나는 집회와 회의에서 눈에 띄지 않는 뒷자리를 좋아한다. 왜냐하면 말하기보다 오히려 듣고 싶기 때문이다. 하지만 내가 진정 듣고 싶은 나팔 소리는 들을 수 없다"[1]고 윌리엄 생스터(William E. Songster)는 탄식한 바 있다.

자라나는 세대에 대한 의무를 이행하기 위해서 교회는 권위 있고 영적이며, 희생적인 지도력을 최우선적으로 필요로 하고 있다. 너나 할 것 없이 사람들은 자기가 어디로 가고 있는지 확신할 수 있는 감화력 있는 지도자의 인도를 받고 싶어 하기 때문에 지도자는 권위가 있어야 한다. 사람들은 지혜롭고 강한 면을 보여주며 자기가 믿는 바를 변호할

---

1) Paul E. Sangster, *Doctor Sangster* (London: Epworth, 1962), 109.

줄 아는 지도자를 의심 없이 따른다. 인간적(자연적 혹은 육신적)인 지도자는 그가 아무리 유능하고 매력적일지라도 결국 열매를 맺지 못하고 영적, 도덕적인 파멸을 초래할 것이므로 지도자는 영적인 사람이어야 한다. 또한 지도자는 우리에게 자신의 발자취를 따라오도록 본을 보여주시고 온 인류를 위해 자신의 몸을 제물로 드리신 주님의 생을 본받아야 하기 때문에 희생적이지 않으면 안 된다.

교회는 초자연적인 역사를 기대하고 체험했던 영적인 지도자들에 의해 인도되었을 때 가장 부흥할 수 있었다. 이러한 지도자들의 결핍은 교회를 억누르는 불안의 징후였다. 따라서 한때 그곳에서 지대한 영향을 끼쳤던 강단의 나팔소리는 점차 줄어들게 되었다.

불타는 세상에서 교회의 소리는 단지 애처로운 속삭임으로 가라앉고 말았다. 이 상황에 직면하여 최선을 다해 참된 영적 지도력을 젊은이들에게 계승하는 것이야말로 오늘날 지도자의 위치에 있는 사람에게 부여된 의무이다.

지도력이란 종종 지적인 능력, 의지력, 열성과 같은 성격의 특성과 타고난 재능의 산물이라고 여겨왔다. 이런 재능들과 학자적인 자격들이 지도력을 크게 향상시킨다는 것은 의심의 여지가 없지만, 이것이 영적 지도자들에게 가장 중요한 자질이 될 수는 없다. 지도력의 참된 자질은 큰 목표를 위해 전적으로 복종하며 기꺼이 고난 받을 수 있는 사람들에게서 발견된다.

영적 지도자들은 투표나 지명에 의해 선출될 수 있는 것이 아니며,

어떤 개인이나 특정한 단체 집단에 의해 세워지는 것도 아니고, 집회나 종교회의에 의해서 결정되는 것도 아니다. 오직 하나님만이 지도자를 세울 수 있다. 단순히 중요한 지위를 소유하는 것만으로 지도자가 되는 것은 아니다. 지도자가 되는 유일한 방법은 자격을 갖추는 것이다. 종교적 지위는 감독이나 위원회에 의해 주어질 수 있으나, 그리스도인의 지도력에 가장 필수적인 영적 권위는 그런 방법으로 얻어질 수 없다. 이런 자격은 일찍이 -의도하고 구하지는 않았겠으나 -그들의 삶에서 스스로를 증명할 수 있는 영성훈련, 능력, 근면 등에 의해 그 합당한 자질이 갖추어지는 것이다. "네가 너를 위하여 대사를 경영하느냐? 그것을 경영하지 말라"는 명령에 유의했던 사람들은 스스로를 위한 대사를 추구하는 대신 먼저 하나님의 나라를 구한다. 요컨대 영적 지도력이란 성령의 사역이며 하나님만이 수여하실 수 있다. 하나님께서는 자격을 갖춘 사람을 불꽃같은 눈으로 찾고 계시며 성령으로 그에게 기름 부으시고 자신의 특별한 사역을 위해 그를 구별하여 세우고자 하신다(행 9:17, 22:21).

사무엘 브랭글은 구세군의 위대한 지도자 중 한 사람이었다. 순전한 영적 능력을 소유했을 뿐 아니라 학자였던 그는 도덕적인 언어로 영적인 권위와 지도력의 길을 설명하였다.

지도력이란 승진에 의해 획득되는 것이 아니라 많은 기도와 눈물로 얻어지는 것이다. 죄를 고백하고 하나님 앞에서 충분히 자기의 마음을 살피고, 자신을 포기하고, 모든 우상에게서 떠나는 용기 있는 결단을 내리고 용감하게 죽음을 두려워하지 않고 타협하지 않으며, 불평 없이 십자가를 지고 영원히 십자가에 못 박히신 예수님을 흔들림 없이 바라봄으로 성취되는 것이다. 또한 우리 자신들을 위해 위대한 일을 구함으로 얻어지는 것이 아니라, 오히려 바울처럼 우리에게 유익한 것일지라도 그리스도를 위해 해로 여길 때 얻어지는 것이다. 이는 실로 커다란 대가이지만 명목상의 지도자가 아닌 참된 영적 지도자, 곧 하늘과 땅과 음부조차도 그의 권세를 알고 인정하는 그런 지도자가 되려면 반드시 처러야 할 대가이다.[2]

이런 유형의 사람이야말로 하나님께서 찾고 있는 사람이며 이런 사람들을 위해 하나님께서는 스스로를 분명하게 나타내신다(대하 16:9). 하나님께서는 공공연하게 어떤 사람을 명예롭게 하시기 전에, 먼저 개인적으로 지도자가 되기 위한 하나님의 조건들을 만족시킬 것을 요구하신다. 하지만 지도자가 되기를 열망하는 모든 사람이 다 그렇게 엄중한 대가를 치르려고 하지는 않는다. 주님께서는 야고보와 요한에게 그의 왕국의 지도력에 대한 준비가 있어야 할 것을 말씀하셨다. 거기서 가장 높은 자리는 자격을 갖춘 사람들을 위해 마련되어 있다. 지도자

---

2) Samuel Logan Brengle, *The Soul-Winner's Secret* (London: Salvation Army), 22.

자격을 위임받는 자들의 마음속에 이 같은 경외감과 위대한 겸비를 낳는 것은 바로 하나님의 주권에 대한 순복에서 기인한다.

그러나 전도된 지도력도 있을 수 있음을 말해두겠다. 만일 지도력에 있는 사람들이 그들의 백성들을 영적인 고지로 인도하지 못하면 무의식적으로 혹은 분명히 사람들을 영적인 저지대로 이끌어갈 것이다. 왜냐하면 아무도 고독하게 지낼 수는 없기 때문이다.

내게 산들과 견줄 만한
사람들을 달라.
내게 초원과 견줄 만한
사람들을 달라.
그들의 목적 가운데 제국을
품고 있는 사람들을.
그들의 머릿속에
시대를 품고 있는 사람들을.

-작자 미상

03

주님의
지도원리

> 너희 중에는 그렇지 않을지니 너희 중에 누구든지 크고자 하는 자는 너희를 섬기는 자가 되고 너희 중에 누구든지 으뜸이 되고자 하는 자는 모든 사람의 종이 되어야 하리라(막 10:43-44)

세속적이거나 종교적인 세계를 막론하고 지도자의 역할이 매우 강조되었던 것을 비추어 볼 때, 흠정역 성경에는 '지도자'란 단어가 여섯 번 언급되는데 세 번은 단수이고, 세 번은 복수로 되었다는 것은 주목할 일이다. 그것은 이 주제가 성경에 두드러지지 않았다는 말이 아니고, 가장 두드러진 '종'이라는 다른 개념 속에 포함되었기 때문이다.

예를 들어 '모세, 나의 지도자'가 아니라, '모세, 나의 종'이라고 표현된 것으로 보아 동일한 주제에 대한 그리스도의 가르침에서도 계속 강

조되었다.[1]

　예수님은 정치적 혁명가가 아니었음에도 불구하고, 그분의 가르침은 사람들을 깜짝 놀라게 했으며, 혁명적이었으며, 지도자의 자격에서 그분보다 뛰어난 사람은 아무도 없었다. 그 당시, 종이라는 단어는 매우 천한 의미를 내포했으나, 예수께서는 그 말을 그렇게 사용하지 않으셨다. 참으로, 예수께서는 이 단어의 가치를 높이셨으며, 이 말을 위대함과 같게 여기셨는데, 그것은 확실히 혁명적인 생각이었다. 우리들 중 대부분은 큰 사람이 되라고 하면 아무런 이의가 없을지라도, 종이 되라고 하면 이의를 제기하며 아무런 매력도 느끼지 않을 것이다.

　예수 그리스도의 왕국에 대한 주님의 견해는 다른 사람을 섬기는 자-서로 섬기는 -들로 된 사회였다. 바울도 같은 견해를 주장하였다. "사랑으로 서로 종노릇 하라"(갈 5:13). 그리고 사랑을 담고 있는 이와 같은 섬김은 이런 사랑을 필요로 하는 우리의 주변, 더 나아가 세계 각처로 퍼져나가야 하겠다. 그러나 오늘날 많은 사람들 중 교회생활 속에서 섬기는 자들은 극히 소수에 불과하다.

　예수께서는 세속적인 개념과 다른, 당신의 기준이 쾌락을 일삼는 세상 사람들에게 환영받지 못할 것을 잘 알고 계셨다. 그러나 그는 하나님 나라의 지도자가 되기를 원하는 자들에게 그것을 요구하셨다.

　지도자 자격에 대한 세상적인 생각과 주님의 생각의 차이는 마가복

---

1) Paul S. Ress, "The Community Clue," Life of Faith, 26 September 1976, 3.

음 10:42-43에 명확하게 나타나고 있다. "이방인의 집권자들이 그들을 임의로 주관하고 그 고관들이 그들에게 권세를 부리는 줄을 너희가 알거니와 너희 중에는 그렇지 않을지니 너희 중에 누구든지 크고자 하는 자는 너희를 섬기는 자가 되고."

이것이 야고보와 요한이 배우지 못했던 교훈이었다. 그들은 주님의 다른 약속인 "내가 진실로 너희에게 이르노니 세상이 새롭게 되어 인자가 자기 영광의 보좌에 앉을 때에 나를 따르는 너희도 열두 보좌에 앉아 이스라엘 열두 지파를 심판하리라"(마 19:28)는 말씀을 중요하게 여겼다. 이기적인 야망에서 그들은 친구들보다 앞서며, 다가오는 왕국에서 높은 자리를 선취하려고 애쓰는 가운데 자기들의 어머니를 이용하였던 것이다.

그러나 예수께서는 그런 것을 무시하시고 "너희가 구하는 것을 너희가 알지 못하는도다"라고 대답하셨다. 직위를 위해 정치 운동 하는 것은 예수님 앞에서 아무 소용이 없었다. 그럼에도 불구하고 그들은 자신들의 욕망을 계속 추구했다. 수치가 아닌 영광을, 십자가가 아닌 면류관을, 종이 아닌 주인이 되기를 원했다.

그들의 요구에 대한 주님의 대답은 오늘날 우리에게도 해당되는 지도자 자격의 원리 두 가지를 제시하고 있다.

영적 지도력은 주님의 주권에 달려있다

"내 좌우편에 앉는 것은 내가 줄 것이 아니라 누구를 위하여 준비되었든지 그들이 얻을 것이니라"(막 10:40)

우리의 관심은 아마 "그것을 위해 자기 자신들을 준비했던 자들이 얻을 것이다"라고 이해할 수 있을 것이다. 그러나 예수님의 지도자 자격의 원리는 근본적인 차이를 나타내고 있었다. '너희 중에는 그렇지 아니하니', 곧 영적 사역의 위치와 지도자 자격은 하나님에 의해 효과적으로 수여됨을 의미한다(굿뉴스바이블(GNB)에서는 40절을 이렇게 번역했다. "예비하셨던 자들에게 이런 자리를 주실 분은 바로 하나님이시다"-역주).

어떤 신학적 훈련이나 지도자 자격훈련과정을 밟았다고 해서 자동적으로 영적 지도자 자격을 수여 받을 수는 없으며, 또 효과적인 사역을 위한 자격을 갖추었다고도 볼 수 없다. 예수께서 나중에 그들에게 이렇게 말씀하셨다. "너희가 나를 택한 것이 아니요 내가 너희를 택하여 세웠나니"(요 15:16). 확신할 수 있는 것은, "나는 사람이나 단체의 선거에 의해서 여기에 있는 것이 아니라, 하나님의 절대주권의 임명에 의한 것이라"는 사실이 진정한 의미에서 그리스도인 사역자에게 커다란 지도자적 확신을 불러일으킨다.

영적 지도자 자격에는 고난이 포함되어 있다

"너희가 나의 마시는 잔을 마시며 나의 받는 침(세)례를 받을 수 있느냐"(막 10:38)

예수께서는 너무 올곧고 정직하셨기 때문에 왕국 사역에서 대가를 치러야 함을 숨기실 수 없었다. 왜냐하면 이 엄청난 임무의 성취를 위하여 그분께서는 죽기까지 자기를 따를 수 있는, 넓은 시야를 가진 남성과 여성을 필요로 하셨던 것이다.

주님의 시험적인 질문에, 그들은 그럴듯한 대답으로 자기인식의 부족을 드러내면서 "우리는 할 수 있나이다"라고 대답했다. 예수께서는 다시 그들에게 참으로 잔을 마실 수 있으며 고난의 침(세)례를 받을 수 있는지 물으셨다. 그들은 영향력 있는 영적 사역을 위해 막대한 값을 치러야 하며 그것은 일시불로 지불될 수 없다는 것을 배워야 했다. 늦게서야 그 진리를 깨달은 야고보는 자기머리를 주님께 드렸으며, 요한도 그의 생애를 강제 수용소에서 바쳤던 것이다.

그들은 '값싸게' 지도자 자격을 얻기 원했으나, 예수님의 말씀은 곧 그들의 마음을 바로 깨우치셨다. 위대함은 종이 되는 데서 기인하며, 지도자의 첫 번째 자격은 모든 사람들의 종이 될 때 얻게 된다는 근본적인 교훈은 놀랍고 달갑지 않은 충격으로 나타났을 것임에 틀림이 없었다.

예수께서 이 문제에 대해 제자들에게 본을 보이시며 말씀하신 내용은 주목할 만한데, 이는 예수께서 제자들의 발을 씻겨주실 -종의 도의 본보기 -때였다(요 13:15). 성경의 다른 부분에서도 예수께서 고난 받는 본보기를 보여준다(벧전 2:21). 주님의 생애를 볼 때 고난과 종의 도의 사상은 서로 연관이 있다. 종이 자기의 주인보다 더 위대할 수 있는가?

지도자 자격의 우선순위로 '종의 도'를 말씀하실 때 예수께서는 단지 섬기는 행위만을 마음에 두신 것이 아니다. 그 이유는 매우 미심쩍은 불확실한 동기에서도 행동할 수 있기 때문이다. 예수께서는 종의 도의 행동보다 더 중요한 종의 도의 정신을 "나는 섬기는 자로 너희들 중에 있노라"는 말씀 가운데서 표현하셨다.

이사야 42:1-5의 메시야에 관한 구절은 종의 도에 대한 정신이 무엇인지 나타내고 있으며, 이상적인 종으로서 임하실 메시야를 예언을 통해 묘사하고 있다.

하나님께서는 자기 자신을 세상에 나타내시려는 목적으로 이스라엘을 그의 종으로 택하셨다. 그러나 이 민족은 매번 하나님을 실망시켰다. 이스라엘은 기대에 어긋났지만, 예수께서는 영광스럽게 성공을 거두셨으며, 따라서 그분의 삶의 원리들은 우리들의 삶의 방식이 되어야 한다.

여기에 몇 가지 원리들이 있다.

신뢰

'내가 붙드는 나의 종'(1절)이라고 메시야를 표현하고 있다. 이 예언을 성취하시는 데서, 예수께서는 자기의 특권과 자기 뜻의 독립적인 실행을 포기하시고, 자발적으로 자기를 비우셨다(빌 2:7). 모든 권세와 신성한 특권을 소유하셨음에도 불구하고, 그는 자발적으로 아버지를 신뢰하셨다. 그는 그의 능력의 말씀으로 만물을(히 1:3) 붙드셨음에도 불구하고, 죄 없으신 몸으로 우리 인간들의 약점과 자신을 동일시하셨는데, 그분의 인간성은 그렇게 되셔야만 할 필요성이 있었다. 이런 거룩한 신적 역설(divine paradox)은 그리스도의 겸손에 대한 것 중 하나이다. 우리가 이와 같은 태도를 취할 수 있을 때 성령께서 우리를 사용하실 수 있다.

인정

"내 마음에 기뻐하는 나의 택한 사람을 보라"(1절). 여호와의 이상적인 종에게는 여호와의 기쁨이 훈훈하게 나타나 있다. 또한 메시야에 대한 성경의 다른 부분의 언급에도 "나의 하나님이여, 내가 주의 뜻 행하기를 즐기오니"(시 40:8)라고 기록하고 있다.

겸손

"그는 외치지 아니하며 목소리를 높이지 아니하며 그 소리를 거리에 들리게 하지 아니하며"(2절). 하나님의 종의 사역은 귀에 거슬리거나 화려해서는 안 되며 겸손하고 자기를 내세우지 않아야 할 것이다. 오늘날처럼 눈에 띄기를 좋아하는 거창한 자기선전의 시대에서 그것은 매우 바람직한 자질이다.

마귀가 예수께 성전 난간에서 뛰어내려보라고 선동했을 때 그런 관점에서 예수를 시험했다. 그러나 예수께서는 마귀의 간계에 넘어가지 않으셨다. 이 하나님의 종은 너무 조용하고 겸손하게 일을 하셨기 때문에 많은 사람들은 심지어 그분의 존재조차 의심하였다. 그분의 방법은 "진실로 주는 스스로 숨어 계시는 하나님이시니이다"(사 45:15)라는 말씀대로였다. 여호와의 천사인 스랍들에 대한 기록을 보면 그들은 여섯 날개 중 네 개의 날개로 그들의 얼굴과 발을 가렸는데 이것은 숨은 봉사로 만족하는 생생한 묘사가 아닐 수 없다(사 6 : 2).

공감

"상한 갈대를 꺾지 아니하며 꺼져가는 등불을 끄지 아니하고"(3절). 하나님의 종은 약함과 실수를 불쌍히 여기고 이해하셨다. 실패하는 사람들은 가끔 자기 동료의 무자비한 발아래 짓밟힌다. 그러나 이상적인 종은 그렇게 하지 않으셨다. 그는 상한 갈대를 고쳐주며 꺼져가는 심지에 불을 붙이는 데 열성적이셨다.

많은 사람들, 심지어 그리스도인 사역자들도 실패한 사람들을 무시하며 '옆길로 지나가버린다.' 그들은 더욱 많은 보상을 받으며, 자기들의 권세 -약한 인간이 다시 나쁜 길로 빠지거나 과오에 다시 빠져 들어가는 것을 막기보다는 방관하는 것 -의 가치를 더욱 많이 나타내는 사역을 원하지만, 세상이 멸시하는 자들을 그리스도에게로 인도하는 것이야말로 가장 가치 있는 일이 아닐 수 없다. 베드로의 심지가 예수님을 재판하는 장소에서는 희미하게 타고 있었으나, 오순절에 다시 찬란한 불길이 되어 놀랍게 타올랐다. 하나님의 이상적인 종 예수와의 직면은 그를 다시 새롭고 바르게 하였던 것이다.

낙관주의

"그는 쇠하지 아니하며 낙담하지 아니하고 세상에 정의를 세우기에 이르리니"(4절). 하나님의 종은 낙심하지 않았다. 비관주의자는 결코 생기를 불어넣는 지도자가 될 수 없다. 희망과 낙관주의는 하나님의 종이 영혼들을 위해 어두움의 권세와 싸우는 데 필수적인 요소이다. 하나님의 종은 하나님의 완전하신 목적을 이룰 때까지 낙관적이어야 한다.

기름 부음을 받음

"내가 나의 영을 그에게 주었은즉"(1절). 앞에 서술한 다섯 가지 자질들만 가지고 하나님의 광대하신 일을 하기에는 충분치 못하다. 한걸음 더 나아가 지도자에게는 초자연적 접촉이 요구되는데, 그것은 성령의 기름 부음이다. "하나님이 나사렛 예수에게 성령과 능력을 기름 붓듯 하셨으매 그가 두루 다니시며 선한 일을 행하시고"(행 10:38).

하나님의 종께서 받으셨던 것처럼 기름 부음을 받는 것이 우리에게도 필요하다. 예수께서 침(세)례 받으실 때 그에게 성령이 임하셨고 그 때부터 예수께서는 나사렛에서 활동하기 시작하셨으며 세상을 뒤흔드는 중요한 사건이 발생하기 시작했다. 종이 그의 주인보다 더 위대한가? 과연 우리는 세상에서 효과적인 주님의 사역을 위해 그분이 우리에게 요구하신 것을 도외시할 수 있겠는가?

04

자연적 지도력과 영적 지도력

> 형제들아 내가 너희에게 나아가 내 말과 내 전도함이
> 설득력 있는 지혜의 말로 하지 아니하고
> 다만 성령의 나타나심과 능력으로 하여(고전 2:1, 4)

지도력이란 한 사람이 다른 사람에게 영향을 줄 수 있는 능력을 의미한다. 사람은 자기가 영향을 줄 수 있는 범위에서만 다른 이를 지도할 수 있다. 이 사실은 다른 이에게 큰 영향을 주었던 사람들이 내린 지도력에 대한 정의로 뒷받침 될 수 있다.

몽고메리(Bernard L. Montgomery)[1] 경은 "지도력이란 공동의 목적을

---

1) Bernard L. Montgomery, *Memoirs of field-marshall Montgomery* (Cleveland: World, 1958), 70.

위해 사람들을 불러 모으는 능력과 의지이며 동시에 확신을 갖도록 감화시키는 특성을 말한다"고 정의한 바 있다. 이 같은 자질에 대한 탁월한 본보기는 제2차 세계대전의 어두운 시기에 활약한 처칠(Winston Churchill) 경을 들 수 있다.

미국의 해군 함대 제독 니미츠(Chester W. Nimitz)는 "지도력이란 그의 휘하에 있는 사람들이 지도자의 견해를 기꺼이 받아들이고 그의 명령을 수행하기 위해 그를 충분히 신뢰할 수 있도록 감화시킬 수 있는 지도자의 자질이다"라고 정의하였다.

찰스 고든(Charles Gordon) 장군이 한때 고령의 중국 지도자였던 이홍장(Li Hung Chang)에게 "지도력이란 무엇인가?", "인간을 어떻게 분류할 수 있겠느냐?"는 이중의 질문을 했을 때 그는 매우 신기한 대답을 했다. "세상에는 오직 세 종류의 인간만이 있다. 즉 움직일 수 없는 자, 움직일 수 있는 자, 그리고 그들을 움직이는 사람이다."

종교적 차원에서 말하자면 학생 선교의 세계적인 지도자였던 존 모트(John R. Mott) 박사는 지도자란 길을 알고 있고 그 길을 계속해서 앞서가며 자기 뒤에 오는 사람들을 이끌어가는 사람이라고 정의하였다.[2]

인도의 학생 지도자 찬타필라(T. Chandapilla)는 기독교적 지도력을 인간적이며 신적인 자질의 온전한 융합과 하나님과 인간의 조화된 사

---

2) Lettie B. Cowman, *Charles E. Cowman* (Los Angeles: Oriental Missionary Society, 1928), 70.

역으로 말미암아 다른 사람들에게 축복이 되는 사역을 감당하는 소명이라고 정의했다.

정치적 측면에서 본 트루먼(Harry S. Truman) 대통령의 정의에 의하면 "지도자란 사람들이 하지 않으려는 것을 하게 만들고 그것을 좋아하게 할 수 있는 능력을 가진 사람이다"라고 하였다.

영적 지도력이란 타고난 자연적인 것과 영적 자질의 융합이다. 심지어 타고난 자질도 자기 스스로 만들어내는 것이 아니고 하나님이 주셨으므로 하나님을 섬기는 일과 그의 영광을 위해 사용될 때 비로소 최고의 효과에 도달할 수 있다. 위에서 정의한 것들은 대부분 지도력에 대한 일반적인 견해이다. 영적 지도력은 이러한 특성들을 지니는 반면 이들을 보충하고 향상시키는 더 나은 다른 요소를 포함한다. 인격은 타고난 지도력에서 최우선의 요건이다. "영향력의 정도는 사람의 인격과 그 사람 속에서 타오르는 불길, 자기를 향하도록 사람들의 마음을 이끄는 저력에 달려 있다"고 몽고메리 경은 기술하였다.[3]

그러나 영적인 지도자는 자신의 인격만으로 다른 이에게 영향을 주는 것이 아니고 성령의 비췸을 받고 성령께 사로잡힌, 성령의 능력을 받은 인격으로 더 큰 영향을 주게 된다. 왜냐하면 이런 사람들은 성령께서 자기의 삶을 주관하시도록 맡겼기 때문에 성령의 능력이 자기로 인해 방해받지 않고 다른 사람들에게로 흘러갈 수 있기 때문이다.

---

3) Montgomery, 70.

영적인 지도자의 자격은 영적 능력에 달려 있고 그것은 결코 스스로 생산해낼 수 없다. 자기 힘으로 영적인 지도자를 만들어낸다는 것은 있을 수 없다. 단지 성령께서 그를 통하여 그가 인도하는 사람들에게 역사하시기 때문에 그는 다른 사람들에게 영적 영향을 줄 수 있는 것이다.

  우리가 체험한 정도를 넘어서서는 다른 사람들에게 영향을 줄 수 없고 또한 인도할 수 없다는 것이 일반적인 원리이다. 가장 성공할 수 있는 사람은 단지 길을 지시해줄 뿐 아니라 스스로 그 길을 밟았던 사람이다. 우리는 다른 사람들에게 우리를 따라오도록 감동을 준만큼의 지도자가 되는 것이다.

  중국의 기독교 선교회를 이끌어가는 큰 모임에서 지도자 자격에 대한 문제를 논의하고 있었다. 점차 논의가 아주 치열하게 진행되었다. 중국 내지 선교회 호스트(D. E. Hoste)[4] 회장은 진행자가 자신에게 그 문제에 대해 이야기할 것을 요청할 때까지 조용히 앉아 경청하고 있었다. 그의 이야기는 사람들에게 항상 보통 이상의 관심을 가지고 경청되었기 때문이다. 그의 언급이 시작되자 방청석의 눈과 귀가 그에게 쏠렸다.

  그는 눈을 반짝이면서 호기심을 끄는 높은 어조로 말했다. "어떤 사람이 자격을 갖춘 지도자인지 알아보는 가장 좋은 방법은 누가 그를 추종하고 있는지의 여부를 알아내는 것이라고 생각한다."

---

4) Phyllis Thompson, *D. E. Hoste* (London: China Inland Mission, n.d), 122.

출생인가, 만들어지는가?

"지도자는 태어나는가, 아니면 만들어지는가?"라는 질문에 여러 가지 견해가 있었다. 정확한 대답은 "둘 다"라고 나타났다. 지도자 자격은 하나님께로부터 직접 오는 '알 수 없는 전격적인 자질'로 정의되었다. 다른 한편으로는, 지도력의 기술이란 개발되고 향상되어야만 하는 것으로 인식되어 왔다. 날 때부터 우리 각자에게는 어떤 일을 하는 데 잠재된 기술들이 있다. 어떤 위기가 그들의 활동을 불러일으킬 때까지 그러한 기술들은 숨겨져 있을 수 있다. 그러나 기술은 개발될 수 있으며 개발되어야 한다.

어떤 경우는 일련의 예상치 못한 상황으로 간단히 지도자 자격을 얻게 되는 것처럼 보인다. 그들은 우연하게 결정적인 순간에 유용했던 것이며, 더 나은 자질을 갖춘 것은 아니었다. 그러나 더 자세히 조사해보면 선택이라는 것은 우연이 아님을 알게 된다. 지도자 위치에 적합한 사람의 삶 뒤에는 언제나 숨은 훈련이 있다. 요셉이 대표적으로 그런 경우이다. 애굽 총리대신이라는 높은 지위가 우연히 된 것처럼 보였지만, 사실 그것은 하나님의 손에서 13년 동안이나 가혹하고 은밀하게 훈련을 받은 결과였다. 타고난 지도력과 영적 지도력은 많은 유사점도 있지만 몇 가지 상반된 점도 있다. 아래에서 서로 다르게 나타난 몇 가지들을 볼 수 있다.

천성적인 면	영적인 면
자기확신	하나님 안에서의 확신
사람들을 알고 있다.	하나님을 알고 있다.
자기 스스로가 결정한다.	하나님의 뜻을 알려고 애쓴다.
야심적임	자기를 내세우지 않음
자기 스스로가 방법을 창안한다.	하나님의 방법을 구하고 따른다.
다른 사람들을 지휘하기를 좋아한다.	하나님께 순종하기를 기뻐한다.
개인적인 이유에 의한 동기형성	하나님과 사람을 향한 사랑에 근거한 동기형성
독립적임	하나님을 의지함

회심했다는 사실이 저절로 어떤 이를 지도자로 만드는 것은 아니지만, 그들이 성령께 모든 것을 양도함에 따라 오랫동안 숨겨져 왔던 은사와 재능들이 나타난 사실들은 교회 역사를 통해 우리에게 교훈이 되고 있다. 잠재되어 있는 지도력을 개발하여 향상시킬 수 있도록 영적인 은사를 주시는 것은 성령의 특권이다.

다음은 토저(A. W. Tozer) 박사의 확신이다.

진실하고 믿을 수 있는 지도자는 지도자가 되기 위한 욕망을 전혀 갖지 않은 자가 아니라 성령의 내적인 압박과 외부적인 환경의 억누름에 의해 지도자의 직분을 강제로 떠맡은 자이다. 모세와 다윗 그리고 구약 성서의 선지자들이 바로 그러한 경우였다.

바울 시대부터 오늘날에 이르기까지 성령께서 임무를 위하여

징집하시고 또한 교회의 주께서 소명하신 모든 위대한 지도자들은 거의 자신들이 전혀 의도하지 않았던 위치로 부름 받은 사람들이다. 지도하기를 열망하는 자는 지도자로서 부적격하다는 것이 매우 신빙성 있는 경험으로 받아들여질 것이다. 진정한 지도자는 하나님의 백성 위에 군림하기를 바라지 않고 겸손하고 온유하며 자기희생적이며 인도하는 것만큼 따라 갈 준비가 되어 있는데, 그때 성령은 그 사람 자신이 생각했던 것보다 더 많은 지혜와 은혜를 주실 것이다.[5)]

생스터는 죽은 후 발견된 그의 원고에서 자기가 영국 감리교를 이끈 지도자 직분에 더욱 충실할 수밖에 없었던 확신을 서술하였다.

이것은 나를 향한 하나님의 뜻이다. 나는 그것을 택하지 않았다. 나는 그것을 피할 수 있기를 구했다. 그러나 그 직분이 나에게 주어졌다. 또 그 외에 다른 것도 주어졌다. 하나님께서는 나를 설교하는 자로만 원하시지 않는다는 것을 확신케 되었다. 그분은 또한 나에게 지도자 ―감리교 지도자―가 되기를 원하셨다.

나는 내 자신의 명성에 신경 쓰지 않고, 나보다 나이가 더 많고 나를 시기하는 사람들의 말에 치우치지 않으며, 하나님의 교회의

---

5) A. W. Tozer, *in The Reaper*, February, 1962, 459.

한 줄기인 감리교의 부흥을 위해 하나님의 지도를 받아 일하도록 소명 받은 것을 느낀다.

　나는 서른다섯 살이다. 만일 내가 이런 방법으로 하나님을 섬기게 된다면, 이 이상 직분을 회피하지 않을 것이고 오히려 그 일을 꼭 하고야 말 것이다. 나는 야심에 대한 나의 마음을 시험해보았다. 그러나 내 마음에 야심이 없음이 확실했다. 나는 감정을 유발시키는 비판과 사람들의 마음을 상하게 하는 수다를 싫어한다. 눈에 띄지 않는 조용한 곳에서 책을 읽으며 단순히 사람들에게 봉사하는 것이 내 취미이지만 하나님의 뜻에 의해 나는 이 일을 떠맡게 된 것이 확실하다. 오! 하나님께서 나를 도와주시기를! 불신앙 속에 있었을 때, 나는 나에게 말씀하신 하나님의 음성을 들었다. "나는 너를 통해 소리가 울려 퍼지기를 원하노라" 오! 하나님, 어떤 사도가 자기직분을 더 이상 피하려고 했나이까? 나는 "아니다"라고 감히 말할 수 없었으나, 요나처럼 멀리 달아나기를 간절히 바랐다.[6)]

이런 영적 지도자의 자격과 권위가 단지 타고난 능력이라고 말할 수 없음은 아시시(Assisi)의 성자인 프란체스코(Francesco)의 삶에서 현저하게 증명되고 있다. 한 번은 마세오(Masseo) 형제가 프란체스코를 진지

---

6) Paul E. Sangster, *Doctor Sangster* (London: Epworth , 1962), 109.

하게 바라보며 이렇게 말했다. "당신은 왜 그럴까? 당신은 왜 그럴까?" 그는 마치 놀리는 것처럼 그 말을 재차 반복하였다. "당신은 무엇을 말하고 있는 거요?"하고 프란체스코는 마침내 외치고 말았다.

"나는 당신의 용모가 뛰어나지도 않고, 학식도 없으며, 귀족의 혈통이 아닌데도 모든 사람들이 당신을 따르며, 당신 보기를 바라며, 당신에게서 듣기를 바라고, 당신에게 순종하기를 원하고 있다는 것을 말하는 것이오. 어째서 세상 사람들이 당신을 따르려고 애쓰는 것일까요?"

프란체스코가 이 말을 들었을 때, 그는 기쁨이 충만하여 눈을 들어 하늘을 보며 오랫동안 명상에 잠긴 후, 무릎을 꿇고 놀라운 열정으로 하나님을 찬양하며 기도했다. 그리고 나서 그는 마세오 형제에게 말했다.

"그대는 그 이유를 알고 싶소? 그 이유는 가장 높이 계신 분의 시선이 그런 일을 하시고자 뜻하셨기 때문이오. 그분은 모든 선한 사람과 악한 사람들을 계속해서 지켜보고 계신다오. 그리고 그분의 가장 거룩한 눈은 죄인 중에서도 더 이상 죄인일 수 없는 작은 사람 이보다 더 자격 없고 이보다 더 죄인인 사람을 찾을 수 없으셨던 것이오. 그래서 그분은 하나님이 하실 수 있는 놀라운 일을 성취하시기 위해 나를 택하셨다오. 그분은 나보다 더 천한 인간을 찾을 수 없었기 때문에 나를 택하셨고 그는 이 세상의 고귀한 신분과 위엄, 강함, 미모, 그리고 학식을 깨뜨리기 위해서 이렇게 미천한 나를 택하셨던 것이오."[7)]

우리는 지도자로서 자신을 드러냈던 사람들의 지혜로움에서 많은 것을 배울 수 있다. 위에서 말한 이 두 사람은 자기들의 대화 속에서 잠재되어 있는 지도력을 확인하는 테스트를 받을 것이다.

몽고메리 경은 전쟁 시 지휘관에게 필요한 일곱 가지 요건에 대해 발표했는데, 그것은 영적인 전투에도 해당된다.

① 사소한 일에는 관여하지 아니하고 몰두해서도 안 된다.
② 마음이 좁아서는 안 된다.
③ 건방져서도 안 된다.
④ 사람들을 선별할 줄 아는 사람이어야 한다.
⑤ 자기 아래 있는 자들을 신뢰해야 하고, 그들이 아무 방해 없이 자기들의 일을 진척시키도록 해야 한다.
⑥ 명확하게 결정하는 능력을 소유해야 한다.
⑦ 신념을 불러 일으켜야 한다.[8)]

학생들 세계에서 활동했던 존 모트 박사는 몽고메리 경과는 다른 각도에서 평가 기준을 세웠다.

---

7) James Burns, Revivals, *Their Laws and Laders* (London: Hoddor & Stoughton, 1909), 95.
8) Montgomery, 70.

① 사소한 일들도 잘 하는가?
② 우선순위의 의미를 배웠는가?
③ 자기의 여가를 어떻게 사용하고 있는가?
④ 집중력이 있는가?
⑤ 힘을 이용하는 것을 배웠는가?
⑥ 성장하는 능력을 가지고 있는가?
⑦ 용기를 꺾는 일에 대처하는 그의 태도는 어떠한가?
⑧ 불가능한 상황들을 어떻게 직면하는가?
⑨ 자기의 가장 약한 점들은 무엇인가?[9]

지도자의 자격으로 다른 사람에게 영향을 주기 위해서는 온전한 사람의 능력이 필수적이기 때문에 독신 생활의 무한한 가능성에 대해 그 이로운 점과 해로운 점을 고려해볼 필요가 있다. 사람은 도덕적이거나 영적인 일에서 어느 누구도 중도적 위치를 고수할 수 없음을 성경이나 체험을 통해서 알 수 있다. 살아가는 데서 의식하든 의식하지 않든 간에 우리는 지울 수 없는 인상을 남기는 우리의 영향력 안에 있게 된다. 예를 들면, 존 게디(John Geddie) 박사는 1848년에 스코틀랜드 서쪽 열도의 뉴 헤브리디스(New Hebrides)에 가서 하나님을 위해 24년 동안 사역을 하였다. 그의 기념비에는 이러한 기록이 있다.

1848년에 그가 도착했을 때, 그리스도인은 한 사람도 없었노라.
그가 1872년에 떠났을 때, 이교도는 한 사람도 없었노라.

---

9) B Matthews, *John R. Mott* (London: S.C.M. Press, 1934), 346.

사도 시대 당시 교회의 불타는 열정 가운데 놀랄 만한 비율로 개종자들이 증가되었을 때, 성령은 영적인 지도자의 자질에 관해 인상적인 교훈을 하셨다. 소홀히 여기기 쉬운 가난한 자들과 과부들을 돌보기 위해 지도자들의 무거운 짐을 덜고 이 일을 감당할 수 있는 더 낮은 체제를 만들 필요가 요청되었다. 이들은 신중하게 선택되어야 했다. 그리하여 사도들은 선택될 사람의 기준을 정하게 되었다. "형제들아 너희 가운데서 성령과 지혜가 충만하여 칭찬 받는 사람 일곱을 택하라 우리가 이 일을 그들에게 맡기고"(행 6:3).

중요한 필요조건은 그들이 '성령의 충만함'을 받는 것이다. 그들이 하는 일이 비록 세속적인 성질의 업무라고 할지라도 그들은 성실한 사람들이며, 칭찬받는 사람들이며, 현명하고 지혜로우며, 영적이며, 성령으로 충만한 사람들이어야 했다. '영적이다'라는 것은 쉽게 정의를 내릴 수 없으나, 그것이 있느냐 없느냐는 쉽게 구별할 수 있다. 그것은 주님의 동산에 동화되어 흩어진 향기라고 불려왔다. 영적이란, 그리스도와 영적인 사실들을 다른 이들에게 전달하는 무의식적인 감화력이며 그의 임재에 의하여 분위기를 바꿀 수 있는 능력을 의미한다.

만일 그것이 교회의 낮은 직무를 맡게 된 사람들을 위한 기준이라면, 더 높은 직무를 맡은 자들에게 요구되는 기준은 무엇이겠는가? 영적인 목적은 영적인 방법들을 사용하는 영적인 사람들에 의해서 성취될 수 있다. 이런 우선순위가 엄격히 지켜진다면 우리의 교회와 그리스도인의 조직체 안에서 매우 광범위하게 영향을 줄 수 있는 변화를 가져오지 않겠는가! 세속적인 사람들은 아무리 재능이 있고 매력이 있어도 교회의 지도자 자격이 없으며, 교회 안의 일상적 집무에서도 적합하지 않다. 진정한 영적 지도자 자격에서 필수적인 것들은 모트 박사의 말에 집약되어 있다.

"우리 주님께서, "너희 중에 누구든지 으뜸이 되고자 하는 자는 모든 사람의 종이 되어야 하리라"는 말씀을 하시며 한 치의 의혹도 없이 마음에 가지셨던 최대한의 섬김을 제공하는 지도자 자격, 무엇보다도 남을 위하는 이타적인 의미에서의 지도자 자격, 세상의 가장 커다란 일 즉, 우리 주 예수 그리스도의 나라를 세우는 일을 위해 지칠 줄 모르며 끊임없이 열중한다는 의미에서 나는 지도자의 자격이란 단어의 사용을 마음에 두고 있다."[10]

---

10) Ibid., 353.

05

지도자 자질의 기준

각 지파 중에서 지휘관 된 자 한 사람씩 보내라 (민 13:2)

    지도자적 자질에 대한 우리 주님의 평가는 우리 시대뿐 아니라 그 당시의 통속적인 의견과 관습에 올바른 영향을 끼쳤다. 전 세계적인 임무를 위해 당시 사도들처럼 훈련받지도 못했고, 호감을 주지도 못하는 그러한 그룹과 또한 영향력이 없는 사람들을 어느 누가 택하겠는가?
    우리는 지도자 자격에서 유명한 정치가, 현명한 경제인, 영향력 있는 성직자, 뛰어난 운동선수, 인기 있는 연예인 그리고 대학 교수를 포함하려고 애쓰지 않겠는가? 그런데 예수께서는 그러한 사람들은 한 사람도 택하지 않으셨다. 그의 제자들은 영향력 있는 계급 출신이 아닌 매우 비천한 사람들이었으나 그 당시의 시대 풍조에 더럽혀지지 않은 사람들이었다.

　예수께서는 종교적 지도층보다는 오히려 평민을 택하셨다. 허드슨 테일러(Hudson Taylor)와 같은 방법으로 중국을 위한 선교단을 주로 평신도 남자와 여자들로 구성하였을 때, 종교계에서는 놀라지 않을 수 없었다. 오늘날 그것이 반드시 답습되어야 할 절차로 요구되는 것은 아니지만 현명했던 방법으로 널리 인정되고 있다.

　예수께서는 학자나 심지어 농부들도 택하지 않으셨는데, 그 이유는 아마 그들의 직업이 예수께서 주셨던 혁명적인 지도자 자격에 쾌히 적응할 수 없었기 때문이었을 것이다. 그의 제자들의 대부분은 유대가 아닌 갈릴리 출신이었다. '갈릴리 사회'의 생활은 배타적인 예루살렘보다 훨씬 더 개방적이었으며, 갈릴리인들의 사고는 훨씬 더 새로운 사상에 개방되어 있었다.

　예수께서는 정상적인 교육을 거의 받지 못한 자들을 택하셨으나, 그들은 곧 놀랄 만한 재능을 나타냈으며 명사들에게도 입증이 되었다.

　예수님 이외에 어느 누가 감히 여러 유형의 색깔을 띤 이들에게서 지도자적 가능성을 분별해내고 이들을 숙련된 스승의 능력 있는 손으로 수년간 훈련을 통해 결과적으로 지도자의 자격을 갖추게 하겠는가? 예수께서는 그들이 몇 가지 실패했을지라도 그들의 잠재된 재능에 열렬한 헌신과 불타는 열심을 더하셨다. 타고난 지도자 자격의 자질들이 영적인 지도자 자격에는 중요하지 않다는 것이 결코 아니기 때문에 자기 자신뿐 아니라 다른 사람에게 잠재된 지도자 자질을 찾아내려고 애쓴다는 것은 가치 있는 일이다. 대부분의 사람들은 자기분석의 태만과 그 결과로 일어나는 자기인식의 부족으로 오랫동안 겉으로 나타나지 않고 존재해 있는 잠재적이고 아직 개발되지 않은 특성들을 사장시키고 있다. 다음에 제시된 자기측정의 표준을 위한 지침들은 지도자의 자격을 갖춘 사람으로 인정되기에 무엇이 부족하며, 빈약한 자신에 대한 초기 발견이나, 혹은 아직 개발되지 않았으나 잠재적 지도력을 가진 사람들의 자질들을 발견하는 방법 그리고 그 결과를 효과적으로 보여줄 것이다.

- 당신 자신의 나쁜 습관을 깨뜨려 본 적이 있는가? 지도자가 되기 위해서는 먼저 자기 스스로를 다스릴 줄 아는 선생이 되어야 한다.
- 잘못을 저지를 때 당신은 자신을 통제하는 것을 잊지 않고 있는가? 특별한 상황 가운데서 자기통제를 잃어버리는 지도자는 존경을 상실해버리며 감화력을 잃어버릴 것이다. 그는 위기에서 흔들리지 않으며 역경과 실의 가운데서도 쾌활해야 한다.
- 당신은 멋대로 생각하는가? 지도자는 다른 사람들의 모든 생각을 참작하면서도 다른 사람들에게 자기 대신 생각해줄 것을 강요하거나 자기를 위해 대신 어떤 결정을 하도록 요구할 수는 없다.
- 당신은 객관적으로 비판을 처리할 수 있으며 그런 가운데서도 요동하지 않을 수 있는가? 당신은 그것들을 사용할 수 있는가? 겸손한 사람은 사소하고 심지어 악의가 있는 비판에서도 유익을 얻는다.
- 당신은 실망을 창조적으로 사용할 수 있는가?
- 당신은 기꺼이 다른 사람과 협력을 굳게 하며 다른 사람의 존경과 신뢰를 얻고 있는가?

- 권위를 나타내려는 데 애쓰지 않고 훈련을 확고히 할 능력을 소유하고 있는가? 참된 지도력이란 영에 속한 내적인 자질의 열매여야 하며, 힘에 의한 외적인 표현이 아니다.
- 당신은 화해자로 불릴 수 있는 덕을 갖추고 있는가? 화평이 깨어진 곳에서 화평을 회복하려고 애쓰기보다 화평이 깨어지기 전에 화평을 유지하는 것이 훨씬 중요하다. 지도자 자격에서 중요한 기능은 서로 반대되는 견해에서 상호 이해하는 공통적인 바탕을 발견하게 하고 두 견해가 서로 동의하도록 설득하는 능력 즉 화해시키는 능력이다.
- 당신은 어렵고 미묘한 사태를 처리해줄 것을 위탁 받은 일이 있는가?
- 당신은 사람들에게 감당하기 힘든 일을 줄 때 기쁘게 하도록 그들을 설득시킬 수 있는가?
- 당신은 당신의 견해와 반대되는 생각이나, 개인적인 모욕과 반발 등을 적절하게 수용할 수 있는가? 지도자들은 반대세력을 예상해야 하며 그 일로 인해 화를 내서도 안 된다.
- 당신은 친구를 쉽게 사귀고 그들과 계속적인 우정을 유지하는가? 당신의 충실한 친구들이 당신이 지도자가 되는 지표가 되며 역량이 될 것이다.
- 당신은 과도하게 다른 사람들로부터 칭찬을 받으며, 인정받는데 민감하지 않는가? 비난과 심지어 일시적인 신뢰의 결핍에 직면해서도 꾸준하게 당신의 길을 갈 수 있겠는가?
- 당신의 윗사람이나 낯선 사람 앞에서 마음을 편하게 갖는가?
- 당신의 수하에 있는 사람들이 당신 앞에서 어려워하지는 않는가? 지도자는 다른 사람들의 마음을 이해하고 다른 사람들의 마음을 편안하게 해주는 친절함이 있다는 인상을 주어야 한다.
- 당신은 참으로 사람들에게 관심이 있는가? 모든 유형의 사람들과 모든 민족들에게도…? 그렇지 않다면 당신은 사람들에게 존경받기를 즐기고 있지는 않는가? 숨겨져 있는 민족적인 편견이 있지는 않은가? 사회를 어지럽게 하는 사람은 훌륭한 지도자가 될 가망이 없다.
- 당신은 재치가 있는가? 그것이 없다면 그 일에 대한 어떤 결과를 기대할 수

있겠는가? 당신은 강하고도 꾸준한 의지력을 갖고 있는가? 지도자가 만일 모든 일에 우유부단하다면 그의 위치를 오랫동안 유지하지 못할 것이다.
- 당신은 당신에게 해를 끼친 자들을 쉽게 용서하는가? 아니면 원한을 품고 있는가?
- 당신은 상당히 낙관적인가? 비관적인 생각은 지도자가 소유해서는 안 될 항목이다.
- 당신은 "이것은 내가 해야 할 일이다"라고 말했던 바울처럼 주님의 손에 열정적으로 붙잡힌바 된 어떤 목표를 가지고 있는가? 이러한 동기의 순수성과 유일성은 바라는 목적에 자기의 모든 정력과 힘을 모으게 될 것이다.
- 당신에게 주어지는 책임을 기꺼이 받아들이는가?

톰슨(R. R. Thompson)은 지도자 자격을 위한 능력을 표시하는 데 다른 사람들에 대한 우리의 태도를 다음과 같이 제시하고 있다.[1]

- 다른 사람들의 실패가 우리에게 거리낌이 되는가? 아니면 우리에게 도전이 되는가?
- 우리는 사람들을 이용하는가? 아니면 인도하는가?
- 우리는 사람들을 지도하는가? 아니면 그들을 개발시키고 있는가?
- 우리는 다른 사람들을 비난하는가? 아니면 격려하는가?
- 우리는 문제 있는 사람을 피하는가? 아니면 사람과 직면하는가?

이러한 자기분석을 통해 찾아낸 것들에 대해 아무런 관심을 쏟지 않는다면 무익하게 된다. 왜 훈련의 영이신 성령의 도움으로 그러한 약점과 실패를 교정하는 데 관심을 쏟지 못하는가?

---

1) R. E. Thompson, *in World Vision*, December, 1966, 4.

이러한 바람직한 자질은 우리 주님의 균형 잡힌 인격 속에 가득 차 있으며 그리스도인 각자는 신속히 자기 자신의 인격 속에 주님의 인격이 부각될 수 있도록 끊임없이 기도해야 할 것이다.

지도자의 능력을 손상시키는 다른 자질들이 있는데, 예를 들면, 점검하거나 교정할 때, 너무 민감하거나 방어적 자세를 취하는 일이다. 비판에는 언제나 진리의 요소가 포함되어 있지만 불필요한 자기변호는 지도자의 비생산적인 자질이다.

실패에 대한 책임을 기꺼이 받아들이지 않는다거나, 실패를 다른 사람의 책임으로 돌리는 태도는 신뢰를 상실하게 한다.

완고함과 관용하지 못하는 태도는 창의적이고 야망이 있는 사역자를 멀리하기 쉽다.

탁월함을 목표로 삼는 동안에, 사람은 완전주의의 올가미를 피하지 않으면 안 된다. 완전주의자는 자기능력을 초월한 목표를 설정해놓고 성취하지 못하면 잘못된 죄책감에 빠진다. 우리는 불완전한 세계에 살고 있으며, 가능성을 절충하지 않으면 안 된다. 더욱 조심성 있고 실제적인 목표를 설정하는 것은 많은 이상주의적인 완전주의자들에게 커다란 해방감을 가져다 줄 것이다.

신뢰를 유지하지 못하기 때문에, 많은 지도자들이 사람들에게 영향력을 더 이상 행사하지 못하기도 한다. 이와 유사하게 지도자가 어떤 핵심을 찌르지 못하기 때문에 자신의 온전한 이미지를 훼손시켜 더 이상 사람들에게 영향력을 행사하지 못하게 되기도 한다.

06

바울서신에 나타난 지도자상

> 그러므로 감독은 책망할 것이 없으며 한 아내의 남편이 되며 절제하며 신중하며 단정하며 나그네를 대접하며 가르치기를 잘하며 술을 즐기지 아니하며 구타하지 아니하며 오직 관용하며 다투지 아니하며 돈을 사랑하지 아니하며 자기 집을 잘 다스려 자녀들로 모든 공손함으로 복종하게 하는 자라야 할지며…
> 새로 입교한 자도 말지니 교만하여져서 마귀를 정죄하는 그 정죄에 빠질까 함이요 또한 외인에게서도 선한 증거를 얻은 자라야 할지니 비방과 마귀의 올무에 빠질까 염려하라(딤전 3:2-7)

저자의 한 친구가 하루는 이런 말을 했다. "조그마한 두 다리로 돌아다니다가 실수하는 자신의 결점을 바라보는 경험이야말로 겸허한 체험이 아니겠는가!" 때때로 우리는 이론적으로 진술할 때보다 실제적으로 본을 보일 때 영적인 원리들을 더 확실하게 알 수 있다. 사도 바울이 그가 진술했던 자질을 모범으로 보여주었다는 것은 효과적인 영적 지도력에서 핵심적이었다.

참으로 위대한 지도자들의 특성은 해를 거듭할수록 더욱 더 그 인물 됨됨이가 크게 보이는 법이다. 어떤 입장에서 살펴본다면, 바울은 날카롭게 자신을 분석하면서 도덕적으로나 영적으로 거장이 되어 갔다. 토저는 바울을 세계에서 가장 성공한 그리스도인이라고 지칭하였는데, 이것은 놀랄 일이 아니다. 하나님께서 교회를 가장 대적하고 핍박하였던 바울을 택하셔서 교회의 가장 뛰어난 지도자와 수호자로 변화시킨 것은 얼마나 놀라운 일인가!

바울은 하나님께서 이 세계를 위하여 특별히 준비해두신 인물이었다. 어떤 무명작가는 바울을 오늘날의 인물로 생각하여 이렇게 말한다. "그는 공자와 맹자를 인용하면서 북경에서 중국어로 연설할 수 있는 사람이다. 영어로는 엄밀하게 이상적인 신학을 저술하여 그것을 옥스퍼드 대학에서 강연할 수 있는 사람이다. 또한 그는 모스크바의 러시아 학술원 앞에서 러시아어로 자신의 입장을 밝힐 수 있는 인물이다. 확실히 그는 교회가 알고 있는 가장 유능한 사람 중 하나였다."

그의 다재다능함은 청중들에게 쉽게 적응할 수 있었던 것에서도 찾아볼 수 있다. 그는 정치가와 군인들, 여인들과 어린이들, 왕과 행정관들에게 자연스럽게 접근하였다. 그는 철학자들, 신학자들, 혹은 우상 숭배자들과 변론하는 데서도 매우 당당하였다.

유대교의 가장 영향력 있는 일곱 랍비 중 한 사람인 가말리엘의 문하에서 받은 종교적 훈련 때문에 그는 구약성경을 매우 잘 이해하였고 명석한 제자로 칭찬을 받았다. 그는 자신에 대해 "내가 내 동족 중 여러 연갑자보다 유대교를 지나치게 믿어 내 조상의 유전에 대하여 더욱 열심히 있었으나"라고 증거 하였다(갈 1:14).

바울은 그의 선생님의 수레바퀴에 연결이 되었을 때, 천성적인 지도자인 그는 위대한 권위를 행사하는 매우 도덕적이고 영적인 지도자로 개발되었다. 그의 끝없는 그리스도 중심의 야망은 그리스도를 위한 지고한 사랑의 역동적 동기와 무거운 책임의식으로 불타오르고 있었다 (롬 1:14; 고후 5:14). 그는 자기의 놀라운 발견을 나누기 위한 진지한 선교에 대한 열정 -모든 문화적인 차이와 모든 인종의 장벽을 초월한 열정 -을 가졌다. 그는 동등하게 모든 사람들에게 빚진 자의 의식을 가졌다. 또한 가난함이나 부함이나 사회적 지위나 지적인 업적을 막론하고 구별 없이 모두를 평등하게 여겼다.

이러한 배경과 함께, 영적인 지도자 자격의 요소들을 분류하는 데 바울보다 더 많은 자격을 갖춘 사람이 누구이겠는가? 그는 자신의 풍부한 경험 위에, 성령의 조명과 감동을 받았다. 영적인 기준은 시대에 따라 변하는 것이 아니고 교회의 초기와 오늘의 우주 시대에도 변함이 없다. 바울에게 있었던 이러한 자질들은 어느 하나 취사선택될 수 있는 것이 아니라, 필수불가결한 요건들이다.

교회의 지도자들에게 사용되고 있는 두 단어 -감독과 장로 -는 일반적으로 같은 사람에게 적용되었던 것이라고 생각되고 있다. '감독'이 기능이나 직무와 관계있는 반면, '장로'는 위엄과 신분에 관계가 있다. 다른 말로 하면, 하나는 지위와 관련이 있고, 다른 하나는 사역과 관계가 있다. 이것은 사도행전 20:17, 28의 성경 구절들이 그 사실을 뒷받침해주고 있는데, 거기에서 사도 바울은 같은 사람에게 처음에는 장로로서, 그 다음에는 감독으로서 그들을 권면하고 있다. 그러나 오늘날 '감독'의 함축된 의미는 상당히 발전되었다. 몇 가지 영역과 관계에서 영적 지도자에게 기대할 수 있는 자격들을 본 장의 맨 처음에 제시하였다.

사회적인 자격들

교회 내에서 지도자는 책망당할 것이 없어야 한다. 지도자의 성품은 공격의 대상이 되거나 비난받는 성품이어서는 안 된다. 비난하는 자들이 '기댈 수 있는 근거'를 갖지 못하게 해야 한다. 만일 지도자가 이들에게 고소를 당할 때 그의 삶이 책망을 받아야 할 아무런 근거가 없다면, 그 고소는 실패로 끝나버리고 말 것이다. 지도자는 상대방에게 자기를 깎아내리기 위해 헐뜯을 수 있는 근거를 마련해주어서는 안 된다.

교회 밖에 있는 사람 즉 비 그리스도인을 향해서도 지도자는 선한 증거를 얻어야 한다. 매일의 일상생활 또는 교회 밖의 활동에서 그리스도인과 사귄 사람들은 가끔 그리스도인의 진실한 성품을 가장 분명하게 통찰한다. 이러한 이유에 대한 요구는 명백한 것이다. 주일이면 가끔 설교할 기회가 있던 사업가인 어떤 장로를 저자는 알고 있다. 그의 고용인들은 그 장로가 월요일에는 성질이 매우 사나워지기 때문에, 자기 주인이 일요일에 설교했을 때처럼 말을 했으면 하고 말하곤 했다. 그는 자기 고용인들이 그리스도를 향하도록 전혀 영향을 주지 못했던 것이다.

비 그리스도인들은 신자들을 비난하면서도 대체적으로 그리스도인들의 고상한 사고와 성품을 존경하며 그들의 거룩한 생활을 지켜보면서 그와 비슷한 경험들을 열망한다. 그들의 비판의 주된 이유는 바로 이러한 사실 때문이다. 하라서 한 지도자(장로)의 성품은 다른 이에게 확신을 심어주고 열정을 자극할 수 있도록 비 그리스도인들에게 존경을 받아야만 한다. 모범을 보여주는 것은 교리를 가르쳐주는 것보다 더 큰 힘을 발휘한다.

도덕적인 자격들

도덕적인 본질이 희박해져 가고 계속적인 공격을 받고 있는 세상에서 지도자는 도덕적인 면에서 부끄러울 것이 없어야 한다. 그는 기준이 전혀 다른 한 사회에서도 한 아내의 남편이어야 한다. 이 구절에 여러 가지 해석이 있지만 그것이 무엇을 의미하든지 간에 지도자는 자기의 도덕적 삶에 부끄러울 것이 없어야 한다. 그는 오직 하나밖에 없는 배우자에게 충실함으로 부부간에도 높은 표준을 가져야 한다. 그는 결코 도전받을 수 없는 도덕적인 사람이 되어야 한다.

그는 또한 '절제할' 줄 알아야 하기 때문에 '술을 즐기지 않아야' 하며, 이와 관련된 모든 것들에도 빠져서는 안 된다. '즐기다'라는 단어의 뜻은 '술에 의해서 질질 끌려가는 사람'을 가리키는 것이며, 이로 인해서 결국 술에 만취되어 난잡하게 되는 상태를 말한다. 술에 취한 사람은 일상적인 사회에서도 무시를 받는데 그리스도교의 교회 내에서는 더 말해 무엇 하겠는가? 지도자는 자신의 인격을 좀먹고 공적인 증언에 손상을 끼치지 않기 위해 비밀리에도 그러한 것을 탐닉해서는 안 된다.

정신적인 자격들

지도자는 건전한 정신을 가져야 하며 신중해야 한다. 이 말은 '습관적인 자제로 잘 균형 잡힌 정신 상태'를 가리키며, 매일의 자기훈련을 통한 내적 성품을 뜻한다. 제레미 테일러(Jermy Taylor)는 이러한 자질을 '이성의 띠와 감정의 굴레'[1]라고 표현하였다. 희랍 사람들은 그것을 가장 가치 있는 위치에 두었다. 이러한 훈련된 정신 상태는 일시적 충동에 좌우되지 아니하며, 극단으로 흐르지 않는 적절한 중용의 덕을 뜻한다. 예를 들면, 용기는 만용도 비겁도 아닌 그 중간이며, 청결함이란 얌전함도 아니고 부도덕도 아닌 그 중간인 것이다. 이런 바람직한 자질을 소유한 지도자는 그의 본성의 모든 부분을 통제할 줄 아는 사람이다.

외적인 행위에서 지도자는 예의가 바르며, 존경할 만해야 한다. 우주(cosmos)라는 단어는 하나님의 명령에 의해 혼돈의 상태에서 벗어난 질서를 가리킨다. 질서 있는 생활이란 질서가 잡힌 마음의 소산이다. 그러므로 지도자의 삶은 하나님의 아름다움과 질서를 반영할 정도로 질서가 있어야 한다. 정신적으로나 영적으로, 지도자는 가르치기를 잘해야 한다. 이 말은 가르치는 능력뿐 아니라 성령께서 성경을 통해 가르쳐주신 진리를 다른 사람들에게 나눠주기 위한 열망을 갖고 가르치지 않고는 견딜 수 없는 열정을 지니고 가르침을 준비하는 것을 의미한다. 만일 그가 가르치려면, 그 자신이 먼저 성경을 연구하는 학생이 되어야 한다.

---

1) William Barclay, *Letters to Timothy and Titus* (Edinburgh: St. Andrews, 1960), 92.

"다른 사람들을 성공적으로 가르칠 수 있는 능력이 없다고 판명된 사람은 지도자의 자격에 합당치 못하다"라고 켄트(H. A. Kent)는 말했다. 영적 지도자는 다소간 정도의 차이는 있으나 자기아래 있는 사람들을 가르쳐야 할 책임이 있으며, 그의 가르침은 부끄러움 없는 삶이 뒷받침되어야 한다.

사무엘 브랭글은 다음과 같이 한탄하였다.

> "오, 마치 실력 있는 의사가 환자의 모습을 보고 그들의 병에 따라 처방하듯이, 사람들의 마음을 읽고 그들의 필요에 맞게 진리를 가르치며 그것을 믿고 행하도록 할 수 있는 지도자들이 우리 가운데 더 많이 있었으면 좋으련만! 분명하거나 불분명하거나, 급성이거나 만성이거나, 표면적이거나 뿌리가 깊던 간에 모든 영혼들의 병은 그리스도 안에서 고침 받는 것이 진리이다. 모든 병에 같은 약이 적용될 수 없는 것처럼 각 사람의 필요에 똑같은 진리가 적용될 수는 없다. 이것이 바로 성경을 부지런히 공부해야 하고 성령의 계속적이고 능력 있는 조명을 위해서 기도하지 않으면 안 되는 이유이다."[2]

존 웨슬리는 높은 영적 자질을 소유한 사람이었다. 그는 지적인 것을 무시해버리는 경향에 빠지지 않고 도덕적이고 영적인 조건들만이

---

2) C. W. Hall, *Samuel Logan Brengle* (New York: Salvation Army, 1933), 112.

아닌 지적인 것들도 항상 지키려고 애를 썼다. 그의 지적 능력은 가장 높은 수준이었으며, 만일 그가 뽑혔다면 그 당시의 학자들 중에서도 앞줄에 설 수 있었을 것이다. 그는 문학에서도 놀라운 지식을 갖고 있었다. 어떤 저명한 설교가는 웨슬리의 설교만큼 그렇게 고전적이고 일반적인 문학의 지식을 정통하게 나타내고 있는 설교를 알지 못했다고 말하였다. 그러면서도 그는 '성경의 사람'으로 알려졌다. 그는 찬란히 빛나는 성별된 지성의 모범이 되었다.

인격적인 자격들

그리스도인 지도자는 구타를 해서는 안 되며 상냥하고 관용해야 한다. 다투는 논쟁자가 아니고 친절한 분별의 사람이어야 한다. 대조를 이루는 이 단어들은 이상적인 지도자의 특성에 매력적인 관점을 부여하고 있다. 관용이라는 단어에 대해 트렌치(R. C. Trench)는 "정의에 대한 부정의들을 바로 잡고 다시 교정하는 정신이다"라고 하였다. 아리스토텔레스(Aristoteles)에 의하면 "이러한 자질을 소유한 사람은 악한 것보다 선을 기억하며, 사람이 이룩한 선보다는 오히려 사람이 받게 되는 선을 기억해야 한다"고 하였다. 지도자는 단지 다투지 않기보다는 어려운 문제, 격정적인 상황을 평화적으로 해결하기를 애쓰는 능동적이며 인정이 많은 사람이어야 한다.

그리고 지도자는 나그네의 친구로서 나그네를 잘 대접하여야 한다. 이런 일을 성가신 짐으로 생각해서는 안 되며, 오히려 주님을 위한 봉사의 특권이라고 생각해야 된다. 『허마스의 목자』(The Shepherd of Hermas)라는 책에서 "감독이란 나그네를 잘 대접해야 하며 하나님의 종들을 자기 집에 기쁨으로 언제나 맞아들이는 사람"이라고 진술하고 있다.

비록 이와 같이 남을 대접하는 것은 지도자와 지도자의 아내 - 왜냐하면 많은 짐을 져야 하는 것이 여자이기 때문에 - 에게 모두 요구되는 일이었는데 사도 바울이 이 글을 기록했을 당시는 오늘 우리 시대보다 더 이런 덕이 필요하였다. 왜냐하면 초대교회 당시, 여관은 얼마 되지 않았으며 이 여관들 대부분은 더러웠고 비도덕적이었다. 따라서 방문하는 그리스도인들 혹은 가르치는 자들은 이 같은 이방인의 집에 유숙할 수 없었다. 또한 핍박이 심해지자 다른 도시로 흩어진 그리스도인들은 자칫하면 잡혀서 종으로 팔리기가 쉬웠다. 그러므로 교회의 성도들과 특히 지도자들이 그런 사람들에게 호의를 베풀어야 하는 것은 필수적이었다. 그리스도인과 비 그리스도인 친구 모두를 위해 우리는 가정을 개방해야 한다.

교회에서 중직을 맡았을 뿐 아니라 사업상 큰 책임을 맡았던 한 친구가 있었다. 그는 방문객을 위해서 집을 개방했는데, 주일에는 특권이 없는 자들을 위해 그렇게 했다. 이것으로 그는 교회생활과 교회의 분위기에 기여하게 되었다. 그 자신의 영적 지도력이 향상되었음은 두말할 나위 없었다. 본인의 생활은 더욱 부유해졌고 다른 이들을 위한 축복이 되었다.

탐욕과 돈을 사랑하는 것은 지도자에게 부적격한 요인들이다. 지도자는 재정적인 보상에 그의 영적 사역이 좌우되어서는 결코 안 된다. 그는 높은 보수뿐 아니라 낮은 보수도 기꺼이 받아들여야 한다.

웨슬리는 매들리의 플래처(Fletcher of Madeley)에 대해서 다음과 같이 말하였다. "이 사람은 유럽과 아메리카에서 내가 일찍이 찾아 볼 수 없었던 모든 면에서 나무랄 데 없는 인물로서, 다른 어떤 곳에서도 결코 찾아볼 수 없을 사람이다." 매들리는 어떤 지명으로서 그의 이름에 항상 붙어있게 되었는데, 그의 후원자 힐 씨는 그에게 체셔 주에 있는 던햄 지역의 목회를 요청하면서 "이 교구는 조그마하고 책임이 가벼우며 수입도 좋고 운동을 즐길 수 있는 건강에 매우 좋은 곳"이라고 말하였다. 이 말을 들은 그는 "글쎄요. 던햄은 나에게 어울리지 않는 곳이군요. 보수는 내게 너무 많고 거기에 비해 일은 너무 적군요"라고 플래처가 대답하였다고 한다. 힐 씨는 "많은 목사님들은 그런 생각을 하지 않더군요. 그러한 생활을 거절하다니 참 안됐군요. 내가 당신에게 다른 곳을 제공할 수 있을지 모르겠군요. 그러면 매들리는 어떻습니까?"라고 말하자, "그거 좋군요. 거기가 나에게 아주 적합한 곳일 것 같군요"라고 대답하였다.

"당신 뜻대로 하십시오. 만일 당신이 매들리가 좋으시다면, 현재 교구 목사에게 지금보다 두 배 이상 좋은 던햄과 바꾸는 것을 설득하는 데는 아무런 어려움도 없을 것입니다"라고 힐 씨가 말하였다. 그런 조그마한 교회에서 탐욕을 무시하고 돈을 전혀 사랑하지 않았던 이 사람은 놀랄 만한 일을 수행했으며, 그의 전기를 통해서 알 수 있듯이 아직도 이 세대에 이르기까지 영향을 주고 있다.

가정에서의 자격들

결혼한 그리스도인 지도자는 '자기 집을 잘 다스려 자녀들로 모든 공손함으로 복종하게 하는 자'로서 신성한 방법으로 자기의 가정을 다스리는 능력을 나타내야 한다. 많은 사역자들과 선교사들이 높은 수준의 지도력을 추구할 때 자기들의 지도자 자격 가운데서 자주 실패하는 것이 바로 이 영역에서의 실패가 아닐까? '단정함'이란 흠정역의 '엄숙함'보다 더 나은 번역이라고 생각한다. 왜냐하면 그것은 존경받을 만한 품위를 유지하면서도 절대 웃지 않는 엄숙한 얼굴의 모습을 지닌 사람이란 인상을 피할 수 있기 때문이다.

이러한 생각에 도달하기 위해서, 남편은 자기의 영적인 열망을 충분히 나눌 만하며 기꺼이 희생까지도 감수할 수 있는 아내를 만나야 한다. 많은 은사를 받은 사람도 자기가 택한 아내가 적합하지 않았기 때문에 높은 직위와 영적인 효력을 상실해버렸다. 만일 한 사람이 자기 가정 안에서 애정을 가지고 필요하고 적절한 훈련을 자기 가족들에게 잘 베풀지 못한다면, 그가 과연 하나님의 가족들에게 더 잘할 수 있을 것이라고 기대할 수 있겠는가? 만일 그의 가정이 어수선할 뿐 아니라 자기 자녀들도 잘 다스리지 못한다면, 가치 있고 후한 대접을 베풀고자 하는 그의 능력은 크게 제한될 것이고 다른 가정들에게 끼치는 그의 영향력도 크게 감소될 것이다.

교회와 다른 영적인 활동의 유익을 위해서 지도자는 자기의 개인적이고 우선적인 책임인 가정을 소홀히 해서는 안 될 것이다. 하나님의 섭리에 의해, 하나님께서 부여한 직무나 책임을 이행한다고 해서 다른 것들을 소홀히 해서는 결코 안 된다. 그는 인간으로서의 모든 정당한 의무를 완전히 이행해야 할 그 기회를 소홀히 해서는 안 된다. 바울은 다른 사람에 대한 영적인 권위를 행사하는 어떤 사람의 능력은 그의 가정에서 현명하고 사랑스러운 훈련을 수행하는 능력에 의해서 입증된다는 것을 암시한다.

성숙에 대한 자격들

영적인 성숙은 좋은 지도자에게 필수불가결한 것이다. 그러므로 초심자나 새로 입교한 자에게 책임 있는 자리를 주어서는 안 된다. 초심자(novice)와 새 회심자(new convert)는 'neophyte'란 단어에서 연유된 것으로 자연계에서 취한 말인데, '새롭게 심겨진'을 뜻한다.

어떤 식물이 뿌리를 내리고 성장하기까지는 시간을 필요로 하며, 그 과정은 빠르게 진행되지 않는다. 위에서 열매를 맺기 전에 땅 아래로 뿌리를 내려야 한다. 이런 비유에 대해서 뱅겔(J. A. Bengel)은 초심자는 보통 "신선함이 풍성하다"고 말했다. 입교한 자는 아직 십자가에 의해 불필요한 부분이 제거되지 않았다. 바울은 디모데전서 3:10에서 집사의 자격들을 언급하면서 "이 사람들을 먼저 시험하여 보고"라고 권했다.

이것은 그들의 교회 내에서 일할 때 직무의 가치 때문에 일하는지, 그렇지 않으면 책임의 위치 때문인지를 증명하기 위함이다.

디모데가 에베소 교회의 목사가 되었을 때, 이 교회는 이미 설립된 지 10년이 지났다. 은사를 받은 목사들과 가르치는 자들을 많이 받아들였으며, 성숙한 많은 사람들이 그 안에서 경험을 가졌기 때문에 바울은 지도자들에게서 이 자격의 필요성을 주장하게 되었다. 그러나 새롭게 설립되는 교회들을 지도했던 선교 경험에 비추어, 항상 현실적이었던 바울은 교회의 초기 단계에 있던 그레데 교회에는 이 자격을 요구하지 않았는데, 그 이유는 그들 가운데 전혀 유용한 사람이 없었기 때문이며 이것을 주시해보는 것은 흥미 있는 일이었다(딛 1:5-9). 이러한 이상은 교회를 세우는 초기 단계에서는 요구될 수 없으나, 책임 있는 위치에 있게 될 사람들을 선택함에서 그 인격이 건실하고, 영적인 인상을 지니며, 지위에 대한 야심이 없는 사람들을 세우도록 모든 주의를 기울이지 않으면 안 된다.

바울은 타당하고 설득력 있는 이유를 들어 이런 자격의 필요성을 말했다. "새로 입교한 자도 말지니 교만하여져서 마귀를 정죄하는 그 정죄에 빠질까 함이요." 새로 입교한 자는 현명한 지도자에게 필수적인 영적인 성숙과 견고함이 부족하다. 유망한 능력을 나타내는 자들에게 너무 일찍 중요한 자리를 주는 것은 현명한 일이 아니다. 왜냐하면 그런 자리가 그들을 망쳐 놓기 때문이다. 교회와 선교의 역사는 이러한 비극적인 예들로 가득 차 있다. 새로 입교한 자도 교회도 모두 이러한 지위에 최고의 관심을 두어서는 안 될 것이다. 인간 본성적으로, 초심자는 자신의 동료보다 권위 있는 자리에 너무 빨리 올라가게 되면 자기 자신의 중요성을 잘못 인식할 수 있다. 따라서 초심자에게 너무 빨리 중요한 자리를 주어서는 안 되지만, 그 장래가 촉망되는 입교한 자에게 천성적이고 영적인 은사들을 개발하기 위해 낮은 자리에서 사람들의 눈에 별로 띄지 않는 일을 하는 기회를 넓혀주어야 한다. 그가 득의양양하자 않도록 너무 빨리 지위에 오르게 해서는 안 된다. 반면에 그가 실의에 빠지게 억눌러서도 안 된다.

이러한 규칙들과 멋지게 조화를 이루어, 윌리엄 헨드릭슨(William Hendriksen)이 지적했듯이, 사도 바울은 그의 첫 번째 선교여행 때는 어느 곳에서도 지도자를 임명하지 않았으며, 그가 교회들을 다시 방문해서 임명받을 자들의 영적인 진보를 확인한 후에 임명하였다(행 14:23). 디모데도 그가 개종한 후 즉시 임명받지 못했다. 그의 개종은 바울의 1차 전도여행 때였지만, 그는 바울의 2차 전도여행 초기에 비로소 임명되었다.[3]

디트리히 본회퍼(Dietrech Bonhoeffer)는 "경험이 없는 젊은이들과 비교해 볼 때, 성숙한 사람은 그가 어디에 있든지 단정함을 지니고 있으며, 이루고 싶은 소원이 많을지라도 자기 지위에 머무르면서 자기의 직무를 행할 수 있는 것이 성숙한 자의 표시이다"라고 서술하였다. 새로

---

3) W. Hendriksen, *1 and 2 Timothy and Titus* (London: Banner of Truth, 1959), 36.

입교한 자가 하기 어려운 것이 바로 이 부분이다. 이러한 것이 계속적인 성숙에 수반된 특색이다.

성숙은 영적인 도량과 견해의 넓음을 나타낸다. 바울은 그리스도와의 만남을 통해서 좁은 마음을 가진 고집불통에서 가장 아량이 넓은 사람으로 변화되었다. 그리스도의 내주하심이 그의 마음을 강화시켰으며 그의 시야를 넓게 하였다. 그의 견해가 넓어진다고 해서 그는 자기 본래의 확신을 버리지는 않았다.

교회의 지도자 자격에서 수준 높은 요건들이 세상적인 단체에서도 필수적인 것으로 인식되고 있다. 오노샌더(Onosander)라는 한 이교도가 이상적인 지휘관에 대해 묘사하였는데, 바클레이(W. Barclay)가 이렇게 인용했다. "그는 신중하게 절제해야 하며, 술을 마시지 않으며, 검소하고, 고난을 견디며, 부지런하며, 돈을 사랑하지 아니하고, 젊지도 늙지도 않았으며, 가능하면 한 가정의 아버지가 되며, 적당한 연설 능력이 있고, 평판이 좋아야 한다."[4] 이는 바울이 지도자 자격에 대해 열거한 것과 같은 점이 주목할 만하다. 이와 같이 세상에서도 이러한 지도자들을 요구한다면, 하나님의 교회가 이러한 모든 자격들과 이런 자격을 지닌 더 많은 지도자들을 바라는 것이 기대 이상의 요구일까?

---

4) Barclay, 86.

07
베드로서신에 나타난 지도자상

너희 중 장로들에게 권하노니 나는 함께 장로 된 자요 그리스도의 고난의 증인이요 나타날 영광에 참여할 자니라. 너희 중에 있는 하나님의 양 무리를 치되 억지로 하지 말고 하나님의 뜻을 따라 자원함으로 하며 더러운 이득을 위하여 하지 말고 기꺼이 하며 맡은 자들에게 주장하는 자세를 하지 말고 양 무리의 본이 되라. 그리하면 목자장이 나타나실 때에 시들지 아니하는 영광의 관을 얻으리라. 젊은 자들아 이와 같이 장로들에게 순종하고 다 서로 겸손으로 허리를 동이라. 하나님은 교만한 자를 대적하시되 겸손한 자들에게는 은혜를 주시느니라. 그러므로 하나님의 능하신 손 아래에서 겸손하라. 때가 되면 너희를 높이시리라. 너희 염려를 다 주께 맡기라. 이는 그가 너희를 돌보심이라(벧전 5:1-7)

베드로는 사도들 가운데 타고난 지도자이며, 인정받는 지도자였다. 베드로가 어떤 일을 하면 다른 사람들도 따라서 했으며, 베드로가 어디로 가면 다른 사람들도 따라갔다. "나는 물고기를 잡으러 가노라"고 베드로가 말했을 때, "우리도 함께 가겠다"하고 그의 친구들이 합세하였다. 베드로는 성급하게 불쑥 나서기를 좋아했으므로 자연히 그의 행동에는 실수가 많았다. 그러나 그의 영향력은 상당했으며 그의 지도자적 위치는 도전받지 않았다. 베드로가 성숙한 지도자가 된 후 영적인 지도자들에게 쓴 그의 권고를 깊이 생각해보는 것은 가치 있는 일이다. 그는 모든 유형의 영적인 지도자 자격과 관련된 몇 가지의 영원한 원리들을 핍박받고 있는 교회의 지침들로 발표하고 있다.

이 노련한 목자는 그들에게 맡겨진 양떼들을 돌보는 데 우선적인 책임이 무엇인지 상기시키고 있다. "너희 중에 있는 하나님의 양 무리를 치되 억지로 하지 말고"(벧전 5:2). 베드로의 비극적인 실패 후에 주어졌던 목자장과 개인적인 면담에서 그의 잠재적인 감정을 간파하는 것은 어렵지 않다(요 21:15-17). 참으로, 이 구절에는 그때의 체험들이 생생하게 살아있는 것 같다. 유대의 '흩어진 나그네'(벧전 1:1)들에게 그가 위로의 편지를 쓴 것처럼 어려운 시련에 처한 자들에게는 이상적인 목회자의 돌봄이 필요하다는 것을 그는 잘 알았다. 이러한 견지에서 그는 장로들에게 편지를 쓰고 있다.

베드로는 사도들의 우두머리로서가 아니라, 같은 책임을 지고 있는 '함께 장로 된 자'로서 편지를 썼다는 것을 주의해야 한다. 그는 높은 위치에서 그들에게 말하지 않았으며, 지도력을 행사하기에 어려울 수 있는 동등한 위치에서 말하였다. 또한 그는 그들을 자신과 동등한 자격을 가진 자들로 대우했다. 그리고 그리스도의 고난의 증인으로서 그 자신의 실패로 인해 그의 마음이 단련 받고, 갈보리의 사랑으로 그의 마음이 부서지고 정복당한 자로서 편지를 썼다. 목자의 사역이란 목자의 마음 없이는 효과적일 수 없다.

첫째로, 베드로는 지도자의 '동기'를 다루고 있다. 영적인 지도자는 '자원함으로 하며 더러운 이득을 위하여 하지 말고' 그의 책임을 기꺼이 이행해야 한다. 베드로가 편지를 쓸 당시의 지배적 상황은 담대한 마음도 주춤해질 수밖에 없는 상태였으나 그는 지도자들에게 그런 이유 때문에 후퇴하지 않도록 격려했다. 그는 단지 의무감이나 주위 환경의 압박에 의해서 섬길 것이 아니라 더욱 고결한 하나님의 사랑의 강권을 받아 섬겨야 한다고 말했다. 목자의 사역은 그들 자신의 기호나 욕망에 의해서가 아니고 '하나님의 뜻을 좇아'(5:2) 행해야만 한다.

베드로는 지도자들에게 "하나님처럼 네 백성들을 보살피라"고 말한다. 마치 이스라엘이 하나님의 특별한 기업인 것처럼, 교회나 그 밖의 다른 곳에서 우리가 봉사해야 할 백성은 우리의 특별한 기업이다. 그리고 그들에게 향한 우리의 마음이 바로 하나님의 마음이어야 한다. 우리는 하나님의 보살핌처럼 그들을 보살펴야 한다. 그것은 얼마나 광대한 꿈인가! 얼마나 높은 이상인가! 얼마나 큰 책망인가! 그리고 또한 사람들에게 하나님의 관용을, 하나님의 용서를, 하나님의 사랑을, 무한한 하나님의 일을 보여주는 것이 우리의 임무이다.[1]

---

1) William Barclay, *The Letters of peter and Jude* (Edinburgh St. Andrews, 1958), 156.

하나님께서 요구하시는 봉사를 자신이 보잘것없고 적합하지 못하다는 느낌 때문에 거부해서는 안 된다. 도대체 누가 그런 것을 위임받을 자격이 있을까? 부적합함에 관해서는 어떠한가? 부적합하기 때문에 자기를 보내지 말라는 모세의 변명은 하나님을 기쁘시게 하지 못하였고 오히려 그의 노를 발하게 했다는 사실을 기억해야 한다(출 4:14).

영적인 지도자는 자신의 사역에서 이득에 관심을 가져서는 안 된다. '부끄러운 이득을 위하여 하지 말고'(RSV) 즉 그 사역을 이용하여 무엇을 얻을 목적으로 일하지 말라는 것이다. 베드로는 그의 동료였던 유다가 탐욕에 의해 멸망하였음을 잊지 않았기에, 그의 동료 장로들에게 탐욕으로부터 완전히 자유하지 않으면 안 된다고 말하였다. 지도자는 자신의 일이나 결정에서 재정적인 어떤 대가나 다른 이익에 영향을 받아서는 안 된다. 사람들이 그가 순전하게 이익과 무관하게 사는 것을 볼 때 그의 가르침은 더 큰 영향력을 가지게 될 것이다.

리스(Paul Rees) 박사는 물질에 대한 탐욕이 헬라어 단어 '부끄러운 이득'(한글개역, '더러운 이')에 담겨 있는 유일한 의미는 아니라고 말한다.[2] 그 문구는 동일하게 방심할 수 없는 시험인 인기나 명예에 대한 욕망에도 적용될 수 있다. 명성과 권세는 종종 돈보다 더 선망을 받는다.

조우엣(John H. Jowett) 박사는 "물질에 굶주린 자와 칭찬에 갈급한 자 둘 중에 어느 사람이 더 저급한 분야에서 종사하는지 확신이 서지

---

2) Paul S. Ress, *Triumphant in Trouble* (Lonndon: Marshall, Morgan & Scott, n. d), 126.

않는다"고 기록하였다. "설교자는 대중의 갈채를 받고자 그의 메시지를 장식하고 매끄럽게 할 것이고, 다른 분야에 종사하는 자들은 특출한 자, 훌륭한 인상, 좋은 평가를 얻고자 노력할 것이다. 이 모든 것들 때문에 우리는 우리의 목적에 충실하지 못하게 된다. 그것은 양의 무리의 필요와 위험을 인식하지 못하게 한다."[3]

그리스도교 지도자는 '전제적'이어서는 안 된다. "맡은 자들에게 주장하는 자세를 하지 말고"(벧전 5:3 상), 야심 있는 지도자는 주장하는 자세를 가진 작은 군주로 쉽게 타락할 수 있다. 조그마한 권위조차도 예의 바른 걸음걸이를 점잔빼는 저속한 걸음걸이로 바꾸게 하기 쉽다. 하나님의 아들의 종이 되기로 고백한 겸손한 자는 그에 합당치 못한 태도를 지녀서는 안 된다.

그는 양 무리의 '훌륭한 모본'이 되어야 한다. "양 무리의 본이 되라"(벧전 5:3 하). 이 말은 바울이 디모데에게 보낸 권면을 회상하게 하는 문구이다. "오직 말과 행실과 사랑과 믿음과 정절에 있어서 믿는 자에게 본이 되라"(딤전 4:12). 베드로는 장로들에게 그들이 마땅히 갖추어야 할 정신 즉, 목자 정신을 상기시킨다. '치다'(feed)라는 단어는 목자의 완전한 임무를 의미한다. 그들이 목자의 특권을 그릇되게 사용하지 않도록 베드로는 양 무리가 그들에게 속한 것이 아니라 하나님께 속한 것이며, 마지막 때 그들은 하나님의 앞에서 결산해야 한다는 것을 상기시킨다.

---

3) J. H. Jowett, *The Epistles of Peter* (London: Hodder & Stoughton, n. d.), 188.

그분이 목자장이며, 그들은 그분 밑에서 일하는 목자들이다.

만일 그 일을 '하나님의 뜻을 좇아'한다면 목자의 사역에는 확실히 중재의 사역도 포함될 것이다. 인도의 아자리아(Azariah) 주교는 스티븐 닐 주교에게 그는 자신의 넓은 교구에서 지도적 위치에 있으면서 매일 모든 사람의 이름을 불러가며 기도하기 위하여 시간을 갖는다고 말한 적이 있다. 그가 봉직한 30년 동안 그 주교 관구의 회원이 세배가 늘었고 영적인 면에서도 큰 성장이 있었다는 것은 놀라운 일이 아니다.[4]

지도자는 "겸손으로 옷 입어야 한다"(한글개역, "허리를 동이라"). '옷 입다'는 단어는 여기서만 나타나며, 그 옷은 노예가 입는 흰 옷, 또는 앞치마를 가리킨다. 지도자는 노예의 앞치마를 입어야 한다. 베드로는 예수님이 자신의 발을 씻겨 주심을 거절했던, 즉 주인의 노예가 되기를 거절하고 배반했던 그 비극적인 밤을 회상하였을까? 그는 장로들이 자신과 비슷한 비극을 범하지 않도록 막아야 한다. 교만은 언제나 권세의 뒤꿈치에 잠복해 있다. 그러므로 하나님은 교만한 사람에게 자신의 일을 할 것을 권하지 않으신다. 오히려 하나님은 반대하고 막을 것이다. 그리고 마음이 겸손하고 낮은, 자신의 아래에 있는 목자에게 은혜를 더하실 것이다. 5절에서 베드로는 지도자들이 다른 사람들과의 관계에서 겸손히 행할 것을 권고하였다. 그러나 6절에서 베드로는 하나님의 훈계에 '겸손히 다시 행하도록' 지도자들에게 요구하였다. 찰스 윌리엄

---

4) Stephen Neill, *On the Ministry* (n. p, n. d.), 107-8.

(Charles B. William)은 "그러므로 하나님의 능하신 손 아래에서 겸손하라"고 말했는데 여기서 동사는 수동태의 의미를 드러낸다. "너희 자신이 겸손하게 되도록 하라"는 번역이 올바른 개념임을 전해준다.

베드로는 최고의 지도자상을 권유하면서, 또 다른 강력한 이유를 제시하였다. "목자장이 나타나실 때에 시들지 아니하는 영광의 관을 얻으리라"(벧전 5:4). 선망을 받는 월계수나 파슬리 화관은 곧 바래고 시들 것이지만 신실한 지도자의 보상은 시들지 않는 꽃으로 된 화관이다.

목자는 또한 목자장이 그에게 홀로 짐을 지게 하지 않을 것이라는 사실에 위로를 받을 것이다. 그는 근심의 짐이 가벼워짐을 체험할 수 있다. "너의 모든 근심을 주께 던져라. 이는 그의 책임이기 때문이다"(벧전 5:7, NEB)라고 베드로가 말한 것은 지도하는 데 부수적으로 따르는 염려이다. 염려는 '갈등하는 감정 때문에 정신과 마음이 혼란'한 것을 의미한다. 그러나 목자장 밑에 있는 목자는 하나님의 양떼에 대한 염려 때문에 그가 너무 힘들 것이라고 두려워할 필요가 없다. 마음과 의지의 명확한 행동으로 말미암아 그는 영적인 짐의 압도적인 무게를 하나님의 강한 어깨로 옮길 수 있다.

08
지도력의 필수적인 자질(I)

> 그러므로 감독은 책망할 것이 없으며 한 아내의 남편이 되며 절제하며 신중하며 단정하며 나그네를 대접하며 가르치기를 잘하며 술을 즐기지 아니하며 구타하지 아니하며 오직 관용하며 다투지 아니하며 돈을 사랑하지 아니하며 자기 집을 잘 다스려 자녀들로 모든 공손함으로 복종하게 하는 자라야 할지며(사람이 자기 집을 다스릴 줄 알지 못하면 어찌 하나님의 교회를 돌보리요) 새로 입교한 자도 말지니 교만하여져서 마귀를 정죄하는 그 정죄에 빠질까 함이요 또한 외인에게서도 선한 증거를 얻은 자라야 할지니 비방과 마귀의 올무에 빠질까 염려하라(딤전 3:2-7)

예수께서 미래의 임무를 수행하도록 제자들을 준비시키실 때, 그는 뛰어난 훈련 방법을 보여주셨다. 예수님은 그들을 훈계하셨을 뿐 아니라 모본으로 가르치셨다. 그리고 그의 가르침은 의례적인 것보다는 오히려 즉흥적인 것이었다. 그는 특별한 교훈을 가르치시려고 조용한 곳으로 은거하기도 하셨지만, 주로 제자들의 인격은 고독에서보다 오히려 삶의 대로에서 발전되었다. 그들은 매일의 삶 가운데서 영적인 원리와 가치를 배울 기회를 가졌다. 그는 수련 과정의 방법을 사용하였는데 (눅 10:17-24), 그로 말미암아 그들은 성공뿐 아니라 실패를 통해서도 배울 수 있었다(막 9:14-29). 그들은 매일의 필요를 공급받기 위하여 믿음을 사용하는 법을 배웠다. 예수님은 마치 제자들이 권위와 책임을 감당할 수 있는 것처럼 그들에게 그것을 위임하셨다. 요한복음 13-16장의 놀라운 강론은 제자들의 졸업식사가 되었다. 우리는 스승의 모본과 영적 지도력의 모범을 예수님보다 더 잘 할 수는 없을 것이다.

지도자로 삼기 위하여 사람을 준비시킬 때 하나님은 언제나 쓰고자 하시는 직무에 따라 고려하셨다. 그러므로 하나님은 그 인력을 그 목적에 적합하게 쓰시고 그가 그 임무를 수행하는 데 필요한 특성과 은혜의 선물을 그에게 주신다. 바울은 그에게 허락된 최고의 준비와 특이한 훈련이 없었다면 그의 짧은 생애 동안에 그토록 놀라운 성과를 낳을 수 없었을 것이다.

하나님은 미얀마에 하나님의 일을 개척하기 위해 아도니람 저드슨을 준비시키셨다. 그리하여 하나님은 그에게 적절한 자격, 즉 겸손으로 형평을 갖춘 자기신뢰, 사려에 의해 자제된 활력, 인내, 헌신, 용기 그리고 영혼에 대한 열정을 주셨다.

위대한 개혁자 마르틴 루터는 친근하고 부담 없는 사람으로 묘사되었다. 즉 그는 전체적으로 개인적인 생활에서 허영이 없었다. 사람들은 그가 그렇게 적은 수입으로 어떻게 생활을 유지할 수 있는지 이상하게 여길 정도였는데, 그는 식사하는 데서도 검소하였다. 그리고 그는 구체적인 분별력, 재치 있는 유머, 지도력 등이 풍부한 사람이었다. 그리고 그는 맑게 갠 날처럼 정직하였다. 여기에 더 부언하자면 그는 불굴의 용가, 확고한 확신, 그리고 그리스도를 위한 열정이 있었다. 그가 사람들을 강력하게 사로잡은 것은 그리 놀라운 일이 아니다.[1)]

워넥(G. Warneck) 교수는 허드슨 테일러를 설명하면서, 중국에서 그가 개척자로 일하는데 필요한 것을 하나님께서 어떻게 적절하게 주셨는가를 다음과 같이 지적하였다. "그 사람은 믿음과 성령이 충만하였으며, 하나님과 그 소명에 완전히 자신을 맡겼으며, 자기부정, 마음에서 우러나는 동정, 기도에서 보기 드문 능력, 놀라울 정도로 조직적인 기능, 지칠 줄 모르는 인내력, 사람들에 대한 놀라운 영향력, 그리고 동시에 어린아이와 같은 단순성을 가진 사람이었다."

각 경우에 그 사람들은 후에 받게 될 특별한 임무를 대비하여 특이하게 그들을 준비시키는 재능(은사)을 갖게 된다. 그러나 그들이 다른 동료 이상으로 뛰어나게 된 것은 그들이 헌신과 자기훈련을 통하여 재능과 은사를 발전시킨 정도에 비례하게 된다. 우리는 어떤 사람을 영적인 지도자가 되게 하고, 그 재능의 소유자에 의해 계속적으로 발전되기를 요구하는 일반적 자질을 고려해야 할 것이다.

훈련

미래는 훈련받는 것으로 결정되며, 제일 중요하게 여겨지는 우리의

---

1) James Burns, *Their Laws and Leaders* (LondonHodder & Stoughton, 1909), 182.

덕목은 자질이다. 왜냐하면, 그것이 없다면 아무리 큰 재능을 가졌다 해도 그 외 다른 재능들에 의해서는 최대한의 가능성이 절대로 실현되지 않을 것이기 때문이다. 오직 훈련받은 사람만이 최고의 지도자로 성장할 것이다. 그가 지도할 수 있는 것은 자신을 정복했기 때문이다.

'제자'(disciple)와 '훈련'(discipline)이라는 단어는 동일한 어근에서 파생되었다. 지도자는 먼저 기꺼이 복종하여 외부로부터의 훈련에 순종하는 법을 배운 사람이지만 그는 그 다음에 안으로부터 훨씬 더 엄격한 훈련을 자신에게 부과한다. 권위에 대해 반발하고 자기훈련을 멸시하는 자들은 높은 지위의 지도자로서 자격이 없다. 그들은 그 지위가 요구하는 어려움과 희생을 회피하고 거기에 따르는 하나님의 훈련을 거부한다. 선교 사역에서 이탈한 사람들은 대부분 재능이 모자라서가 아니라 그들의 삶의 큰 영역을 성령의 지배 아래 두지 않았기 때문이다. 게으르고 무질서한 사람들은 결코 참된 지도자로 성장하지 못한다.

지도자가 되기 위하여 지도자 과정을 밟은 사람들은 많은 경우에 제자가 되는 법을 배우지 않아 실패한다. 그들은 길가에서 전쟁놀이를 하고 있는 소년들과 같다. 소년들이 아무것도 하지 않고 조용하게 지나가는 것을 보고 행인이 그 이유를 물으니, 어느 소년이 "우리는 모두 장군이요"라고 대답했다. 그러면 우리는 전쟁터에서 싸울 수 있는 병사를 한 명도 얻을 수 없다.

도널드 반하우스(Donald Barnhouse) 박사는 미국 인명사전에 실린 4만 명의 전기를 조사한 결과 그들의 평균 연령이 28세 미만이었다는 충격적인 사실에 주의를 환기시켰다. 그것은 우리의 생애에 대한 준비를 갖추는 초기의 훈련 과정이 높은 성공의 길로 이끈다는 중요한 사실을 설명한다.

어떤 위대한 정치가가 국정의 흐름을 바꾼 연설을 하였다. "당신은 그 연설을 준비하는 데 얼마나 걸렸습니까?"라고 그 연설에 감동받은 사람이 물었다.

"내가 오늘 말한 것을 준비하는데 나의 전 생애를 보냈습니다"라고 그는 대답했다.

지도자로서의 자질이 있는 젊은이는 다른 사람들이 시간을 허비하고 있는 동안 일할 것이며, 다른 사람들이 잠자는 동안 공부할 것이고, 다른 사람들이 즐기는 동안 기도할 것이다. 말이나 생각에서, 행실이나 의복에서 느슨하거나 소홀히 하는 습관이 깃들 여지가 없을 것이다. 그는 식사나 품행에서 당당하게 계율을 준수할 것이다. 따라서 그는 전투 기회가 주어질 때 종군할 수 있을 것이다. 그는 갈채 받는 일도 아니고 인정받는 일도 아니기 때문에 다른 사람들이 기피하는 즐겁지 않은 의무와 보이지 않는 의무를 주저 없이 떠맡을 것이다.

성령 충만한 지도자는 어려운 상황이나 사람에 직면했을 때 자진하여 곤란과 부딪쳐 싸우는 것을 주저하지 않을 것이다. 그는 필요할 경우 친절하고 과감하게 책망할 것이며 또한 주의 사역의 중요성 때문에 필요할 때는 적절한 징계를 사용할 것이다. 그는 복잡한 편지를 쓰는 데도 시간을 끌지 않을 것이다. 그의 편지함을 보면 그가 긴박한 문제들을 해결하는 데 애쓰지 않았다는 증거를 보여줄 것이다. 그의 기도는 다음과 같을 것이다.

> 하나님, 내 자아와 싸우는 데 나를 강하게 하소서.
> 나는 애처로운 목소리를 가진 겁쟁이
> 편안함과 안식과 기쁨을 갈망하는 자입니다.
> 내 자아는 나 자신에게 가장 큰 반역자
> 나의 가장 속 빈 친구
> 나의 가장 무서운 적
> 내가 가는 모든 길을 가로막는 나의 장애물.
>
> -에이미 카마이클(Amy W. Carmichael)

하나님의 사역이 요청될 경우, 사람들을 꾸짖고 솔직하게 언질을 주는 일에서 중국 내지 선교회 영국 회장이며, 영국 케스윅 총회의 의장인 프레드 미첼(Fred Mitchel)보다 더 충실하고 용기 있는 사람은 몇 안 될 것이다. 그는 천성이 대단히 민감하고 다정다감하였지만 기분이 상할 수도 있는 직언을 주저하지 않았다. 그는 이런 문제에 직면했을 때 항상 그 일을 기도하는 마음과 사랑으로 행했다. 그러나 모든 사람이 같은 마음으로 그 권고를 받아들일 수는 없었다. 그는 자신의 신실함으로 말미암아 친구와 멀어지게 되었을 때가 가장 힘들었다고 실토했다.

그의 생애가 얼마 남지 않았을 때, 어떤 친구가 그에 대해 이렇게 말했다. "그는 상당히 변했습니다. 그가 비록 필요할 경우 유쾌하지 않은 일을 행할 때 피하지 않았음에도 불구하고 그는 기도에 더 많은 시간을 들이려고 하였습니다." 가끔 그가 훈련의 문제를 다루거나 다른 사람들의 욕심을 나무라고자 했을 때, 그는 편지를 썼으며 그 편지를 며칠 동안 간직하였다. 가끔 그것을 다시 읽다가 그 편지를 보내는 것이 좋다는 확신이 섰을 때, 그 편지를 부치곤 하였다. 때때로 쓴 편지를 없애 버리기도 하였으며 또 다른 편지를 쓰곤 하였다.[2]

세계선교운동(World Dominion Movement)의 창설자인 토마스 코크런(Tomas Cochrane) 박사가 선교 분야에 대한 면접을 받았을 때, 그는 이런 질문을 받았다. "당신은 특별히 선교의 어떤 분야, 어떠한 위치에 부름을 받았다고 생각하십니까?" 그는 강하게 훈련받은 사람답게 "제가 해야 할 그 일은 당신이 맡길 수 있는 가장 어려운 일이라고 알고 있습니다"라고 말했다.

리튼 스트레치(Lytton Strachey)가 영국의 간호사인 나이팅게일(Florence Nightingale)의 전기에서 다음과 같이 기록했다.

> 그 여자가 스쿠타리 야전병원의 혼란을 수습하고, 반대하는 관료계의 인정을 받을 수 있었던 것은 상냥함과 여자다운 자기희생에 의한 것이 아니라 간호사가 되어 군에 자원입대하여 헌신적으

---

2) Phyllis Thompson, *Climbing on Track* (London: China Inland Mission, 1954), 116.

로 희생했기 때문이었다. 그것은 엄격한 방법에 의한 가혹한 훈련, 엄정한 자세, 끊임없는 노력, 굽히지 않는 의지와 확고한 결정 때문에 이룩된 것이다. 그녀의 냉정하고 침착한 태도의 바탕에는 맹렬하고 격렬한 불이 타고 있었다.

감리교의 대설교가이며 크리프 대학의 교장이었던 사무엘 차드윅(Samuel Chadwick)은 그 세대에 큰 영향을 주었던 사람이다. 그는 여름과 겨울을 가리지 않고, 아침 6시에 일어나 냉수욕을 매일같이 함으로 자기 자신을 훈련하였다. 그는 거의 잠을 자지 않는 데 익숙해졌다. 그의 서재의 불빛은 새벽 2시 전에 꺼진 적이 없었다. 그러나 실상 이러한 엄격한 삶의 모습은 그의 내적인 훈련의 외적 표현에 불과했다.[3]

조지 휫필드(George Whitefield)는 평생 일찍 일어나는 사람이었는데, 보통 일어나는 시간이 새벽 4시였다. 그는 밤에 잠자리에 드는 시간도 엄수했다. 그를 찾아온 방문객이 누구든 간에 혹은 그가 무슨 대화를 하고 있든지 시계가 10시를 알리면, 그는 자기자리에서 일어나 문 앞으로 나아가서, 그의 친구들에게 친절하게 "자, 여러분, 모든 선한 사람이 편히 쉴 시간입니다"라고 말하곤 하였다.[4]

---

3) N. G. Dunning, *Samuel Chadwick* (London: Hodder & Stoughton, 1934), 15.
4) J. R. Andrews, *George Whitefield*(London: Morgan & Scott, 1915), 410-11.

일본에서 바클레이 벅스톤(Barday Buxton)은 그리스도인들이 사업을 하든 전도하는 일을 하든 훈련된 삶을 살도록 지도하기 위해서 그리스도인들에게 언제나 훈련받는 삶을 강조하곤 했다. 이것은 성경공부와 기도, 수입의 십일조, 시간 사용, 적당한 식사와 수면으로 건강한 몸을 유지하는 훈련도 포함되었다. 또한 많은 면에서 서로 다른 그리스도인들 사이에 훈련된 격조 높은 교제를 나누는 일도 포함되었다.

책임을 이행하는 데 그들이 갖추어야 할 것이 바로 이 훈련이었다. 그는 그들에게 위원회에서 자기의 위치를 지키며 조심스러운 생각과 일의 판단으로 그들의 책임을 다할 것을 권면하였다. 이런 모든 것들이 그의 삶의 훈련이었으며 다른 사람들에 대한 이 같은 그의 주장은 바로 자신의 경험의 산물이었다.[5]

이들 몇몇 전기들이 아래와 같은 사실을 잘 말해주고 있다.

위인이 도달한 고봉은 일약 지상으로부터 뛰어 올라온 것이 아니다. 남이 잠자는 사이에도, 한 걸음 한 걸음 애써 기어 올라온 것이다. —작자 미상

---

5) World Vision, *January*, 1966, 5.

지도자 자신이 강하게 훈련받을 때 다른 사람들도 이것을 깨닫고 지도자가 그들에게 기대하는 훈련에 협력하여 기꺼이 응하게 된다. 주의해야 할 만한 훈련 가운데 조금 더 강조해야 할 것이 있다. 그것은 다른 사람들에게 도움을 줄 뿐만 아니라 다른 사람들로부터 도움을 기꺼이 받아들이는 훈련이다. 다른 사람들을 위해 자기 자신을 희생하는 것을 좋아하지만, 다른 사람들이 보답하는 것을 매우 싫어하는 사람들이 있다. 그들은 다른 사람들에게 신세지는 것을 싫어한다. 이것은 유능한 지도력을 행사하기 위해서 기억되어야 할 매우 중요한 일들 중 하나이다. 그것을 소홀히 하는 것은 자신과 다른 사람들 모두를 잃어버리게 만든다.

웨스트콧(B. R Westcott) 감독은 그의 인생이 끝날 무렵에 한 가지 큰 실수를 했다고 말했는데, 그는 항상 자기 능력의 한계까지 다른 사람들을 위해 일해 왔으나, 자기는 다른 사람들이 자기를 위해 일해 주는 것을 결코 원치 않았으며, 이는 결과적으로 아름다움과 완전함의 몇 가지 요소가 빠져버린 봉사 생활이 되게 했다는 것이다. 그는 대가를 요구하지 않는 많은 친절함을 받아들이는 훈련에 자신을 드리지 않았던 것이다.

비전

자기들의 세대에서 가장 능력 있고 영구하게 영향을 주었던 사람들이란 다른 사람들보다 더 많이 더 멀리 보았던 사람들 즉, '앞일을 내다보는 사람들'이었다. 믿음의 사람들에게는 비전이 있다. 이것은 구약시대의 선지자들과 선견자들에게도 마찬가지였다. 모든 시대를 통틀어 가장 위대한 지도자들 중 한 사람인 모세는, '보이지 아니하는 자를 보는 것같이 하여 참았으며', 그의 믿음은 백성들에게 비전을 주었다. 엘리사의 사환은 주위를 둘러싸고 있는 군대를 생생하게 보았다. 엘리사는 그의 사환이 볼 수 없었던 자기들을 에워싸고 있는 무적의 천사 무리를 봄으로 자기 사환의 믿음에 비전을 주었던 것이다.

침례교의 위대한 지도자 조지 트루엣(George W. Truett)의 전기에서 포에탄 제임스(Powhattan James)는 다음과 같이 서술하였다.

> 하나님의 사람은 영적인 것들을 볼 수 있는 '통찰력'이 있어야 한다. 그는 불 말과 불 병거 로 가득 찬 산을 볼 수 있어야 하고 하나님의 손으로 양심의 벽 위에 쓰인 글씨를 해석할 수 있어야 하며, 시대의 표적들을 영적인 의미로 바꿀 수 있어야 하며, 가끔 물질적인 것의 휘장을 옆으로 젖히고 썩어질 인간으로서 하나님의 속죄소를 비추는 영적인 영광의 광채들을 바라볼 수 있어야 한다. 하나님의 사람은 산 위에서 그에게 보여주었던 흔적을 선포해야 하며, 계시의 섬 위에서 그에게 주었던 비전을 퍼뜨려야 하며… 이러한 것들은 영적인 통찰력이 없이는 할 수 없다.[6]

---

6) Powhattan James, *George W. Truett* (Nashville: Broadman, 1953), 266.

이것은 또한 동양선교협회의 창설자인 찰스 카우만(Charles Cowman)의 특징이었다. 그는 비전을 소유한 사람이었다. 그의 생애에서 그는 대중들이 보지 못한 것을 보았고 그 당시의 많은 사람들보다 더 넓고 충만하게 보는 것 같았다. 그는 넓은 비전의 사람이었다.[7]

비전은 통찰력뿐 아니라 선견지명도 포함한다. 맥킨리(William McKinley) 대통령은 자기가 귀를 땅에 대고 벌어지는 일들에 대해 듣는 능력을 가졌기 때문에 위대한 정치가가 되었다고 말했다. 그 비유적 표현이 다르기는 하지만 동일한 의미이다. 그는 그의 듣는 능력을 비전과 바꾸었다. 그는 앞에 놓여있는 것을 보았다. 지도자는 자기가 주장하는 정책과 방법들에 대한 결과들을 마음속에 그려야 한다. 책임 있는 지도자는 항상 제안된 정책들이 현재뿐 아니라 계속하여 다음 세대까지 어떻게 영향을 줄 것인가를 볼 수 있어야 한다.

위대한 개척 선교사들 가운데 비전이 없던 사람은 한 사람도 없었다. 캐리는 동료 목사들이 자신들의 교회가 있는 조그마한 지역에 매여있는 동안 세계지도를 보고 있었다. 모슬렘 세계의 비전을 가진 헨리 마틴(Henry Martyn)은 모국의 교회들이 시시한 신학적인 문제로 마음을 빼앗기고 있을 때, 인도와 페르시아와 아라비아를 보았다. 같은 시대의 심슨(A. B. Simpson)은, 자기 동료가 개척의 땅에 대한 비전을 보지 못하

---

7) Lettie B. Cowman, *Charles E. Cowman* (Los Angeles: Oriental Missionary Society, 1928), 259.

고 있을 때 "그의 일생의 사업은 혼자서라도 힘차게 수행하겠다"라고 말했다.

이집트의 더글라스 손튼(Douglas Thornton)과 이야기하면서 선배 선교사인 베이리스(Baylis)는 말하기를 "손튼, 당신은 내가 알고 있는 사람들과는 다른 것 같소. 당신은 항상 일의 마지막을 바라보고 있으니 말이오. 내 자신을 포함해서 대부분의 사람들은 바로 다음 일을 하는 것이 더 좋은 것으로 알고 있소"라고 하였다. 손튼은, "목표를 바라봄으로 얻게 되는 그 계속적인 영감은 나로 하여금 모든 것을 견딜 수 있도록 도와주는 가장 중요한 것이라는 것을 알게 되었지요"[8]라고 대답했다. 그에게 절대 필요한 것은 이상이요, 비전이었다. 그는 그것이 없이는 일을 할 수가 없었다. 그리고 이것은 그의 시야의 광대함과 계획의 중대성을 설명해주었다.

손튼이 학생 자원 운동에 기여한 것에 관하여 사람들은, "학생 자원 운동 이래 이제까지 있었던 예언자 중에서 그는 가장 위대한 사람이었다. 그는 미래를 내다보며 그의 계획을 구성하였다"라고 말했다.[9]

시력을 통해서 보는 눈은 평범하고 흔하다. 그러나 마음을 통해서 보는 눈은 드물다. 바리새인들이 시력을 통해 베드로를 쳐다 '보았을 때'(look) 그는 오직 무식한 어부요, 아주 하찮은 존재요, 두 번 다시 볼

---

8) W. H. T. Gairdner, *Douglas M Thornton* (London: Hodder & Stoughton, n.d.), 80.
9) Ibid., 43.

가치가 없는 존재라고 보았다. 그러나 예수께서는 마음의 눈으로 베드로를 '보셨으며'(saw), 그때 그는 선견자요, 설교자요, 세상을 놀라게 뒤집어 놓았던 독특한 무리들의 지도자인 베드로를 발견하셨던 것이다.

비전은 '낙관'(optimism)과 '희망'(hope)을 포함한다. 비관주의자가 위대한 지도자가 된 적은 없었다. 비관주의자는 주어진 모든 기회를 어렵게만 바라본다. 그러나 낙관주의자는 모든 어려움들을 기회로 받아들인다. 비관주의자들은 항상 가능성에 앞서 어려움들을 바라보며, 앞으로 나아가기를 열망하는 비전을 가진 사람을 만류하는 경향이 있다. 주의 깊은 사람은 낙관적인 지도자를 도와 그가 실제적으로 일을 처리해갈 수 있도록 도울 수 있다. 그러나 그는 그의 선천적이고 뿌리 깊은 신중함이 하나님께서 높이 날도록 의도하신 사람의 날개들을 자르지 않도록 지켜보아야 한다. 신중한 사람은 역사와 전통에서 가치 있는 교훈을 찾아내지만, 과거에 얽매이게 되는 위험에 빠진다. 어려움만을 바라보는 사람은 너무 분명하게 자기가능성을 분별하지 못하기 때문에 자기를 따르는 자들에게 감화를 줄 수 없다.

브라우닝(R. Browning)은 용기 있는 낙관주의자를 이렇게 묘사했다.

자기의 등을 결코 돌리지 않고
오히려 당당하게 앞을 향해 나아가는 사람
어떠한 의심의 구름도 이것을 깨뜨릴 수 없으며
아무리 옳은 것이 패하며

거짓이 승리한다 할지라도
결단코 꿈을 버리지 않을 것이다.

비전은 위험을 무릅쓸 수 있게 해주며, 역사는 위험을 무릅쓰는 믿음의 편에 선다. 비전을 소유한 자는 외관상으로 공허한 느낌이 들 때에도 기꺼이 믿음의 신선한 발걸음을 옮기는 사람을 가리킨다. 참된 지도자는 안일하게 행동하지 않으며, 고의적인 위험들을 기꺼이 무릅쓴다. 시드니의 모웰(Mowill) 대주교에 대하여 이런 말이 기록되어 있다.

"그의 위대함의 표적은 그전에도 없었고 앞으로 장래에도 없을 것이다. 그는 여정을 인도하기 위해 앞장섰다. 그는 항상 새로운 시야를 발견했다. 그는 많은 사람들이 일이 되는 대로 버려두는 경향이 있었던 그 시대에 새로운 착상을 하는 예민한 정신의 소유자였다."[10]

지나간 과거가 가치 있고 그것으로 인하여 유익을 얻게 된다고 해도, 우리는 과거를 너무 중시한 나머지 과거를 위해서 미래를 희생해서는 안 된다. 비전을 가진 사람은 급변하는 정책에 대한 그의 확신 안에서 미래를 바라보아야만 한다.

---

10) Marcus Loane, *Archbishop Mowill* (London Hodder & Stoughton, 1960), 202.

비전만이 비전 있는 사람을 만든다.

지혜만이 지혜자를 만든다.

양자의 결합을 막을 수 없다.

임무가 없는 비전은 공상가를 만든다.

비전이 없는 임무는 고된 노동이다.

임무를 가진 비전이 선교사를 만든다.[11]

지혜

"지혜란 지식을 최대로 이용하는 능력이요, 분별과 판단과 총명 그리고 유사한 능력들의 결합이다…. 성경에서는 지혜를 영적이고 도덕적인 진리에 관한 바른 판단으로 말한다"(Webster).

지혜란 지식 그 이상의 것이며 사실의 종합이다. 그것은 개인적 의미를 내포하고 있으며 총명함을 뜻한다. 그것은 인간의 통찰력 이상의 것으로 하늘의 분별력을 뜻한다. 그것은 마음에 있는 것들을 통찰하는 지식이며, 사물의 실상을 간파하는 지식이다. 그것은 하나님의 지식과 인간 내부의 복잡한 지식을 포함한다. 그것은 지식 그 이상의 것이요, 도덕적이고 영적인 문제들과 접하게 되는 까닭 모를 상황들과 인간관계의 복잡성에 대한 올바른 지식의 적용이다. 루스벨트(Theodore Roosevelt)는, "지혜의 대부분은 때에 늦지 않게 지혜로워지는 일이다.

---

11) Dunning, 20.

그러나 우리들의 대부분은 일이 끝난 후에야 비로소 현명하게 된다"고 말하였다.[12]

지혜는 지도자에게 필요한 균형을 부여하며, 엉뚱함과 터무니없는 생각으로부터 구해낸다. 지식은 학문에 의해서 얻을 수 있지만, 그리스도인이 성령에 충만해질 때, 성령은 그 지식을 바르게 사용하고 적용하도록 지혜를 주신다. 심지어 초대교회의 낮은 지도자들에게 요구된 것들 중의 하나가 바로 '지혜의 충만' 이었다는 사실은 의미 있는 일이다 (행 6:3).

> 지식과 지혜는 결코 하나일 수 없으며, 결합되지도 않는다.
> 지식이란 다른 사람들의 사상으로 가득 찬 마음속에 거하는 것이다.
> 지혜란 자기 자신에게 관심을 기울이는 마음 가운데 거하는 것이다.
> 지식이란 자기가 너무 많이 배웠다는 것을 뽐내는 것이다.
> 지혜란 자기는 아무것도 모른다는 겸손이다. —작자 미상

지도자의 자격에서 지혜의 위치는 호스트의 말에 잘 나타나 있다.

"어떤 사람이 이성이나 양심에 관계없이 사무적인 위치의 힘으로 다른 사람에게 순종을 요구할 때, 이것은 폭군의 정신이다. 이와

---

12) Theodore Roosevelt, in B. Matthews, *John R. Mott* (London: S.C.M. Press, 1934), 355.

는 반대로 재치와 연민의 훈련으로 기도와 영적인 능력 그리고 다른 사람들에게 영향을 줄 수 있으며 개발할 수 있는 건전한 지혜로, 그 자신의 이성과 양심에 의해서 방침을 변경시키고 다른 방안을 채택할 수 있는 것, 그것이 진정한 영적인 지도자의 자격이다."[13]

골로새에 있는 그리스도인들을 위한 바울의 기도는 계속적으로 그들이 영적인 책임에 있어 열매를 맺게 해달라는 것이었다. "너희로 하여금 모든 신령한 지혜와 총명에 하나님의 뜻을 아는 것으로 채우게 하시고"(골 1:9).

결정

모든 사태에서, 신속하고 명확한 결정을 내리는 것은 참된 지도자의 필수적 요소이다. 비전을 소유한 사람은 그것에 관해 어떤 일들을 해야 될 것인지 알고 있다. 그렇지 않다면 그는 단지 몽상가에 지나지 않을 것이고 지도자는 되지 못한다.

그가 신속한 결정을 내리기 위해서는, 건전한 전제를 바탕으로 결정해야 한다. 몽고메리 경은 명확한 결정의 능력을 위해서 자신의 군 지휘 자격에서 고려된 일곱 가지 요인을 열거하고 있다.

---

13) Phyllis, Thompson, *D. E. Hoste* (London China Inland Mission, n.d.), 155.

영적인 지도자는 일단 하나님의 뜻을 확신하면 결과에 개의치 않고 즉시 행동으로 옮겨야 한다. 목표를 추구함에 있어 그는 자기 뒤에 배수진을 치는 용기를 가져야 하며, 실패 또는 성공에 대한 모든 책임을 기꺼이 수용해야 하고, 결과적으로 생길 수 있는 어떤 비난도 부하에게 전가시켜서는 안 된다.

아브라함은 소돔과 그의 조카 롯이 위기에 처했을 때 자신이 신속하고 명확한 결정을 가진 사람임을 보여주었다. 롯과의 관계에 있어서, 아브라함은 영적으로 수동적이며 능동적인 양면을 명백히 했다. 목장의 선택에 있어서 자기의 권리를 양도하는 이타적인 면에서 아브라함은 수동적인 매력의 거룩함을 나타내었다. 그러나 위기에 직면했을 때, 그는 즉각적인 결정과 주도권을 나타내기도 하였다. 매우 용감하게 그는 그의 훈련된 사환들을 데리고 적들을 추격하였으며, 믿음으로 하나님을 열망하였으며, 그의 적들을 처부수고 명성을 얻는 승리를 얻었다.

모세는 앞일을 여러모로 내다보고 애굽의 보화와 쾌락들을 포기하고 이스라엘 백성들과 함께 고난 받기를 원하는 결정을 내렸을 때 비로소 이스라엘의 지도자가 될 자격이 있었다. 그에게 그러한 결정을 하도록 용기를 북돋운 것은 바로 그의 믿음이었다(히 11:24-27).

바울의 회심 후, 첫 번째 질문에서 중요한 이런 자질을 반영하였다는 것은 의미심장한 일이다. "주님 무엇을 하리이까?"(행 22:10). 그가 그리스도의 신성을 확인하게 된 순간, 그는 그리스도께 주저하지 않고 순종하는 결정을 하였다. 빛을 받기 위해서는 빛을 따라야 했으며, 자기의 참된 임무를 발견하기 위해서는 마땅히 그 일을 해야만 했던 것이다.

히브리서 11장에 영원히 없어지지 아니할 훌륭한 인물들은 모두 비전과 결단력을 가진 사람들이었다. 우선 그들 모두는 비전을 보았다. 그리고 그들은 대가를 치렀으며, 결정을 하였고 그 결정을 행동으로 옮겼다. 이런 일은 위대한 선교 지도자들에게도 마찬가지였다. 캐리는 잉글랜드의 케터링(Kettering)에서 비전을 보았으며, 하늘까지 확대되어 보이는 그의 비전을 이루는 데 어려움들이 있었음에도 불구하고 비전을 생각하면서 자기의 결정을 내렸다. 그는 인도에서 그의 비전을 실행했다. 리빙스턴(David Livingstone)은 스코틀랜드의 덤바톤에서 비전을 보고 결정을 내렸으며, 아프리카에서 그 비전을 성취하기 위해서 모든 장애물들을 극복하고 일을 진행시켰다. 환경은 그러한 사람들을 좌절시킬 수 없었으며, 어려움들 또한 그들을 제지할 수 없었다.

참된 지도자는 명확한 결정에 도달하는 데 질질 끌게 하는 유혹을 뿌리치며, 결정한 후에는 망설이지 않아야 한다. 지도자 자격에서 이러한 경향은 피할 수 없는 것들이다. 비록 그 결정이 잘못된 결정이라 해도 분명한 사실은 전혀 결정하지 않는 것보다는 낫다는 것이다. 결정하지 않는 것도 하나의 결정이며, 이런 결정은 때때로 전혀 잘못된 것일 수 있다. 또한 현상을 유지하는 것도 하나의 결정이다. 대부분의 결정에 있어서 문제의 뿌리는 무엇을 해야 할지 모른다기보다 오히려 결정과 함께 그 대가를 치르며 살아갈 일을 준비하는 것이 결과적으로 문제가 되는 것이다.

찰스 카우만은 목적을 가진 사람으로 평가받고 있다. 그는 자기의 눈을 한 위대한 목적에 고정시켰다. 그것과 함께 가능성을 가진 비전을 행동으로 옮겼다. 그는 어떤 일을 하는 것이 가능하다는 것을 알게 되는 순간, 그것을 실행에 옮길 때까지 그대로 있지 못하는 성격이었다.

해안 경계 임무를 수행하고 있던 한 젊은이가 긴급한 상황에서 출동 명령을 받았다. 큰 폭풍 속에서 배가 조난당하고 있다는 신호를 보내오고 있었다. 그가 구조하기 위해서 큰 배를 움직이기 시작했을 때, 그 젊은이는 태풍의 위력에 놀라서, 선장에게 "우리는 결코 돌아올 수 없을 것이요!"라고 외쳤다.

선장은 폭풍 너머로 대답하기를, "우리에게 중요한 것은 돌아와야 하는 것이 아니라 나아가야 하는 것이요"라고 하였다.

용기

영적인 지도자에게 요구되는 가장 높은 수준의 용기는 도덕적인 용기이며, 또한 육신적인 용기도 자주 요청된다. 용기란 '두려움이나 정신적 압박감 없이, 확고함으로 위험이나 어려움에 부딪치는데 힘을 주는 마음의 자질'이다.

바울은 육체적으로나 도덕적으로 모두 용기가 있었으나, 아무런 두려움도 알지 못하는 그런 용기는 아니었다. "우리가 마게도냐에 이르렀을 때에도 우리 육체가 편하지 못하였고 사방으로 환난을 당하여 밖으로는 다툼이요 안으로는 두려움이었노라"(고후 7:5). 위험을 자초하지 않는다 할지라도, 그는 자기 주님의 기대가 걸려있는 일이라면 그 위험을 피하지 않았다.

마르틴 루터는 특이할 정도로 이 중요한 자질을 소유했다. 그것은 아마 그가 이제까지 살아온 모든 인간 중 가장 겁 없는 사람이었다고 주장해도 지나친 말은 아닐 것이다.[14]

그가 보름스(Worms) 지방으로 중대한 여행을 나섰을 때 말하기를, "당신은 내가 그 일 때문에 두려워하며 그 제안을 취소할 것이라고 생각하지 마십시오. 나는 피하지 않을 것이며, 더욱이 나의 제안(루터가 1517년 10월 비텐베르크 성당의 정문에 붙인 『95개조』-역주)을 철회하지 않을 것입니다"라고 하였다. 심상치 않은 위험 가운데 직면해 있음을 안 그의 친구들은 "보름스로 가지 말라"고 설득하며 단념시키려고 애썼다. 그러나 루터는 결코 단념하지 않았다. "지붕 위에 기와들처럼 악마들이 많이 있다 할지라도 나는 보름스로 가고야 말 것이다"라고 그는 말했다.[15]

루터가 황제 앞에 섰을 때, 그는 그 조항들을 철회하라는 도전을 받았다. 그들은 강력하게 그가 철회할 것인지 안 할 것인지를 한 마디로 말해야 된다고 주장했다. 루터는 "나는 성경이나 다른 근거들로 인한 명확한 이유로 확신할 수 없다면, 철회할 수 없습니다. 나는 성직자들과 교황에게 양보할 수 없습니다. 왜냐하면 그들은 자주 잘못을 저질

---

14) Burns, 181-82.
15) Ibid., 167-68.

렀기 때문입니다. 나의 양심은 하나님의 말씀에 붙잡혀 있습니다"라고 선언하였다.

다시 철회하라는 도전이 왔을 때, 그는 자신의 두 손을 잡으며, "여기에 나는 서 있나이다. 나는 다르게는 어떤 일도 할 수 없나이다. 오, 하나님이여! 나를 도우소서"라고 하였다. 임종 직전 며칠 동안 이 사건을 회상하면서, 루터는 그의 감정을 이렇게 묘사했다. "나는 아무것도 두려워하지 않았습니다. 하나님은 사람을 그렇게 철저히 담대하게 하실 수 있습니다. 지금도 내가 그렇게 기뻐할 수 있을지 모르겠습니다."

그러나 루터와 같이 모두가 천성적으로 용기가 있는 것은 아니며, 이 사실은 성경에 명백하게 나타나기도 하고 암시되어 있기도 하다. 최고의 용기는 매우 두려워하면서도 두려움에 항복하기를 거부하는 사람에게 볼 수 있다. 아무리 그들이 두려워했을지라도, 하나님은 자신의 종들에게 계속해서 선한 용기를 갖도록 명하셨다. 만일 그들에게 두려움이 없었다면, 그 명령은 무의미했을 것이다. 그 자신의 용기에 대한 책임은 지도자 자신에게 있는데, 왜냐하면 그가 성령의 능력 가운데 거하게 되면 용기를 얻는 것이 가능하기 때문이다.

다음 두 기록을 대조해보기로 하자. "제자들이 유대인들을 두려워하여 모인 곳의 문들을 닫았더니"(요 20:19). "그들이 베드로와 요한이 담대하게 말함을 보고"(행 4:13). 이 두 사건 사이에는 아주 짧은 시간밖에 경과하지 않았지만 같은 제자들이 같은 유대인들에게 어떻게 달리 대하였는가를 보여준다. 이 새로운 용기는 어디서 왔을까? 그 대답은 영감 된 말씀에서 찾을 수 있다. "그들은 성령으로 모두 충만해 있었다." 그리고 성령이 전인격을 통제하도록 자신을 내어 맡길 때, 성령께서 "두려워하는 마음이 아니요 오직 능력…"(딤후 1:7)을 주신다.

용기 있는 지도자는 불쾌하고 심지어 무서운 것도 기꺼이 대하며, 침착한 태도를 유지하며, 그리고 비록 그것이 개인적으로 나쁜 평판을 받게 되는 결과를 초래한다 할지라도, 바르게 생각하며 확고하게 행동함으로 증명되어지는 것이다. 인간의 타성과 반대가 그를 제지시키지 못한다. 또한 그의 용기란 한순간의 것이 아니며, 임무가 다 끝날 때까지 계속된다.

사람들은 자기들의 지도자들이 위기에 처했을 때 그들에게서 용기와 냉정함을 기대하지만 대개의 사람들은 흔들리고 냉정함을 잃어버린다. 그러나 진정한 지도자들은 그렇지 않다. 그들은 사태가 불리하고 영향력이 약화되는 가운데서도 자기들을 따르는 자들을 굳세게 한다.

앗수르 왕인 산헤립의 무자비한 군대가 유다에 쳐들어왔을 때, 히스기야가 잠잠히 그의 군사력을 점검하고, 백성들을 위로하여 사기를 높였던 성경의 내용을 기억하자. "너희는 마음을 강하게 하며 담대히 하고… 두려워 말며 놀라지 말라 우리와 함께하는 자가 저와 함께하는 자보다 크니 저와 함께하는 자는 육신의 팔이요 우리와 함께하는 자는 우리의 하나님 여호와시라 반드시 우리를 도우시고 우리를 대신하여 싸우시리라 하매 백성이 유다 왕 히스기야의 말로 인하여 안심하니라"(대하 32:7-8). 이런 것이 참으로 지도자의 자격이다.

겸손

　겸손이란 세상의 교육과정에 요구되는 자격이 아니라 할지라도, 하나님께서 사용하시는 사람들에게는 증명서 같이 요청되는 조건이다. 정치와 사교의 영역에서, 겸손은 바라지도 않고 요구되지도 않는 자질이다. 지도자는 탁월성과 널리 알려지는 것을 필요로 하며 그래서 사람들은 애써 명성을 구하는 것이다. 그러나 하나님 편에서는 겸손의 가치와 기준이 그 무엇보다 가장 중요하다. 표면에 나타나지 않고, 자기를 선전하지 않는 것들은 지도자 자격에 대한 그리스도의 정의(definition)이다. 집권자의 자리를 얻기 위해 애쓰는 제자들을 훈련시키면서, 하나님께서는 그들에게 동양의 전제군주처럼 거만하고 횡포해서는 안 되고 자기들의 주인(예수님)처럼 겸손하고 낮아져야 된다고 말씀하셨다(마 20:25-27). 영적인 지도자는 화려한 임무와 영적이지 못한 군중들의 찬양을 받는 것보다 헌신적으로 봉사하는 보이지 않는 길을 선택할 것이며 주님께 인정받기를 택할 것이다.

　침(세)례 요한의 사역 초기에 요한의 위대함은 그 당시 사람들의 마음을 꿰뚫고 노출시킨 불타는 설득력과 독설을 퍼붓는 말들로 그 당시의 약함에 대해 강력하고 위협적인 경고를 하였다는데 있다. 그러나 그가 여자에게서 태어난 자들 중에 가장 위대한 사람이 되게 했던 비밀은 이런 면모에서가 아닌 무의식중에 무한한 진실을 드러냈던 그의 고백에서 찾아볼 수 있다. "그는 흥하여야 하겠고 나는 쇠하여야 하리라"(요 3:30). 이 한 문장에서 그의 영적 수준이 나타나고 있다.

지도자의 영적인 겸손이란 계속적 성장을 추구하는 자질을 포함해야 한다. 몇 년을 지내며 겸손하게 은혜 안에서 진보해 간 바울의 모습을 주시하는 것은 좋은 도움이 된다. 자기의 과거를 돌아보며 그는 자기의 과거 경력을 하찮게 여기며, "나는 사도 중에 가장 작은 자라. 나는 하나님의 교회를 박해하였으므로 사도라 칭함 받기를 감당하지 못할 자니라"(고전 15:9)고 인정했다. 때때로 그는 차원에서, "모든 성도 중에 지극히 작은 자보다 더 작은 나"라고 말하기도 하였다(엡 3:8). 그의 생의 마지막이 가까웠고 주님을 만날 준비를 하고 있었을 때, 그는 "죄인 중에 내가 괴수니라"고 말하였다(딤전 1:15).

윌리엄 로(William Law)는 『성실과 거룩한 삶의 초대』(A Serious Call to a Devout and Holy Life)라는 자신의 책에서 이렇게 권고하고 있다.

날마다 겸손의 하루가 되게 하십시오. 당신의 동료들의 허물과 약점 때문에 자신에 대한 우월감을 갖지 말고 그들의 과실을 덮어주며, 그들의 뛰어난 점들을 사랑하며, 그들의 덕행을 격려해주며, 그들의 부족을 도와주며, 그들이 잘되는 것을 기뻐하며, 그들의 어려움을 불쌍히 여기며, 그들의 우정을 받아들이고, 그들의 불친절함을 너그럽게 봐주며, 그들의 악의를 용서하고, 종들의 종이 되며, 그리고 가장 낮은 인간들 중에 가장 천한 직분을 행함으로 자신을 낮추도록 하십시오.

사무엘 브랭글은 어떤 자리에서 '위대한 브랭글 박사님'으로 소개를 받았다. 그는 이 일을 일기에 기록하기를,

내가 그들의 눈에 위대한 사람으로 보였을지 모르나, 주님은 철저하게 그분이 없는 나는 아무것도 아니라는 것을 알게 하시고 내 자신의 눈에도 내가 실로 아무것도 아님을 깨닫도록 가장 친절하게 나를 도와주고 계신다. 그러나 그분이 나를 사용하시며 일을 행하는 것이 내가 하는 것이 아님을 아는 것은 내게 너무 중요한 것이다. 도끼는 자기가 나무를 잘랐다고 뽐낼 수 없다. 그것은 나무꾼만이 할 수 있기 때문이다. 그가 그것을 만들었고, 그것을 날카롭게 하였으며, 그리고 그가 그것(도끼)을 사용 했다. 그가 그것을 옆으로 제쳐놓는 순간, 그것은 단지 고철이 되고 만다. 오! 나는 결코 이 생각을 잊을 수가 없나이다.[16]

오늘의 모든 영적 지도자는 아무도 한 때 두 번째 자리에서 기쁘고 충성스럽게 일을 함으로 그의 겸손함을 나타냈던 사람들일 것이다. 중국 선교사인 로버트 모리슨(Robert Morrison)은 그의 지혜를 다하여 다음과 같이 기록하였다. "내가 생각하기로, 우리 선교회에서 가장 커다란 잘못은 아무도 둘째가 되려고 하지 않는다는 것이다. 그러나 나는

---

16) C. W. Hall, *Samuel Logan Brengle* (New York: Salvation Army, 1933), 275.

그들에게서 뛰어나게 탁월한 점들을 아무것도 찾아볼 수가 없었다."

순전함과 성실함

바울에게는 우리 중 누구도 소유하기 어려운 좋은 자질이 있었는데 그것은 성공과 실패를 정직하게 드러낼 줄 알았다는 사실이다. 그는 회심하기 전에도 청결한 양심으로 하나님을 섬겼던 성실하고 순전한 사람이었다(딤후 1:3). 그는 고린도 교회에게 이렇게 편지를 썼다. "우리는 수많은 사람들처럼 하나님의 말씀을 혼잡하게 하지 아니하고 곧 순전함으로 하나님께 받은 것 같이 하나님 앞에서와 그리스도 안에서 말하노라"(고후 2:17). 그는 심지어 하나님 앞에서조차 위축되지 않았다(고전 4:4).

구약성경에서, 이스라엘 백성들에게 순전함과 성실함이 요구되었다(신 18:13). 성실함은 인격의 투명함이요, 자기를 드러내는 무의식적인 자질이다. 빌리 그래함(Billy Graham)은 그의 사역 초기에, 처칠 경과의 대담에 초청을 받았다. 놀랍게도 그가 방문한 곳은 영국 내각이 열리는 곳이었다. 그가 대담을 한 후 그 방을 떠날 때, 처칠 경이 자기 동료에게 돌아서며 말하기를, "저기 성실한 사람이 가고 있소"라고 하였다 한다.

한 번은 탁월한 사업가가 어떤 질문에 대답하기를, "만일 유능한 경영자에게 있어서 가장 중요한 자질을 말하라고 한다면, 약속에 신실하며, 의무에 책임을 다하며, 재물에 눈이 어둡지 아니하고, 일을 하는 데 충실하고, 말에 있어서 정직한 개인적 순전함이다"라고 했다.

09

지도력의
필수적인 자질(Ⅱ)

> 이와 같이 집사들도 정중하고 일구이언을 하지 아니하고
> 술에 인박히지 아니하고 더러운 이를 탐하지 아니하고 깨끗한
> 양심에 믿음의 비밀을 가진 자라야 할지니 이에 이 사람들을
> 먼저 시험하여 보고 그 후에 책망할 것이 없으면 집사의 직분을
> 맡게 할 것이요(딤전 3:8-10)

유머

인간은 하나님의 형상으로 지음 받았기 때문에 인간의 유머는 하나님의 선물로 신성한 속성에서 그 본질을 찾게 된다. 그러나 그것은 연마해야 할 뿐만 아니라 조절되어야 할 선물이다. 참신하고 건전한 유머는 긴장을 풀어주며 그 어떤 것 이상으로 어려운 상황들을 제거할 수 있다. 그것은 지도자 자신에게 도움이 되며 지도자의 사역에도 유용하게 사용될 수 있으므로 지도자에게는 말로 다할 수 없는 가치를 지닌다.

사무엘 존슨(Samuel Johnson)은 "사람은 때로 웃음으로 자기의 시간

을 보낼 줄 알아야 한다"고 충고했다. 위대한 그리스도교 변증자인 와틀리(Whately) 대주교는 다음과 같이 서술하였다. '우리는 마음의 밀밭을 경작해야 할 뿐 아니라 기쁨의 땅도 일구어야 한다' 아그네스 스트릭랜드(Agnes Strickland)는 "이 세상에서 덕 다음으로 중요하게 보존해야 할 것은 바로 흥미(즐거움)이다"라고 주장했다.[1] 어느 선교사가 은퇴를 앞두고 고향에 돌아가서 사는 것에 대해 크게 걱정하였다. 그러나 은퇴를 하고 고향에서 몇 달을 보낸 그는, 그렇게 웃음이 많은 곳에 자기가 있어 본 적이 결코 없었다고 말했다.

스펄전(Charles H. Spurgeon)은 한때 그의 설교에 유머를 가미하는 것에 대해 비난을 받았다. 그는 눈을 반짝이며 이렇게 대답했다. "만일 당신이 내가 얼마나 많이 억제하고 있는지 알고 있다면, 당신은 나를 칭찬했을 것이오." 설교에 해학적인 것을 취급한 것에 대해 변명하기 위해서, 그는 다음과 같이 적었다. "설교 중에는 웃음을 자아낼 수 있는 것들이 있습니다. 그러나 그것들이 어떻다는 말이오? 나는 설교가로서 미소가 죄가 되는지에 대해서는 잘 모르겠습니다. 하지만 어쨌든 반시간 동안 깊은 잠을 자는 것보다 순간적으로 웃음을 자아내는 것이 오히려 죄를 적게 범한다고 나는 설교가로서 생각하오."

---

1) C. W. Hall, *Samuel Logan Brengle* (New York Salvation Army, 1933), 278.

우리는 웃음으로 인해 눈가에 생긴 주름이 관심과 진지함의 주름만큼 큰 믿음의 자국들이라고 생각해서는 안 될까? 침(세)례 받는 것은 오직 엄숙함뿐인가? 웃음이란 과연 이교도적인가? 우리는 교회에서 좋은 것은 이미 상실하고 있으며 돼지 앞에 진주를 던지는 것 같은 일을 너무 많이 허용해왔다. 성소에서 웃음을 쫓아내어 그 웃음이 카바레와 나이트클럽과 축배의 말을 하는 사람들에게로 떠나갈 때 교회는 한심한 장소가 되고 말 것이다.[2]

유머는 선교사의 삶에서 커다란 재산이다. 어떤 선교사에게 유머가 부족하다면 그것은 매우 심각한 결함이다. 한 스웨덴 사람이 인도는 너무 더운 곳이기 때문에 선교사로서 인도에 가는 것을 단념하라는 친구들의 권유를 받고 있었다. "이것 봐, 그늘에서도 120도나 된데!"라고 친구들이 말하자, "그렇다고 항상 그늘에서 머무를 필요는 없잖아, 안 그래?"라고 그 선교사는 재치 있게 대답을 하였다고 한다.

인도에 선교사로 간 노리시(A. R Norrish)는 다음과 같은 간증을 했다.

"나는 유머가 없는 지도자를 만나본 적이 없다. 이 능력은 자기 자신과 자신의 주위 환경을 견고하게 하고 넓은 안목과 웃음으로 사물을 보게 한다. 그것은 커다란 안전판이다! 당신은 주님의 기

---

2) Helmut Thielecke, *Encounter with Spurgeon* (Philadelphia: Fortress, 1963), 26.

뿜과 동시에 생기는 유머가 없이는 다른 사람들을 잘 지도할 수 없을 것이다."[3]

더글라스 손튼은 자기가 재미있으려고 애써 노력했던 것보다 훨씬 더 재미있게 보내고 있었다. 그는 두 가지 유사한 격언과 숙어를 혼합한 즐거운 방법을 사용하고 있었다. 한 번은 그가 자기 친구들에게 자기는 항상 마음에 좋은 계획들을 준비해두고 있다고 말했다. 그때 그 친구들은 그가 만일의 경우에 대비해서 또 다른 방책을 가지고 있는지 물었다. 이러한 것들이 무겁게 가라앉은 분위기에 활기를 띠게 하고 건전한 웃음을 자아내게 하였다.[4]

목사로서 반세기를 사역한 홀리트(F. J. Hallett)는 교구의 실제적인 사역에서 가장 성공적인 사람은 하나님의 은총과 결합된 강한 유머를 소유한 사람이라고 말했다. 유머는 설교에 날카로움과 독창성과 설득력을 갖게 한다.

설교를 잘 하기 위해서는 유머를 조미료와 흥분제처럼 사용해야 한다는 말이 있다. 그러나 돌발적인 웃음이 청중을 기분 좋게 할지는 모르나 설교가는 유머가 지나쳐 신성한 것들이 그것에 빠지도록 남용해서는 안 된다. 그는 신속하게 고상한 것으로 방향을 바꾸어야 하며, 그

---

3) A. E. Norrish, *Christian Leadership* (New Delhi: Masihi Sabiyata Sanstha, 1963), 28.
4) W. H. T. Gairdner, *Douglas M. Thornton* (London: Hodder & Stoughton, n.d.), 84.

의 유머가 천박함에 빠지게 해선 안 된다.

우리의 유머 사용이 적절한지에 대한 좋은 평가는 "우리가 유머를 조절하는가?", "그렇지 않으면 유머가 우리를 조절하는가?"하는 것이다. 남미 선교회의 총회장인 케네스 스트라찬(Kenneth Strachan)에 대해서 이런 말을 한 일이 있다. "그는 날카로운 유머를 가졌다. 그리고 사물 본래의 합목적성에 대한 분별력도 가졌다. 그는 농담할 분위기를 알고 있었으며 그의 유머는 조절되어 있었다."[5]

분노

이것은 지도자 자격에서 제외되어야 할 이상한 자질처럼 생각될지 모른다. 다른 배경에서 그것은 부적격한 요인으로 생각될 수 있다. 그러나 이런 자질이 최상의 지도자 삶에는 없는 것일까? 예수께서도 분노를 가지고 사람들을 바라보셨다(막 3:5). 의분은 사랑과 마찬가지로 귀한 것이다. 왜냐하면 하나님께서는 의분과 사랑이 함께 있기 때문이다. 의분과 사랑은 모두 필요하다. 안식일에 병 고치는 것을 금하는 자들에게 예수께서 노를 발하신 것은 손 마른 사람에 대한 사랑 때문이었다. 만민이 기도하는 하나님의 집을 강도의 굴혈로 만든 돈 바꾸는 자들과 비둘기파는 자들에게 노를 발하신 것은 하나님 아버지를 향한 사랑과 하나님의 영광을 위한 열망 때문이었다(마 21:13; 요 2:15-17).

---

5) Latin America Evangelist, *May-June*, 1965.

국가적으로나 영적으로 타락한 시대의 상황에서 돌아섰던 위대한 지도자들은 하나님을 욕되게 하고 사람들을 노예화한 부당함과 남용에 노를 발할 수 있었던 사람들이다. 부패한 사회를 개혁한 영국의 양심이었던 윌버포스(W. Wilberforce)의 노예무역폐지운동은 양심 없는 노예 무역상들에 대한 의분 때문이었다.

로버트슨(F. W. Robertson)도 이따금 의분에 의해 자극을 받았다. 그의 반응을 다음과 같이 묘사하였다. "내 피는 그 순간에 활활 타는 불이었으며, 내 생애에서 단 한 번 굉장한 힘을 느꼈다고 기억한다. 나는 겁쟁이와 거짓말쟁이들이 지옥의 판결을 받는 것이 당연함을 알게 되어 기뻐하는 마음이 일어났다."[6] 마르틴 루터는 "나의 분이 격렬해지기 전에는 어떤 것도 잘 할 수 없었으나, 분이 격렬해졌을 때 나는 잘 할 수 있었다"라고 주장했다.

그러나 이러한 분노는 오용되기 쉬우며, 오용된 분노는 죄로 전락하게 된다. 바울은 권고를 통해서 의분의 가능성을 주장한다. '분을 내어도 죄를 짓지 말고' 거룩한 분노는 이기적인 염려가 없다. 하지만 자아중심적인 분은 항상 죄를 짓게 된다. 죄를 짓지 않기 위해서는 본래의 목적인 하나님의 영광과 진리의 정당함과 순수함에 대한 열정이 있어야 한다.

---

6) Robert E. Speer, *Christ and Life* (New York: Revell, 1901), 103.

그대는 주님을 위해

불타오르는 초가 될지라!

분노와 열정

그리고 용감한 기쁨,

누가 그대에게 죄의 노예라고

느끼도록 했단 말인가?

-작자 미상

버틀러(Butler) 감독은 의분이 죄를 짓는 분노로 타락되는 조건들을 다음과 같이 분석했다.

- 우리 자신들에게 치우쳐버릴 때, 아무도 없을 때, 우리가 당했던 손해를 생각할 때
- 이 치우침이 우리에게 실제적인 것보다 더 크게 나타낼 때
- 우리가 아무 해가 없는 고통이나 불편 때문에 원한을 느낄 때
- 분노가 너무 높이 북받쳐 오를 때
- 고통이나 해가, 비록 자연적으로 발생한 것일지라도 원한으로 변할 때

우리 자신의 삶 가운데 있는 죄에 대해 화를 낼 때, 우리는 다른 사람들의 죄에 대해 느끼는 의분과 동일한 것을 경험하게 된다.[7]

---

7) Ibid., 104.

인내

이 자질을 풍부하게 갖는 것은 건전한 지도자 자격에 필수적인 것이다. 크리소스톰(Chrysostom)은 인내를 '미덕의 여왕'이라고 불렀다. 그 단어의 일반적인 사용이 너무 수동적이어서 원래의 완전한 의미를 전달하는 데 부적당하다. 바클레이는 이것을 베드로후서 1:6에 사용된 의미로 말한다.

"인내는 손을 끼고 앉아서 단순히 어떤 것들을 참는 정신을 의미하지 않는다. 그것은 승리를 거둔 인내함이고 시련으로 인한 남자다운 견고함이다. 그것은 그리스도인의 확고부동함이고 우리에게 할 수 있는 모든 생활의 용기 있는 인정이며, 심지어 가장 나쁜 것을 더 나은 방법의 다른 단계로 변화시키는 것이다. 그것은 어떤 일을 참기 위한 용기 있고 의기양양한 능력이며, 그것은 인간으로 하여금 극한 상황을 통과할 수 있게 하고, 기쁨으로 눈에 보이지 않는 것을 볼 수 있게 한다."[8]

인내라는 것은 수동적으로 묵묵히 따르는 것이나 좌절시키기 위한 복종을 의미하지 않는다. 그것은 천천히 배워가며 자제하는 것을 말한다. 인내가 대부분 엄중한 시험에 처하게 됨은 개인적인 대인관계 때문

---

8) William Barclay, *Letters of Peter and Jude* (Edinburgh: St. Andrews, 1960), 258.

이다. 바울은 요한과 마가를 다루는 데서 그만 인내하지 못했다. 허드슨 테일러는 한때 이런 고백을 했다.

"나의 가장 큰 시험(유혹)은 내가 의지했던 자들의 태만과 무능력에 실망한 나머지 화를 내는 것이었다. 그러나 친절한 태도 없이 화를 내는 것은 아무 유익이 없었다. 아, 나는 그런 시련 가운데 있었다."[9]

많은 지도자들도 이런 유혹을 경험하겠지만, 이럴 때마다 의심 많았던 도마와 흔들렸던 베드로, 그리고 예수님을 배신한 가룟 유다에게 베푼 우리 주님의 놀라운 인내를 생생하게 기억해야 하지 않겠는가!

지도자가 이런 자질을 나타내는 방법은 자기를 따르는 자들보다 너무 앞서서 달리지 않고 오히려 그들에게 용기를 잃지 않도록 하는데 있다. 그가 앞으로 가게 되더라도 추종자들이 그를 볼 수 있는 자리에 있어야 하고, "앞으로 가"하는 명령을 들 수 있는 가까운 위치에 있어야 한다. 그가 자기 동료의 약점에 대해 강한 연민의 정을 보일 수 없음은 자신이 굳게 서지 못했기 때문이다. "우리 강한 자가 마땅히 연약한 자의 약점을 담당하고"(롬 15:1) 연약한 사람들을 다루는 데 참을성이 없는 사람은 지도자의 자격에 결함이 있는 것이다. 우리 강점의 증거는

---

9) J. C. Pollock, *Hudson Taylor and Maria* (London: Hodder & Stoughton, 1962), 35.

앞으로 계속 나아가게 하는 데 있는 것이 아니라, 우리의 지도력을 상실하지 않으면서, 약한 형제의 느린 속도에 기꺼이 우리의 보조를 맞추는 데 있다. 우리가 너무 앞으로 달린다면, 영향을 주어야 할 때 힘을 잃어버리게 된다.

어니스트 고든(Ernest Gordon)은 그의 아버지 고든(A. J. Gordon) 박사에 대해서 이렇게 기록하였다.

> 그는 비평과 반대에 맞서서 비난하지 않고 참으셨다. "그리스도인들은 그리스도를 위해 인내하고, 굽히지 아니하며, 실망하지 않는 선구자가 되어야 한다. 욕설의 폭풍우가 그를 넘어뜨리기 위해 기회를 노린다 해도 그는 생명의 말씀을 붙잡고 모든 것에 무관심한 동상처럼 서 있어야 한다. 조롱의 돌풍이 자기에게 정면으로 몰아친다 해도 그는 폭풍우를 겪은 동상처럼 조용하고 침착하게 그 조롱을 감수해야 한다. 세상을 움직이는 자는 흔들리지 않고 서 있는 바로 그 사람이다."[10]

인내는 명령하기보다 설득력에 의해 인도함을 구할 때 얻어진다. 설득력은 다른 사람으로 하여금 자기 자신의 관심을 볼 수 있도록 이해시키는 능력이며 그것에 따라 그들이 행동할 수 있도록 하는 것을 의미

---

10) Ernest Gordon, *A. J. Gordon* (London: Hodder & Stoughton, 1897), 191.

한다. 우리는 각자 저마다의 결정을 내릴 줄 아는 설득의 기술을 습득해야 한다. 커다란 인내는 무엇보다도 지도자가 책임을 느끼며 최대의 관심을 갖고 소중히 여기는 계획들을 추진하는 데서 나타나야 한다. 호스트는 다음과 같이 말했다.

"이러한 일들에 관하여 나는 허드슨 테일러가 내게 준 일상을 결코 잊지 못할 것이다. 그는 여러번 그의 계획을 크게 수정할 필요가 있었고 또한 건전하고 도움이 되는 제안들을 모아두었으나 결정적인 반대의견에 부딪치기도 했다. 그는 문제제기에 의해 그의 계획이 제거되거나 축소될지도 모르는 위기와 심지어는 더 악한 것들을 만들어낼 경향에 직면하기도 했다. 그러나 끊임없이 기도하고 인내함으로 그는 이러한 많은 제안들을 대부분 실행할 수 있었다."[11]

우정

우리는 어떤 지도자에 대하여 말할 때 그의 친구들의 수와 그 성향으로 그 지도자를 판단할 수 있다. 그러한 기준으로 판단해 볼 때, 바울은 우정을 창조하는 천재였다. 그는 확실히 사교적인 사람이었다. 같은 또래의 연령이었던 누가와의 우정, 혹은 디모데와의 관계처럼 젊은이에

---

11) Phyllis Thompson, *D. E. Hoste* (London: China Inland Mission, n.d.), 158.

대하여 연장자가 지닌 이상적인 우정의 관계는 실로 귀감이 될 만하다.

"지도자로서 그의 더없는 영광은 그가 인간의 친구가 된다는 사실이었다. 그는 자신 다음으로 다른 사람을 사랑했고 진실로 인류를 사랑했다."[12] 심슨에게 누군가 경의를 표했던 내용에서와 같이 영적인 지도자는 부하를 사랑하는 사람이어야 하고 우정을 위한 거대한 포용력을 가져야 할 것이다. 다윗의 부하들에 대한 훌륭한 지도력은 다윗을 위해 죽을 준비가 되어 있는 명성 높은 부하들을 자기주위로 불러 모으는 그 비상한 천재성 때문이었다. 그의 조그마한 속삭임도 그의 부하들에게 명령처럼 전달된 것은 그가 자기부하들의 애정과 충성을 완전히 사로잡았기 때문이다(삼하 23:15-16). 그들은 다윗이 자기들을 위해 죽을 수 있을 것이라고 믿었기 때문에 자기들도 다윗을 위해 죽기를 각오했던 것이다.

바울도 역시 이 우정에 대한 은사를 가지고 있었다. "바울은 우정에 특수한 재능을 갖고 있었다. 신약성경에서 바울보다 더 격심하게 원수들을 만든 사람도 없었지만, 바울보다 더 좋은 친구들을 사귀었던 사람도 없었다. 그들은 너무 두터운 우정으로 결합되었기 때문에 우리는 그들이 헌신하는 데 개인의 개성을 잃어버리지는 않을까 우려할 정도였다."[13]

---

12) A. E. Thompson, *The Life of A. B. Simpson* (Harrisburg: Christian Publication, 1920), 204.
13) H. C. Lees, *St. Paul's Friends* (London: Religious Tract Society, 1917), 11.

프랑스 정치가 드골(Charles de Gaulle)처럼 자신의 위대함을 위대한 고독으로 삼는 사람들도 있다. 이에 반하여, 바울의 위대함과 성공적인 지도자 자격은 그가 자유롭게 친구들과 어울려 그들의 강렬한 사랑과 충절을 사로잡은 그의 능력 가운데 있었다. 진실로, 그는 그리스도와 복음을 위해서 모든 종류의 위험을 무릅쓰고 그의 친구들에게 열중했으며, 그들은 자기들을 향한 바울의 사랑을 확증하였기 때문에 기쁘게 바울의 뒤를 따랐다. 그의 서신들은 자기 동역자들을 위한 뜨거운 감사와 개인적인 사랑으로 훈훈함을 느끼게 해준다.

지도자에게 중요한 또 하나의 요소는 다른 사람들로부터 최상의 것을 끌어낼 수 있는 능력이다. 이것을 성취하는 데서, 개인적인 친절함은 장기적이고 성공적인 논의보다 훨씬 더 많은 것을 성취하게 할 것이다. "마음으로 다스리라. 논리와 논의와 다른 형태의 설득이 실패할 때, 진정한 마음에서 우러나오는 우정에 호소하라"고 존 모트는 충고했다.

베트남을 복음화 하는 데 중요한 역할을 했던 로버트 재프레이(Robert A. Jaffray)의 전기에서 토저는 모든 영적 지도자들이 한 가지 점에서 같았다는 것을 지적했다. 즉 그들은 모두 큰마음을 소유했었다는 것이다. 애정을 대신할 수 있는 것은 아무것도 없다. 평범한 정도 이상의 애정을 소유한 자들은 사람들을 압도하는 마력을 가지고 있기 마련이다. 지성이 충분치 못하고 성경을 아는 지식이 넉넉지 못할 수도 있지만, 로버트 재프레이는 그 사람들을 위해서 그들을 사랑하였다. 그는 인종과 피부색깔이 어떻든지 간에, 사람들과 같이 있는 것을 행복하게

생각했다.[14]

스펄전 같이 그 시대에서 영적 지도력을 행사한 사람은 거의 없었다. "그는 비록 제멋대로 하는 사람이었다고 할지라도, 순전한 외고집 때문이 아니라, 인정된 가치 때문에 절대적인 권위를 행사하였다. 그에게는 지혜와 애정의 결합으로 형성된 권위가 있었기 때문에 사람들은 그의 권위에 고개를 숙였다"고 그의 전기 작가는 확신하고 있다.

다윗이나 바울보다 더 위대하신 분이 우정과 애정으로 자기를 따르는 자들을 통치하셨다. 그분에 대해서 성경은 다음과 같이 기록하고 있다.

"세상에 있는 자기 사람들을 사랑하시되 끝까지 사랑하시니라"(요 13:1). 마침내 베드로의 마음을 깨뜨리시고 그에게서 다음과 같은 고백을 들을 수 있었던 것은 바로 그에 대한 예수님의 개인적인 애정 때문이었다. "주님 모든 것을 아시오매 내가 주님을 사랑하는 줄을 주님께서 아시나이다"(요 21:17).

재치와 수완

이 둘은 서로 밀접한 관계가 있다. 재치는 직관적인 인식, 특히 알맞고 올바르고 적당한 것을 신속하고 미묘하게 인식하며, 올바른 것을 행

---

14) A. W. Tozer, *Let My People Go* (Harrisburg: Christian Publication, 1957), 36.

하고 말하는 것에 대한 재빠른 인식, 특별히 화를 내는 것을 피하도록 하는 훌륭한 분별력으로 정의된다.

수완은 어떤 부류의 기술에 종사하는 사람들에 의해 실시된 오용의 결과로서가 아니고, 어느 정도 저하되었던 이런 부류의 일들을 경영함에 있어서 손재주의 교묘함과 기술을 말한다. 이 두 단어를 결합하면, 화를 내지 않고 서로 반대되는 의견을 타협 없이 화해시키는 기술로 나타난다. 이런 것들은 영적 지도자에게 매우 귀중한 자질이다. 자기가 다른 사람을 도울 수 있으려면 다른 사람의 경험에 자기 자신의 풍성한 상상력을 투영해야 한다. 그것이 바로 지도자가 획득해야 하고 개발해야 하는 한 가지 자질이다.

미묘한 협상을 타결하는 능력과 인간에 대한 문제들을 원만히 해결하고 상호간의 권리를 인정할 줄 아는 것은 지도자에게 추구되어야 할 자질이다. 그것은 사람들이 어떻게 느끼며 반응하는지 정확히 평가하고 그들의 입장에서 모든 것을 평가하는 능력을 포함한다.

같은 말에서도 재치 있는 태도와 그렇지 못한 태도를 느낄 수 있다. 한 구두 외판원이 고객에서 말하기를, "미안합니다. 아주머니, 이 구두를 신기에는 손님의 발이 너무 크네요"라고 했다. 또 다른 판매원은 같은 상황에 있는 그의 고객에게, "죄송합니다. 아주머니, 이 구두는 손님 발에 너무 작군요"라고 말했다. 각각의 경우 거의 같은 말을 했지만, 작은 표현의 차이가 재치와 수완의 중요성을 일깨운다. 이 차이는 마침내 손님을 만족스럽게 하여 손님을 단골 고객으로 만들 수 있게 한다.

이스라엘 사람들에게 약속된 땅에 대한 여호수아의 분할은 이러한 자질들을 사용한 성경적인 예를 제공한다. 교활한 야곱의 후손으로 이런 일에 인간의 탐욕과 욕심이 필연적으로 수반되지 않을 수 없었고 이런 미묘한 일은 마침내 심각한 불화의 씨와 나라를 갈라지게 할 수 있는 투쟁의 여지를 가져오게 되었다. 이때 화해로 이끌 수 있었던 여호수아의 재치 있는 행동은 그가 총명했을 뿐 아니라 하나님과 동행하는 사람이었기 때문에 가능한 것이었다. 여호수아가 다른 제단을 세우고 있는 르우벤과 갓 지파에 의해 생겨난 오해를 해소하고 원망이 누적된 마음을 누그러뜨리기 위해 나타냈던 수완은 그의 천성적인 은사일 뿐 아니라 하나님의 학교에서 배웠던 지혜였다(여호수아 22장을 보라 -역자 주).

윌리엄 캐리는 자기도 모르는 수완가였다. 그의 동역자 중 한 사람이 그에 대해 말했다. "그는 자기의 권위를 내세우지 않고 다른 사람들을 지배하고 위압하는 행복한 기술을 소유했으며, 다른 사람들이 복종하게 되는 모든 것이 캐리 자신의 편에서는 자연스럽게 행해졌다."[15] 재치와 수완은 사람들이 무의식적이고 꾸밈없을 때 효과적으로 나타난다.

감화력

봉사와 헌신으로 다른 이에게 감화를 주는 능력은 하나님으로부터 난 지도자의 표시이다. 그의 높은 정신은 주위에 있는 사람들을 밝게

---

15) S. P. Carey, *William Carey* (London: Hodder & Stoughton, 1923), 256.

비출 것이다. 찰스 카우만은 자신의 막대한 일들을 성취했을 뿐 아니라 자신과 관련된 사람들에게 영성을 불어 넣어주는 능력을 소유하고 있었다. 그의 열정과 의욕에 대해서 널리 알려졌다.[16]

중국에서 위대한 그리스도인의 지도자들 중 한 사람이었던 흐시(Hsi) 목사는 놀라울 정도로 이 능력을 소유했다. 주의 사역을 함에 있어 그와 가장 가까운 관계였던 한 사람에게 다른 사람이 다음과 같이 질문했다. "당신은 그가 다른 사람들을 인도하고 그들에게 영향력을 끼치는 데 어떤 특별한 재능이 있는지 주시해보았습니까?" 측근에 있던 그 사람이, "그 방면에서 그의 능력은 놀랄 만합니다. 외관상으로 보기에는 아무 노력도 없이, 모든 사람들을 움직이는 것 같았습니다. 사람들은 자연스럽게 그를 따르고 신뢰하였습니다. 그리고 그는 위대한 주도력과 정력 그리고 비범한 진취성을 소유하였습니다. 어떠한 사람도 그리스도인의 생활과 봉사에서 창조적인 생각이 없이는 그와 같은 사람이 될 수 없을 것입니다"라고 말했다.[17]

느헤미야 역시 이러한 능력을 충분히 나타내 보였다. 그가 예루살렘에 돌아왔을 때, 백성들은 완전히 낙담하고 의기소침해 있었다. 그는 즉시 백성들을 과감하고 능동적으로 싸울 수 있는 군대로 결집시키는 데 성공하였다. 그것이 곧 우리에게 감동을 주는 그의 능력이었다. "백

---

16) Lettie B. Cowman, *Charles E. Cowman* (Los Angeles: Oriental Missionary Society, 1928), 269.
17) Mrs. Hudson Taylor, *Pastor Hsi* (London: China Inland Mission, 1949), p164-67.

성들이 일할 마음을 가졌더라" 느헤미야가 부여한 감화력을 백성들이 무시했다면, 성벽을 수축하는 일은 시작되지도 않았을 것이고 더욱이 완성되지도 못했을 것이다.

마크 클라크(Mark Clark) 장군은 훈련받는 군인들에게 연설할 때 윈스턴 처칠 경에 대하여 이렇게 말했다. "역사상 어떤 사람도 그렇게 엄격한 발언을 하면서도 자기부하들에게 강하고, 풍부하며, 마음을 밝게 하는 감정을 주지 못했을 것이라 생각한다."

프랑스가 독일군에게 함락되고 영국이 전선에 홀로 남게 되었을 때, 영국 내각은 아주 심각한 분위기에 직면하게 되었다. 윈스턴 처칠 경이 방에 들어갔을 때, 그는 수심에 찬 그의 동료를 둘러보며 이렇게 말했다. "여러분, 나는 이것이 오히려 우리에게 용기를 북돋우어주는 기회라고 생각합니다." 그가 어려운 상황을 반전시켜 국민들에게 희망을 주었던 모습에서 그의 감화력을 엿볼 수 있다.

행정적인 능력

사람이 영적인 것을 볼 수 있다 할지라도, 그 자질이 현저하게 부족한 사람은 자기의 비전을 행동으로 옮기는 것이 불가능할 것이다. 조직체에는 언제나 포착하기 힘든 위험들이 도사리고 있다. 왜냐하면 조직체가 성령의 임재와 사역을 대신함에 따라 불만족스럽게 될 위험이 내포되어 있기 때문이다. 방법과 조직의 부족 역시 위험들을 갖고 있으며, 그로 인해 여러 번 하나님을 위한 큰 모험적 사업에 실패를 가져왔다.

조지 스미스(George A. Smith) 경은 그의 책 『이사야서 바로 읽기』 (book of Isaiah)에서 흠정역 성경에 '공의'(judgment)로 번역된 애매한 단어를 지적하면서 우리에게 그것은 '질서 정연함(method), 질서(order), 체계(System), 법(law)'을 의미한다고 상기시킨다. 그래서 이사야가 "여호와는 공의의 하나님이심이라"(사 30:18)고 말한 것은, 하나님은 질서 정연한 분이시라는 것을 의미한다. 하나님의 창조는 매우 뛰어나게 질서가 있다. 왜냐하면 그분은 질서의 하나님이시기 때문이다. 그분은 지도자 자격을 위임한 모든 사람들에게 '질서 있고 알맞게 되어 있는 모든 것들'을 요구하신다. '전능'(Almighty)과 '전적인 자비'(All-merciful)도 역시 전적인 질서정연함 이라는 사실은 하나의 위대한 진리이다. "어떤 종교의 교리가 완전치 못하거나 그 영향력이 건전하지 못하다 해서 그 외 다른 모든 종교도 그와 똑같을 것이라고는 주장할 수 없을 것이다"[18] 라고 스미스는 기술하고 있다.

우리는 하나님을 위한 우리의 사역에서 하나님의 질서와 방법을 배워야 한다. 사람들이 다 하나님의 왕국에 들어갈 수 없는 것은 사실이지만, 이것이 자기들의 구원을 위해 계획된 것이 주의 깊게 계획을 세우지 못했거나 성령의 인도하심을 의지하는 것 그리고 계획의 실제적인 집행을 하지 못하는 것에 대한 변명은 될 수 없다.

매콜리(Thomas B. Macaulay) 경은 웨슬리가 행정력에서 리슐리에

---

18) George Adam Smith, *The Book of Isaiah* (London: Hodder & Stoughton, n.d.), 229.

(Richelieu)보다 더 뛰어났다고 말했다. 그의 조직에 대한 재능은 아직도 그가 창설한 교파에서 찾아볼 수 있다. 그는 현재 존재하지 않지만 그 운동이 흔들리지 않고 지금까지 존재하고 있는 것은 그의 뛰어난 실행력과 조직력의 덕택이다.

사람들에 대한 하나님의 공의, 그들을 사용하는 데 필요한 그의 기술, 최선의 이익을 위해 그들을 사용하는 그의 능력, 그리고 그의 권위에 충성되게 복종하는 그들에게 천성적으로 애착을 느끼는 것은 가장 심각한 위험에서 그 운동을 구출해낼 수 있었다.[19]

들어주는 요법

호의적인 귀를 가졌다는 것은 귀중한 재산이 아닐 수 없다. 지도자가 어떤 문제의 근원을 해결하려면 들어주는 기술을 빨리 습득해야 한다. 너무도 많은 사람들이 말하기를 좋아한다. 어떤 선교사가 이렇게 하소연했다. "그는 내 말을 들으려고 하지 않습니다." 내가 그 문제에 대한 올바른 상태를 파악하기도 전에 그는 그 대답을 주고 있었다.

많은 경우에서, 들어주는 것은 상대방이 자기의 견해를 이해하게 될 때까지 꾸준하게 기다리는 것을 뜻한다. 그러나 들어주는 것은 상대방의 말하는 바를 참으로 이해하고 편견 없이 그 문제를 이해하려는 진정

---

19) James Burns, Revival, *Their Laws and Leaders* (London: Hodder & Stoughton, 1909), 5, 311.

한 수고이다. 어떤 문제라도 그것이 일단 진술될 때 반 정도는 이미 해결된 것이다. 재난을 당한 한 선교사가 슬퍼하면서, "그가 내 말을 들어주기만 해도 얼마나 좋으련만 나는 나의 문제를 나눌 수 있는 누군가가 필요하단 말이오"라고 말했다.

다른 사람의 필요에 대한 민감함이란 말하는 것보다 들어주는 것으로 더욱 잘 표현되고 있다. 지도자들은 가끔 무의식적으로 너무 바쁘기 때문에 들어줄 수 없다는 인상을 갖게 한다. 다른 사람의 문제를 들어줄 시간이 충분하다는 인상을 주는 지도자는 행복하다. 들어주는데 걸린 시간은 오히려 저축된 시간과 같다.

장래가 촉망되는 한 정치가가 올리버 홈즈(Oliver W. Holmes) 판사에게 어떻게 그 관직에 선출되었느냐고 물었을 때, 그는 이렇게 대답했다. "인정 많고 이해심 있는 태도를 가지고 다른 사람들의 말을 들어줄 수 있다는 것은 아마 사람들과 함께 지내며 선을 위해 우정관계를 결속시키는 데 가장 효과적인 방법이 아닐까 합니다. 잘 들어주려는 사람이 되기 위해 '마술'을 걸고 있는 사람이 너무 없소."[20]

편지 쓰는 기술

지도자들에게는 많은 서신 왕래가 있다. 서신은 자기 자신을 나타내는 것이다. 우리는 어떤 역사적 자료들보다 바울의 서신에서 진정한 바

---

20) *World Vision,* (February 1966), 5.

울을 알게 된다. 그의 서신은 영적 지도자의 모범이 되고 있다. 그 서신들은 적절한 표현과 사고의 신선함과 도덕적 온전함 그리고 지적인 정직성을 포함하고 있다. 그는 쓰기 힘든 편지를 써야만 했을 때, 신랄하게 책망한 것이 아니고, 눈물로 편지를 써 내려갔다. "내가 마음에 큰 눌림과 걱정이 있어 많은 눈물로 너희에게 썼노니"(고후 2:4).

잘못된 고린도 교인들에게 강력한 편지를 쓴 후, 그 자신도 그러한 엄중한 처신에 자못 놀란 듯하다. "그러므로 내가 편지로 너희를 근심하게 한 것을 후회하였으나 지금은 후회하지 아니함은 그 편지가 너희로 잠시만 근심하게 한 줄을 앎이라 내가 지금 기뻐함은 너희로… 너희가 근심함으로 회개함에 이른 까닭이라"(고후 7:8-9). 이런 편지를 썼던 그의 목적은 논쟁에서 이기려는 것이 아니라 영적인 문제를 해결하고 사람들의 성숙을 도와 재생산하려는 데 있었다.

바울의 서신들은 격려로 가득 찼으며, 호의적인 칭찬과 동정으로 가득했다. 받는 사람들은 언제나 풍부하게 되었다(빌 1:27-30). 그러나 동시에 바울은 편지로 잘못들을 바로잡는 데 충실하였다. "그런즉 내가 너희에게 참된 말을 하므로 원수가 되었느냐 … 내가 이제라도 너희와 함께 있어 내 언성을 높이려 함은 너희에 대하여 의혹이 있음이라"(갈 4:16, 20).

편지에는 뜻을 분명하게 표현하는 것이 중요하다. 그리고 그 내용을 올바로 받아들이도록 하는 것은 더욱 중요하다. 편지는 의사를 전달하는 데 만족할만한 수단은 못 된다. 편지에 어려운 문제들을 말하고 있을 때 미소를 지을 수 없으므로 편지에 말씨의 훈훈함이 나타나도록 특히 유의해야 한다. 바울의 양육 방법에서 중요한 부분이었던 것이 바로 이 서신들이었다. 조지 휫필드는 많은 대중들에게 설교한 후, 가끔 새벽 3시까지 새로 회심한 사람들에게 격려하는 편지를 썼다고 한다.

10
필수적인 자격 요건

성령과 지혜가 충만하여 칭찬 받는 사람 일곱을 택하라
성령이 충만한 사람 스데반과 … 택하여(행 6:3, 5)

지도력은 성령 충만한 사람들에 의해서만 행사될 수 있다. 영적 지도자의 자질로서 지금까지 언급된 것은 모두 바람직한 것들이며, 또한 성령 충만한 사람이 되기 위해 필수불가결한 것이다.

사도행전은 지도자의 자격 요건에 대해 말해주고 있으며, 교회를 설립하고 선교사역을 시작했던 사람들에 관해 이야기한다. 초대교회에서 봉사자를 선택하는 기준이 '성령의 충만을 받은' 사람이었다는 것은 중요한 의미를 갖는다. 그들에게는 온전함과 총명함보다도 영적인 면이 우선되어야 했다. 사람이 아무리 지적으로 화려하며, 아무리 행정가로서 역량이 있다고 해도 성령 충만함이 없다면, 진정으로 영적인 지도자 자격에는 부적격하다.

사도들의 복음전파에 늘 뒤따랐던 것은 성령의 역사하심이었다. 교회의 머리되시는 그분은 선교사역의 최고의 전략가로서 어디에서나 두드러지게 나타나신다. 성령은 그의 권능이 도외시되기를 원하지 않으시며, 따라서 성경은 그의 능력이 세속적이고 육욕적인 손에 맡겨지지 않을 것이라고 명시하고 있다. 그러므로 교회의 사무직에 종사하는 사람들까지도 성령의 다스림을 받지 않으면 안 된다. 그들의 선택은 세상적인 지혜, 재정적인 예민함 또는 사회의 영향을 받아서는 안 되며 우선적으로 그들의 진정한 영성에 의해 결정되어야 한다. 교회나 다른 기독교 조직체가 이런 사고방식에서 떠나면 그것은 성령을 지도자의 위치로부터 실제적으로 추방하게 되는 것이다. 결과적으로 그분은 몹시 슬퍼하시고 그 사람 속의 성령은 영적인 기근과 사망으로 소멸되고 만다.

교회에서 하나님의 일을 위한 직분자를 뽑을 때 영적 자격을 고려하지 않고 조력자를 선택하면 결과적으로 그 교회는 성령의 인도하심과 무관한 경영체제가 되고 말 것이다. 피어슨(A. T. Pierson)은 이러한 상황을 예로 들어 그것은 마치 큰 회사에서 머리 되는 지도자를 제거하고자 하는 것과 같다고 비유했다. 이런 교회의 여러 기관에서 책임을 맡고 있는 직분자들은 방법과 영적인 면에서 점차적으로 지도자에게 반대하는 입장을 갖게 될 것이다. 그들은 조용하게 그의 의견에 반대하고, 그의 계획들을 방해하며, 그의 정책을 망쳐놓을 것이다. 결국 이러한 교회의 지도자는 비활동적이며 무관심한 상황에 처하게 되며, 격렬한 반대가 없다고 해도 마침내 일을 처리할 수 없게 되고, 교회 정책을 수행하는 데 무능력하다는 조소를 받으며 물러나게 된다.[1] 성령께서는 교회가 세속적이거나 물질적인 입장을 취하여 사람들을 임명하기 때문에 세상에 있는 교회를 위하여 자기의 계획을 수행하지 못하고 계신다.

성령은 사람들의 의지를 무시하고 어떤 사람이나 단계를 일방적으로 다스리기를 원하지 않으신다. 그분은 자신과 더불어 협동하는 일에 영적으로 적합하지 못한 자들이 지도자가 된 것을 볼 때, 그분의 도움 없이 자신의 기준에 따라 자신의 정책을 이행하는 그들에게서 조용히 물러가고 떠나신다. 이 피할 수 없는 문제는 영적이지 못한 경영에 있다.

예루살렘 교회는 사도들의 권고에 민감했으며 필수적인 자질들을 겸비한 일곱 사람을 택했다. 그들은 성령이 충만하였으므로 성도들의 불만은 신속하게 처리되었고, 교회는 축복을 받았으며, 머지않아 이 선택된 일곱 집사들은 하늘의 축복을 나누어주는 성령의 대행자가 되었다. 스데반은 그리스도를 위한 첫 번째 순교자가 되었고 그의 죽음은 사울의 개종에 커다란 역할을 하였다. 빌립은 첫 번째 평신도 전도자가 되었으며 성령께서 그를 사용하여 사마리아에 커다란 부흥을 일으키게 하셨다. 타고난 재능과 은사를 사용하는 데서 성실함은 이들의 유용성을 더 높은 영역으로 끌어올리는 방법인 그들의 은사들을 더 증가

---

1) A. T. Pierson, *The Acts of the Holy Spirit* (London. Morgan & Scott, n. d.), 63.

시키도록 했다. 그리스도인의 운동에 의미심장한 영향을 주었던 지도자들은 모두 성령 충만함을 받은 사람들이었음이 사도행전에 명백하게 나타나 있다. 그의 제자들에게 위로부터 내려오는 능력을 입을 때까지 기다리라고 명령하신 예수님 자신에 대해서도 기록되기를 '성령과 능력을 기름 붓듯' 이라 하였다(행 10:38). 오순절 날에 다락방에 모였던 120명이 모두 성령의 충만함을 받았다(2:4). 베드로가 산헤드린 공회원들에게 설교하였을 때도 성령이 충만하였다(4:8). 성령 충만한 스데반은 견딜 수 없는 심정으로 그리스도를 증거 하여 순교자의 반열에 설 수 있었다(6:3, 5, 7:55). 바울이 그의 독특한 사역을 시작하고 수행할 수 있었던 것도 성령이 충만하였기 때문이다(9:17, 13:9). 그의 선교 동역자인 바나바도 성령이 충만하였다(11:24). 영적 지도자에 대한 근본적인 기준과 자격에서 이러한 사실을 분별하지 못하고 지도자가 되는 사람은 누구나 맹목적인 존재가 될 것이다.

성령 충만한 사람들이 우선적으로 관심을 가지는 것은, 성령의 인도하심에 대한 민감한 반응이다. 왜냐하면 그들은 기꺼이 성령의 지배에 복종하고자 했으며, 성령의 격려와 인도하심에 순종하기를 즐겼기 때문이다. 빌립은 성공적인 부흥이 일어났던 사마리아 대신에 광야로 가라는 성령의 강권하심에 순종하여 사마리아를 떠났다. 그러자 그가 광야에서 전도한 영혼은 얼마나 놀라운 사람이었는가!(8:29) 베드로가 이방인에게 가기를 꺼려한 마음을 꺾으시고 이방세계에 측량할 수 없는 복을 주시려고 그를 고넬료에게 인도하신 분이 바로 성령이셨다

(10:19, 11:12). 성령은 사울과 바나바를 부르시고 첫 선교사로 파송하셨다(13:1-4). 바울은 선교여행에서 성령의 강권뿐 아니라 억제에도 순종하였다(16:6-7, 19:21, 20:22). 예루살렘 공의회에서 교회의 인정된 지도자들이 성령의 인도하심을 지연시켰다. "성령과 우리들에게 좋을 듯싶다"라는 말은 공의회에 널리 퍼진 생각을 대표해준다(15:28).

성령께서 각 사람 사이를 중재하시는 것은 이방인들에게 복음을 주시기 위한 목적이었음을 주시해야 한다. 그분의 위대한 임무 중 첫째는 교회가 선교하게 하는 것이다. 그분의 첫째 임무가 우리에게도 있어야 되지 않을까?

저자가 이 글을 쓰고 있는 현재 동아시아에서 일어나고 있는 일 중 격려가 되는 것은 아시아의 몇몇 교회들에게 성령운동이 일어나고 그들에게 새로운 선교에 대한 비전과 열정들이 부여되고 있다는 사실이다. 예를 들면, 일본교회들은 대만과 브라질처럼 멀리 떨어진 나라에 교인들 중 100명 이상을 해외 선교사로 파송하였다. 서방세계의 선교가 숫자적으로 정지 상태에 있을 때 하늘에 계신 전략가는 교회의 선교적인 책임을 아시아 교회에게 일깨우셨다. 그래서 하나님의 부르심에 소명을 가진 해외 선교사가 아시아 교회에서만 3천 명 이상이 그들의 문화권을 넘어 다른 민족들에게 복음을 전하게 되었다. 바울은 에베소 교회의 지도자들에게 그들의 책무에 대하여 밝히 이해하도록 설명하고 있다. "여러분은 자기를 위하여 또는 온 양 떼를 위하여 삼가라 성령이 그들 가운데 여러분을 감독자로 삼고"(엡 20:28). 그들은 사도의 선택이나 일반적인 선거에 의해서 직분을 받지 않았고 거룩한 임명에 의해서 직분을 받았다. 그들은 교회에 대하여 응답한 것이 아니라, 성령께 응답했다. 확신감과 책임감 그리고 영적 권위에 대한 분명한 의식이 그들에게 주어졌다.

오순절 성령 충만의 목적은 매우 실제적이었다. 사도들은 참으로 초자연적인 능력을 사용해서만 성취할 수 있는 초인적인 일에 직면하게 되었다. 성령의 충만함이 휴전 없는 영적 싸움에 필요한 능력을 그들에게 부여한 것이다(눅 24:29; 엡 6:10-18).

정리해서 말하자면, 성령이 충만하다는 것은 자의적인 항복과 믿음에 합당한 반응을 통해서 그의 인격이 성령에 의해 채워지고, 지배되고, 조절되는 것을 뜻한다. 채워진다(filled)는 이 단어가 그 의미를 뒷받침한다. 이때 채워진다는 뜻은 반응이 없는 텅 빈 그릇에 채워지는 것을 의미하지 않는다. 위대한 사전 편찬자인 데이어(Thayer)는 "마음을 점유하는 것을 가리켜 채운다"라고 하였다. '채워진다'의 이런 용법이 누가복음 5:26에 나온다. '심히 두려워하여' 그리고 요한복음 16:6에도, "도리어 내가 이 말을 하므로 너희 마음에 근심이 가득하였도다"라고 기록되어 있다. 그들의 근심과 두려움이 다른 감정들을 축출하고 그들을 점유했으며, 그 감정들이 그들을 지배하고 통제하였던 것이다. 우리가 성령께서 우리를 채우시도록 초청할 때, 성령께서 바로 이와 같은 일을 하신다. 그러므로 성령이 충만하다는 것은 성령에 의해 지배되는 것을 말한다. 육체적인 힘뿐 아니라 지성, 감정, 의지 이 모든 것이 하나님의 목적을 이루시도록 성령께 지배되어야 한다.

그분의 지배하에, 지도자의 천성적인 자질들이 거룩하게 되어가고 그들의 능력은 향상될 것이다. 이제 성령을 근심시키지 않고 방해하지 않을 때 성령께서는 지도자의 삶 가운데 성령의 열매를 맺게 하실 것이며, 그의 사역은 매력을 더하게 될 것이고 또한 그리스도를 증거 하는 데도 능력이 더해질 것은 자명한 일이다. 모든 참된 봉사란 그들의 삶을 주께 드리고 충만함을 얻었을 때 나타나는 성령의 유출을 의미하는 것이다(요 7:37-39).

토저 박사는 피상적으로 성령 충만의 체험을 구하는 가능성에 대해 깊은 통찰력을 가지고 경고하였다.

> 자기의 감각이 선과 악을 구별하기 위해서는 체험이 필요하다고 하여 도덕적인 부주의나 죄의 주변에서 맴도는 상태에 살고 있으면서 성령으로 충만하기를 구한다면 그것은 매우 어리석은 행동이다. 성령이 내재하시기를 원하는 사람이라면 어떤 숨겨진 부정행위에 대해서도 자기의 삶을 판단해야 한다. 그는 성경에 계시되었듯이 하나님의 속성과 부합되지 않는 모든 것을 그의 마음에서 몰아내야 한다. 하나님께서 미워하시는 악을 관용해서도 안 되며, 하나님께서 미워하시는 모든 것을 소홀히 간과해서도 안 된다.[2]

---

2) D. J. Fant, *A W. Tozer* (Hirrisburg: Christian Publications, 1964), 73, 83.

성령의 충만함이란 영적 지도자에게 필수적이고 없어서는 안 될 것이다. 그리고 우리 각자는 성령으로 충만하기를 바라는 것만큼 실제로 성령으로 충만해질 수 있다.

영적 은사

우리 주위에는 영적 은사를 아직 발견하지 못하였거나 활용하지 못하는 그리스도인들이 많이 있다. 은사들을 찾아내고 그것들을 개발하도록 돕는 것은 바로 지도자의 책임이다. 영성만으로 지도자가 될 수 없으며, 천부적인 은사와 은혜로 주어진 은사가 사역에는 반드시 있어야 한다.

초자연적이며 영적인 대적의 싸움에서, 우리에게도 초자연적인 장비가 필요하며 하나님께서는 이에 대응할 영적 은사를 우리에게 준비해 주셨다. 이런 영적 은사의 효과적인 활용을 위해, 우리는 먼저 영적 은혜를 풍부하게 해야 한다.

반드시 그렇지는 않다고 할지라도, 일반적으로 성령은 자연스럽게 이런 은사에 의해 훈련받는 데 적절한 자들에게 은사를 부여하시며, 그들을 새로운 유용성의 차원으로 높이신다. 저명한 감리교의 설교가였던 사무엘 차드윅은 자기가 성령으로 충만하였을 때, 새로운 두뇌가 아니라 새로운 정신을 받았으며, 말의 새로운 능력이 아니라 새로운 효율성을, 새로운 사전이 아니라 새로운 성령을 받았다고 말한 적이 있었다. 이와 마찬가지로 그의 타고난 자질로도 전에는 결코 경험치 못했던 변화를 경험하여 힘을 얻고 새로워진다.

영적인 은사는 타고난 자질을 대신할 수 없지만, 그것들을 향상시키고 자극할 수 있다. 새로운 출생(신생)은 타고난 자질들을 변화시키지 못하지만, 성령의 지배 아래 놓이게 될 때 그들은 새로운 효율성을 높이게 된다. 숨겨졌던 능력들이 때때로 나타나게 된다.

지도자로서 하나님의 부르심을 받은 사람은 그에게 부과된 그리스도의 사역을 위해, 필요한 자격을 주시고, 또한 성령께서 그에게 필요한 영적 은사를 주셨다는 것을 확신할 수 있다. 성경에서 영적 은사들 중 어떤 것은 인격과 직접 관련시키지 않고 있다는 것은 주목할 만하다. 그것들은 봉사하기 위하여 주어진 은사들이기 때문이다.

11
지도자와 기도

> 내가 첫째로 권하노니 모든 사람을 위하여
> 간구와 기도와 도고와 감사를 하되(딤전 2:1)

　지도자는 다른 어떤 영역보다도 기도의 영역에서만큼은 그를 따르는 자들보다 앞서야 한다. 또한 앞서가는 그리스도인이라면 자신의 기도생활이 끝없이 발전할 수 있는 가능성에 대해 알고 있어야 한다. 따라서 그는 "이미 성취되었다"고는 결코 느끼지 않을 것이다.
　딘 본(Dean C. J. Vaughan)은 한때 이렇게 말하였다. "만일 내가 어떤 사람이 겸손하기를 바란다면, 나는 그의 기도생활에 관해 그에게 질문하지 않을 수 없다. 나는 비통한 자기고백을 위해서는 기도와 비교할 아무것도 알지 못 한다."

기도는 종교적인 본능에서 가장 오래되고, 가장 보편적이며, 가장 강렬한 표현이다. 또한 기도는 무한한 양극단을 접하고 있다. 왜냐하면 기도는 어린아이의 입술로도 애쓸 수 있는 가장 단순한 말의 형태이며 동시에 위로는 주님께 도달하는 가장 고상한 노래이기 때문이다. 기도는 참으로 그리스도인에게 절대 필요한 호흡이요, 공기와 같다.

그러나 놀랍게도, 우리는 대부분은 기도하는데 미묘한 혐오감으로 괴로워한다. 우리의 본성은 하나님께 가까이 접근하는 것을 좋아하지 않는다. 우리는 기도의 기쁨과 효력과 가치에 대해 입술로만 떠들어대며 성숙한 영적 생활에 있어서는 안 될 요건이라고 주장한다. 우리는 성경에서 기도가 끊임없이 요구되고 있으며 이를 설명하려는 사람들의 삶의 모습들을 보게 된다. 그러나 이 모든 것에도 불구하고, 우리는 너무나 기도하지 않는다. 이제 기도를 회피하고 무시했던 생활에서 벗어나 능력 있는 기도의 사람이 되도록, 그 열정을 찾기 위해 자신을 낮추어야 한다. 사무엘 차드윅의 전기에는 이렇게 기록되어 있다.

그는 근본적으로 기도의 사람이었다. 그는 매일 아침 6시경 자리에서 일어나서는, 조반 먹기 전에 밀실인 조그마한 방에서 경건의 시간을 가졌다. 그는 개인적인 경건의 예배를 계속 가졌기 때문에 공중기도에도 능했다. 그는 기도할 때 언제나 하나님께서 무엇인가 역사하시기를 분명하게 구했다. 그에게 인생의 종말이 다가오자 "내가 좀 더 기도를 많이 했더라면, 비록 내가 일을 좀 더 적

게 할지라도 내 마음의 밑바닥에서 우러나오는 좀 더 나은 기도를 했더라면 좋았을 텐데"라고 기록했다.[1]

한 저명한 그리스도인은 다음과 같이 고백하였다. "나는 기도하러 갈 때 하나님께 나아가기를 너무 싫어하는 내 마음을 발견하게 되며, 그분과 함께 있을 때면 머무르기를 싫어하는 내 마음을 보게 된다." 자기훈련이 필요한 것은 바로 이런 일에 대해서이다. "당신이 가장 기도할 마음이 없다고 느낄 때 거기에 빠지지 않도록 해야 하고, 심지어 당신이 도저히 기도할 수 없다고 생각될 때 기도하기를 더욱 애쓰려고 노력하지 않으면 안 된다"라고 그는 조언한다.

다른 어떤 기술처럼, 기도의 기술도 습득하기 위해서는 시간을 가져야 하고, 기도의 중요성에 대한 우리의 생각만큼 많은 시간을 할당해야 할 것이다. 그러나 우리는 항상 가장 중요하다고 생각되는 것에 대해서 시간을 쪼개어 사용하려고 궁리한다. 대부분의 경우, 기도하는 데 너무 짧은 시간을 보내는 이유 중 하나는 꽉 짜인 다른 많은 일들 때문이다. 마르틴 루터는 특별한 일로 바쁠 때, 바쁘면 바쁠수록 기도하는 데 더 많은 시간을 내고자 했다. 다음 날의 일을 위한 그의 계획에 대한 질문의 대답을 들어보자. "일을 하시오. 아침 일찍부터 밤늦게까지 일하시오. 사실 나는 많은 일들을 제대로 하기 위해서 기도하는 데 적어도 하

---

[1] N. G. Dunning, *Samuel Chadwick* (London: Hodder & Stoughton, 1934), 19.

루의 처음 세 시간을 보내지 않을 수 없었소." 만일 어느 정도 기도의 중요성에 대한 우리의 관점이 루터가 주님께 향했던 관심으로 가까워지려면, 우리도 어쨌든 기도하는 데 많은 시간을 가져야 될 것이다.

기도에 대한 지적인 회의 때문에 사람들이 기도를 주저하고 있는 것도 사실이다. 그러나 기도의 타당성과 효력을 의심하는 자들은 대체로 그것을 심각하게 시험하지 않거나, 계시된 기도응답의 조건들을 따르지 않았기 때문이다. 기도를 배우는 길은 기도하는 것 외에는 없다. 합리적인 철학 그 자체가 아무리 합리적일지라도 인간에게 기도하는 정신을 가르칠 수는 없다. 그러나 진정한 기도의 조건들과 요구들을 만족시키는 사람이 기도의 응답을 받으며 하나님과의 의식적인 교제의 기쁨을 누리게 되는 것은 의심의 여지가 없는 사실이다.

기도생활의 가장 좋은 본을 위해서, 지도자는 자연히 예수님의 생활로 돌아가야 할 것이다. 왜냐하면 기도의 합리성과 필요성에 대한 신념은 단지 논리적인 타당성의 근거뿐 아니라, 무엇보다 그분의 모범과 가르치심에 근거를 두었기 때문이다. 만일 기도가 필요하지 않은 유일한 인간이 있다면 그분은 바로 죄 없는 사람의 아들(인자)이신 예수이다. 만일 기도가 불필요하거나 이치에 맞지 않는다면, 우리는 당연히 그분의 삶과 가르침에서 생략되기를 기대할 것이다. 기도는 예수님의 삶의 지배적인 특징이었으며 그분의 가르침에서 계속 강조되는 요소였다. 우리는 그분의 생애에서 기도가 그분의 도덕적 책임에 대한 시야를 더 분명하고 민감하게 한 것을 볼 수 있다. 값비싼 희생을 치르며 고난을 참아내고 하나님의 큰 뜻을 이루도록 예수님께 용기를 북돋웠던 것이 바로 기도였다. 기도는 마음 내키지 않는 추가사항이 아니라, 즐거운 필수사항이었다.

맥킨타이어(D. M. McIntyre)가 다음과 같이 기록하였다.

> 누가복음 5:16에서 우리는 주님의 하루하루의 습관에서 비춰진 생생한 빛을 보게 된다. "예수는 물러가사 한적한 곳에서 기도하시니라" 기도하시기 위해 한적한 곳을 찾는 것이 우리 주님의 습관이셨다. 사람들이 예수님에게서 물러갔을 때, 그분은 사람이 살지 않는 들판으로 나가시는 것에 익숙하셨다.
>
> 구경꾼들은 자신들이 놀랐던 그의 영적인 능력, 그토록 풍부하게 부여받으신 그 능력을 회복하기 위해 그 분에게 기도가 필요하다는 사실을 알아야 했다. 그분은 기도하시던 그곳에서 그의 약해진 영을 새롭게 할 수 있었다. 현재까지 우리에게 놀라운 사실은, 생명의 왕이요, 영생의 말씀이요, 아버지의 독생자이신 그분이 때를 따라 필요한 은혜를 얻기 위해 간절한 기도를 드리려고 하나님의 보좌 앞으로 나가 온유하게 엎드리셨다는 사실이다.[2]

---

2) D.M. McIntyre, *The Prayer Life of Our Lord* (London: Margan & Scott, n.d.), 30-31.

그리스도께서는 기도하시며 밤을 지새우기도 하셨다(눅 6:12). 또한 그는 아버지와의 교제를 단절시키지 않기 위해서 일찍 일어나셨다(막 1:35). 그리고 삶과 사역의 커다란 위기에 처했을 때 그는 특별한 기도로 밀고 나가셨으며, "예수는 물러가사 한적한 곳에서 기도하시니라"는 규칙적인 습관으로 이를 극복하시는 모본을 보여주셨다. 그분은 말씀과 모본으로 제자들에게 홀로 드리는 기도의 중요성을 강조하셨다(막 6:46; 눅 9:28). 특별한 영적인 책임들을 부여하시기 위하여 사람들을 제자들로 선택하실 때 주님께서 기도하셨던 본보기는 이런 일의 좋은 지침이 될 것이다.

우리 주님과 그의 종 바울은 참된 기도가 즐겁고 꿈같은 환상이 아니라는 것을 명백히 하셨다. "모든 생명력 있는 기도는 사람의 체력을 소모시킨다. 참된 중보의 기도는 헌신이며, 피를 흘리는 희생이다"라고 조우엣은 서술했다. 예수께서는 외부로 나타난 긴장의 표시로서가 아닌, "심한 고통과 눈물로 간구와 소원을 올렸고"(히 5:7)라는 말씀처럼 진정한 수고의 기도로 많은 능력 있는 일들을 수행하셨다.

바울과 에바브라의 수고와 애씀의 기도에 비해 우리의 중보기도는 얼마나 창백하고 무기력한 것인가! "에바브라가 항상 너희를 위하여 애써 기도하여"라고 바울은 골로새 교인들에게 편지했다(골 4:12). 그리고 같은 교인들에게, "내 육신의 얼굴을 보지 못한 자들을 위하여 얼마나 힘쓰는지를 너희가 알기를 원하노니"라고 썼다(골 2:1).

'애씀'(wrestling)과 '힘씀'(conflict)이란 단어는 '필사적으로 애쓰다'

(agonize)라는 말에서 유래되었다. 이 말은 힘이 다할 때까지 전적으로 자기 일에 애쓰는 사람(골 1:29)이나 상을 얻기 위해 경기장에서 경쟁하는 사람에게 사용되었다(고전 9:25). 그것은 생존을 위하여 싸우는 군인을 묘사하고 있으며(딤전 6:12), 혹은 위험으로부터 친구들을 구출하기 위해 분투하는 사람을 묘사하기도 한다(요 18:36). 이러한 것들과 또 다른 동기에서 볼 때, 참된 기도란 전적인 정신 집중과 훈련을 요구하는 고된 영적 훈련이라는 것이 명백하다.

기도훈련의 가장 전형적인 인물이요 본을 보인 바울의 고백인 "우리가 마땅히 기도할 바를 알지 못하나"를 회상하는 것은 격려가 된다. 그러나 그가 더 말하기를, "성령도 우리 연약함을 도우시나니… 오직 성령이 말할 수 없는 탄식으로 우리를 위하여 친히 간구 하시느니라 마음을 살피시는 이가 성령의 생각을 아시나니 이는 성령이 하나님의 뜻대로 성도를 위하여 간구하심이니라"(롬 8:26-27)고 하였다. 성령은 우리의 기도에 함께하시며 우리에게 관여하시고 우리를 위하여 친히 간구하신다.

우리는 기도의 기술을 숙달할 수도 있고 기도의 철학을 이해할 수도 있다. 우리는 또한 기도에 관한 약속의 정직성과 타당성에 끝없는 확신을 가질 수 있다. 우리는 진지하게 간구할 수도 있다. 그러나 만약 우리가 우리의 기도생활에 성령께서 담당하시는 역할을 알지 못한다면 아직도 기도의 중요한 열쇠를 사용할 줄 모르는 것이다.

기도의 기술에는 계속적으로 진보적인 가르침이 필요하며, 이 점에서 성령은 정통한 교사이시다. 기도하는 데서 그분의 조력은 그분의 다른 어떤 기능들보다 성경에 매우 빈번하게 언급되고 있다. 모든 진실한 기도는 영혼에 내주하시는 그의 활동으로부터 생겨난다. 바울과 유다는 효과적인 기도는 '성령으로 기도하는' 것이라고 가르치고 있다. 이 구절은 우리가 성령님과 일치하여 기도하고, 같은 것에 대해서 기도하며, 같은 이름 안에서 기도해야 하는 것으로 해석되어 왔다. 참된 기도는 그리스도인 안에 내주하는 성령으로 말미암아 그리스도인의 영 안에서 이루어진다. '성령으로 기도하라'는 말은 이중적인 의미를 가진다. 첫째로, 성령의 영역 안에서 기도하는 것을 의미한다. 왜냐하면 성령은 그리스도인의 생활 영역과 환경 안에 거하시기 때문이다. 그러나 사실, 우리의 많은 기도는 영적이기보다는 심리적이다. 그런 기도들은 단지 마음의 영역에만 작용하며, 우리들 자신의 사고의 산물에 불과한 것이지 가르침의 산물은 아니다. 영적인 기도는 몸을 활용하고, 생각의 합력을 요구한다. 그러나 궁극적으로 영의 초자연적인 영역 안에서 움직이는 것을 의미한다. 이런 종류의 기도가 하늘의 영역 안에서 일을 처리해 내는 것이다.

둘째, "성령으로 기도하라"는 구절은 성령의 힘과 능력으로 하는 기도를 의미한다. "기도와 간구하는 데 전적으로 너희 자신을 드리며, 모든 경우에 있어서 성령의 능력 안에서 기도하고"는 에베소서 6:18에 대한 새영어성경(NEB) 역이다. 기도의 초인적인 일 때문에 기도는 인간능력 이상의 것을 요구하며, 이것은 성령에 의해 공급된다. 그는 기도의 성령일 뿐만 아니라 능력의 성령이시다. 인간의 감정과 정신력과 의지력으로는 단지 인간적 결과만을 산출해내지만, 성령으로 하는 기도는 초자연적인 자원을 산출해 낸다.

성령의 기쁨은 도덕적이고 육신적인 연약함 가운데 있는 기도하는 사람들에게 영적 지도력을 갖게 한다. 그리고 대부분의 기도하는 사람들은 다음 세 가지의 장애를 겪게 된다. 그러나 그 각각의 장애들 가운데서, 그는 성령의 도움을 기대할 수 있다. 개인적인 장애 요인들을 살펴보면 때때로 그는 '자기 마음의 죄악감' 때문에 기도에 방해를 받는다. 그러나 그가 성령을 의지할 때, 성령께서는 그를 인도하시고 그리스도의 보혈인 능력 있는 세척제로 그의 죄를 깨끗하게 하실 수 있다. 또한 영적인 지도자는 그의 '생각의 무지' 때문에 기도의 어려움을 당하기도 한다. 그러나 하나님의 생각을 아시고 계시는 성령께서 응답을 기다리는 그에게 필요한 지식을 나누어주실 것이다. 성령께서는 그의 청원이 하나님의 뜻에 합당한 것인지, 합당하지 않은 것인지에 대한 분명한 확신을 주심으로써 그 일을 하신다. 그리고 영적 지도자는 특히 열대지방의 원기를 빼앗아가는 기후에 사는 사람처럼, 감각을 잃어버리게 하는 '그의 육신의 나약함' 때문에 무력하게 될 것이다. 이때 성령께서는 기도의 응답으로 그의 연약한 신체를 소생시킬 것이고, 육신적인 것과 기후적 조건을 거슬려서 그러한 조건들을 초월할 수 있는 능력을 그에게 주실 것이다.

이러한 개인적인 장애 외에도 기도하는 사람은 풀이 죽게 하거나 압박감을 느끼게 하고, 의심을 불러일으키기도 하고 혹은 낙심시키는 사탄의 철저한 억압을 극복해야 한다. 그러나 성령 안에서 기도하는 사람은 초자연적인 적에 대하여 하늘의 협력자를 얻게 된다.

앞에서 말한 생각들은 이런 내용을 이미 읽었던 많은 사람들에게는 전혀 새로운 것이 아니지만, 기도에서의 이런 성령의 대단한 능력과 도움은 분명 하나의 선물이며 우리가 향유하는 즐거운 경험이 아니겠는가? 우리는 기도하는 데 있어 고의적이지 않지만 성령을 떠나 자신의 세계로만 빠져들지는 않는가? 우리는 '성령 안에서 기도함'이 습관화 되었으며 또한 기도에 대한 완전한 응답을 받고 있는가? 영적 진리에서 우리의 지적인 이해가 실제적인 경험과 능력의 범위를 넘어서는 것은 매우 쉬운 일이다.

성경에서 기도는 빈번하게 영적인 싸움의 모습으로 나타나 있다. "우리의 씨름은 혈과 육을 상대하는 것이 아니요 통치자들과 권세들과 이 어둠의 세상 주관자들과 하늘에 있는 악의 영들을 상대함이라"(엡 6:12). 기도생활의 국면에는 세 가지 특성이 포함되어 있다. 기도하는 사람은 하나님과 마귀 사이에 서 있다. 비록 그 자신은 약하다 할지라도, 그는 용(마귀)과 어린 양 사이의 영원한 투쟁에서 전략적인 역할을 차지하고 있다. 그가 사용하는 능력과 권세는 계승되는 것이 아니고 믿음으로써 승리하신 그리스도께서 그에게 위임하신 것이다. 이미 정복한 그리스도의 갈보리 승리를 통하여 우리는 마귀에게 포로 된 자들을 구출하여 빛으로 인도하고자 한다.

복음서를 통해서, 사려 깊은 독자들은 예수께서 악한 자들과 그들의 악한 상태에 관심을 두셨기보다는 그들 배후에 있는 악한 권세들에 대하여 대항하신 것을 분별하게 될 것이다. 예수님은 호의적이고 늘 자기 의견을 말하는 베드로의 배후에서, 반역한 유다의 배후에서 사탄의 검은 손을 보셨다. "사탄아 내 뒤로 물러가라 너는 나를 넘어지게 하는 자로다"라고 하시며 주님은 베드로의 선의에 대하여 오히려 책망하는 반응을 보이셨다. 우리는 주위에서 죄와 마귀에 사로잡힌 사람들을 보게 된다. 우리는 그들을 위해 기도해야 할 뿐 아니라 그들을 사로잡고 있는 마귀를 대적하는 기도도 해야 한다. 그러면 사탄은 이들을 자기의 지배에서 할 수 없이 놓아주어야 하며, 이것은 오직 십자가상의 그리스도의 승리에 의해서만 성취될 수 있다. 예수께서는 결과보다 원인을 취급하셨다. 그러므로 지도자도 그의 기도에서 같은 방법을 채택해야 한다. 따라서 그는 이런 영적 싸움에서 승리하고 자기에게 맡겨진 자들을 인도하는 법을 알고 있어야 한다.

생생한 한 예화에서, 예수께서는 사탄을 평화스럽게 집과 세간을 점령하고 있는 완전무장한 힘센 사람으로 비유하셨다. 그리고 그의 포로를 놓아주기 전에 먼저 강한 자가 힘을 쓰지 못하도록 결박해야 한다고 말씀하셨다. 오직 그때만이 그의 포로들을 효과적으로 구출할 수 있게 된다(마 12:28-29). 만일 '마귀의 일들을 멸하시기 위해' 오신 그리스도의 정복하는 능력을 힘입어 마귀의 힘을 무력하게 하지 못한다면 도대체 '강한 자를 결박하는 것'은 무엇을 의미하는 것일까? 그리고 믿음의 기도에 의해 갈보리의 승리를 붙들고 기도하는 어떤 특별한 상황에서 이 승리의 실현은 과연 어떻게 이루어질 수 있는가?

우리는 주님께서 명령하신 그 순서를 거역해서는 안 되며, 먼저 적을 무력화시키지 않고 어떤 효과적인 아군의 구출을 기대해서도 안 된다. 하나님으로부터 위임받은 권세를 우리는 이제 확신을 갖고 사용할 수 있다. 왜냐하면 우리 주님께서 일찍이 그의 약한 제자들에게, "내가 너희에게 뱀과 전갈을 밟으며 원수의 모든 능력을 제어할 권능을 주었으니"(눅 10:19)라고 말씀하셨기 때문이다.

지도력이란 사람들을 움직이고 감화를 주는 능력이기 때문에, 영적 지도자는 이것을 행사하는 데 가장 효과적인 방법을 찾기 위해 정신을 바짝 차려야 한다. 허드슨 테일러가 가장 빈번하게 인용했던 말 중 하나는 "사람을 움직이는 것은 하나님을 통해서 '오직 기도로만' 가능하다"라는 확신에 찬 표현이다. 선교를 수행하는 과정에서 그는 천 번 이상 이 말이 진리임을 증명했다. 그러나 사실 그것을 좌우명으로 머리에 받아들이는 것과 그것을 끊임없이 실천하는 것은 아주 별개의 것이다. 사람들의 마음이야말로 움직이기에 가장 어려운 대상인데 마음의 복잡함과 완강함을 포함하고 있는 상황들을 위해 기도하는 것보다 일시적인 필요를 위해서 기도하는 것이 훨씬 더 쉬운 일이다. 그러나 지도자가 하나님의 뜻의 실현을 위해 인간들의 마음을 움직여 그의 능력을 입증해야 하는 것이 바로 그러한 상황인 것이다. 그리고 실로 하나님께서는 이 복잡한 자물쇠를 여는 열쇠를 지도자의 손에 맡기셨다.

전능하신 하나님께 '예' 뿐만 아니라 '아니오'라고 말할 수 있는 것은 바로 사람의 최고의 위엄과 영광이다. 왜냐하면 사람은 하나님과 같은 자의적 의지를 부여받았기 때문이다. 이 사실은 기도라는 과목을 공부하는 학생에게 진정 미묘한 문제로 궁지에 빠지게 한다. 만일 우리가 우리의 기도로 동료의 행동에 영향을 줄 수 있다면, 이는 그의 자유의지를 침범하는 것은 아닐까? 하나님은 다른 사람의 기도를 들어주시기 위해서 한 사람의 자유의지를 침해하시겠는가? 더군다나 우리의 기도가 하나님을 크게 감동시킬 수 없다면, 도대체 기도는 무엇 때문에 하는 것일까?

이런 문제를 고려하면서, 기억해야 할 첫 번째 것은 '하나님은 언제나 자기의 행동에서 스스로 일치하며 모순이 없으시다'는 것이다. 하나님은 자기 자신 안에 모순이 없으시다. 만일 그분께서 믿음의 기도에 응답하기로 약속하신다면, 그분은 꼭 그렇게 행하실 것이지만, 그분의 거룩하신 속성에 모순이 되는 방법으로는 하지 않으실 것이다. 그분은 모든 그의 계약을 이루실 것이지만, 그분 자신의 속성과 약속과 일치하는 방법 안에서만 이루실 것이다. 왜냐하면 그는 자기 자신을 부정할 수 없으시기 때문이다. 어떤 말씀이나 행위도 그분의 다른 말씀과 행위에 모순이 되지 않을 것이다.

그러므로 '중보기도가 거룩한 법령'(ordinance)이라는 것은 논의의 여지가 없는 사실이다. 하나님께서 그것을 정하셨기 때문에, 우리가 계시된 조건들을 성취할 때, 우리를 둘러싼 어떤 외관상의 극한 문제들에도 그 응답은 가장 확실하게 이루어질 것을 확신할 수 있다. 하나님께서는 인간의 자유의지와 그분의 응답하는 기도 사이에 극복할 수 없는 문제나 모순이 없다는 것을 명백히 아신다. 그분께서 우리에게 "임금들과 높은 지위에 있는 모든 사람을 위하여 기도하라"고 명령하실 때, 우리의 기도가 그들을 움직일 수 있고 의미심장하게 사건의 진전에 감화를 줄 수 있다는 확신을 명령 안에 함축하고 있다. 그밖에 왜 우리는 기도해야 하는 것일까? 우리의 기도문제에 최종적인 지적 해답을 발견하든지 못하든지 간에 어쨌든 우리는 기도할 책임이 있다.

더 나아가, 우리의 기도제목에 관하여 '우리는 하나님의 뜻을 알 수 있으며', 이 사실은 우리가 믿음의 기도를 할 수 있는 기본을 성립시킨다. 하나님께서는 우리의 오감의 채널을 통해 우리가 잘 납득하도록 말씀하실 수 있다. 더욱이 우리는 모든 문제의 원리에 대한 하나님의 뜻을 나타내고 있는 하나님의 말씀을 가지고 있다. 또한 우리는 하나님의 뜻을 따라 우리를 대신하여 간구하시는 우리 마음 가운데에 계신 성령의 사역을 지니고 있다(롬 8:26-27). 우리가 우리의 간구에 관하여 하나님의 뜻을 끈기 있게 찾으려고 애쓸 때, 성령은 그것이 하나님의 뜻인가 아닌가에 대하여 우리를 감동시키신다. 희망의 기도가 믿음의 기도로 진전되도록 우리를 돕는 것은 바로 하나님께서 이루시는 확신의 능력인 것이다.

하나님께서 우리의 마음에 기도의 부담을 지우시고 우리에게 계속 기도하게 하시는 사실은 그분께서 응답을 주시기 위한 목적이라는 분명한 증거이다. 조지 뮬러(George Mueller)는 구원받지 못한 두 영혼을 위해 50년 이상 기도했는데 "그 두 사람이 회심하게 될 것을 정말로 확신하는가?"라는 질문에 그는 이렇게 반문했다. "당신은 만약 하나님께서 그들을 구원하실 계획이 없으셨다면 이날까지 여러 해를 하나님께서 나에게 기도하도록 하셨다고 생각하는가?" 그 후 두 사람 모두 회심하였는데, 한 사람은 곧 믿었으며, 다른 한 사람은 뮬러가 죽은 후에 믿게 되었다.

기도함에 있어 우리는 먼저 하나님과 직접 관계하며 제2차적 의미에서 인간과 관계하는 것이다. 기도의 목표는 '하나님의 귀'에 들리게 하는 것이다. 기도는 하나님을 감동시킴으로써 사람을 감화시키는 것이다. 사람들을 움직이는 것은 기도가 아니라 기도하는 대상인 바로 하나님이시다.

구원을 가져오기 위해 세상을 움직이는 그 팔을 기도는 움직인다.

구원을 가져오기 위해
세상을 움직이는 그 팔을
기도는 움직인다.
-작자 미상

지도자는 사람들을 움직이기 위해서, 하나님을 움직일 수 있어야 한다. 왜냐하면 하나님께서 중보의 기도를 통해 사람들을 움직이신다는 것을 분명히 하셨기 때문이다. 만일 교활한 야곱에게 '하나님과 사람들을 움직이는 능력'이 주어졌다면(창 32:28), 그때와 같은 조건을 기꺼이 따를 어떤 지도자가 동일한 능력을 소유하는 것이 불가능하겠는가?

이런 승리의 기도는 하나님과 올바른 관계의 결과이다. 응답받지 못하는 기도의 이유는 성경에 아주 명확하게 기록되었으며, 이는 궁극적으로 하나님과 믿는 자의 관계에 달려 있다. 그분은 자기중심적인 이기적 간구에는 관계하지 않으실 뿐만 아니라 그 동기의 불순함도 그대로 묵인하지 않으실 것이다. 마음에 품은 죄는 반드시 하나님의 귀를 닫게 할 것이다. 그리고 그분께서는 죄의 어미가 되는 불신앙을 결코 참지 않으실 것이다. 우리가 하는 어떠한 기도든지 비록 그것이 명백하거나 암시적이거나 "하나님께 나오는 자는 반드시 믿어야 한다"라는 조건이 포함되어야만 하는 데, 기도에 있어서 가장 최고의 동기는 하나님의 영광을 위함이다.

성경의 탁월한 지도자들은 모두 그들의 기도생활에서 참으로 위대하였다. "그들은 사고의 훌륭함과 무궁무진한 창의력과 뛰어난 교양과 타고난 자질 때문에 지도자가 되었던 것이 아니라, 하나님의 능력을 소유할 수 있는 기도의 힘 때문이었다."[3]

---

3) E. M. Bounds, *Prayer and Praying Men* (London: Hodder & Stoughton, 1921).

12
지도자와 시간

세월을 아끼라 때가 악하니라(엡 5:6)

시간은 어떤 사건들이 일어나는 한 연속되는 기간으로 정의되어 왔다. 지도자의 자질은 연속되는 기간 동안 그에게 무슨 일이 일어났는가에 의해 드러난다. 젊은 사람의 인격과 성공은 그에게 주어진 시간을 누구와 더불어 어떻게 사용했는가에 크게 좌우된다. 그는 학교 혹은 직장에서의 공적인 시간들 -이런 것들은 그에게 이미 결정되어 있음 -은 통제할 수 없으나, 그 시간 이전과 이후에 무엇을 할 것인지는 조절할 수 있다. 그가 규정시간을 초과하여 일을 할 수도 있고 식사와 수면을 할 수도 있는데 그 사용 여하에 따라 그는 평범한 인간이 될 수도 있고 그렇지 않을 수도 있다. 따라서 젊은 시절에 형성되는 그의 인생의 향방은 시간을 어떻게 조절하느냐에 달려있다. 여가는 영광스러운 행운을 창조할 수도 있고 부지불식간에 위험을 만들어낼 수도 있다. 하루의 매 순간은 하나님의 선물이며, 순간순간을 조심스러운 마음으로 아껴야 한다. 왜냐하면 시간은 일을 위해 우리에게 분배된 삶이기 때문이다. 우리는 우리에게 주어진 시와 때를 풍부하고 값진 삶으로 변형시킬 수 있다.

미켈란젤로(Michelangelo)는 이 사실을 꼭 붙잡았다. 한번은 그가 큰 어려움과 압박을 느끼던 작품에 골몰하고 있을 때, 누군가가 그에게, "그것으로 당신의 생명을 잃을지도 모릅니다"라고 경고했다. 그 위대한 예술가는, "도대체 인생은 무엇을 위해 존재한다는 말이오?"라고 응수하였다. 우리의 시간과 날들은 계속해서 소모될 것이지만 분명한 목적이 있을 때 시간은 생산적으로 사용될 수 있다. 철학자 윌리엄 제임스(William James)는 "후회 없는 인생을 살기 위해서는 더 오래 지속될 일을 위해 시간을 소비해야 하는데, 그 이유는 인생의 가치가 지속되는 기간에 의해서가 아니라 기여에 의해서 평가되기 때문이다"라고 주장했다. 그렇다면 참으로 얼마나 오래 사느냐가 문제가 아니고, 얼마나 온전하고 훌륭하게 사느냐가 문제일 것이다.

그러나 시간의 귀중함과 거대한 가능성에도 불구하고, 시간만큼 우리가 아무 생각 없이 헛되이 낭비하는 것도 없을 것이다. 모세는 시간이 너무 귀중한 것이었기 때문에 그는 연수가 아닌 날을 계수하여 가르쳐

달라고 기도하였다(시 90:12). 우리가 만일 하루의 사용을 매우 신중하게 주의한다면 우리의 연수는 자연히 신중하게 될 것이다.

지도자가 해서는 안 될 말은 "나는 시간이 없어"이다. 엄밀히 말해서 그것은 진실일 수가 없다. 그것은 보통 왜소하고 비생산적인 사람들의 핑계에 지나지 않는다. 우리 각자는 우리의 삶에서 하나님의 모든 뜻을 행하고 그분의 완전하신 계획을 이루기 위한 충분한 시간을 부여받았다. 조우엣 박사는, "나는 우리 시대의 위선적인 말투 중 하나가 시간이 없다는 상투적인 얘기라고 말하겠다. 우리는 그 말을 너무 자주 반복함으로 우리 자신들을 속여 그것을 믿도록 하였다. 시간이 없다고 말하는 사람이 최고로 바쁜 사람은 결코 아니다. 당신이 그들에게 도움을 요청할 때마다 그들은 하루 일과가 아주 치밀하고 계획적이라는 이유를 들어 비이기적인 봉사를 위한 추가적인 변명의 여지를 찾는 것 같다. 그러나 나는 목사로서 고백한다. 아마 내가 추가적인 봉사를 기대하고 도움을 청하고 싶은 사람들은 모두가 바쁜 사람들이다"라고.

문제는 더 많은 시간을 필요로 하는 것이 아니라, 우리가 소유한 시간을 더 잘 사용하는 것이다. 여기서 우리는 세상의 어느 누구나 똑같은 시간을 가지고 있다는 사실을 정직하게 인정하자. 미국의 대통령도 하루 24시간을 가지고 있고, 우리도 마찬가지이다. 다른 사람들이 우리보다 능력이나 영향력 혹은 재물을 더 많이 소유할 수는 있어도 시간은 그렇지가 않다.

열 므나의 비유에서(눅 19:12-27), 종들이 같은 액수의 돈을 주인에게 부여받았듯이 우리도 각기 같은 양의 시간을 부여받았다. 그러나 그 중 몇 사람만 주인이 돌아왔을 때 열 배의 이익을 남길 만큼 지혜롭게 그 것을 사용했다. 모든 사람이 같은 능력을 가지지 못한 것은 사실이며, 그 사실은 이 비유에 잘 나타나 있다. 같은 보상을 받은 종들은 같은 능력을 소유한 까닭이 아니라 같은 충성스러움을 나타냈기 때문이다. 우리가 우리의 능력에 대한 책임을 질수는 없지만, 우리에게 주어진 시간의 전략적인 사역에 대해서는 분명히 책임져야 한다.

바울이 에베소 교인들에게, "세월을 아끼라"(시간을 구속하라)고 말했을 때, 그는 어떤 의미에서 시간은 구입함으로 우리의 것이 된다는 것을 가리키고 있다. 그리고 시간의 높은 고용을 위해서는 지불해야 할 값이 있다. 우리는 인생이라는 시장에서 시간을 가치 있거나 혹은 가치 없거나, 또는 생산적이거나 비생산적인 어떤 직업이나 활동과 바꾸어야만 한다. 웨이마우스(Weymouth)는 이 문장을 이렇게 역했다. "기회들을 사라" 왜냐하면 시간은 기회이며, 이 시간 속에 주의 깊게 계획된 인생의 중요성이 들어 있기 때문이다. "만일 우리가 시간을 절약하는 것을 배우면 이는 바로 우리가 살아가는 것을 배우는 것을 의미한다. 만일 우리가 실패한다면, 우리는 다른 방면에서도 실패하게 된다."

시간은 잃어버릴 수 있으나, 그것을 결코 만회할 수는 없다. 시간은 저장할 수 없으며, 소비되어야만 한다. 뿐만 아니라 시간은 연기될 수도 없다. 만일 시간이 생산적으로 쓰이지 않는다면, 그것은 회복할 수 없고 잃어버리게 된다. 다음 글귀들이 어떤 해시계에 새겨져 있었다.

나의 손가락의 그림자는
과거로부터 미래를 나눈다.
내 앞에는 아직 태어나지 않은 시간이
어둠 가운데서 그대의 능력을
초월하여 존재하고
내 뒤에는 돌아오지 않는 길이
이미 그대의 것이 아닌 사라진 시간이 있다.
한 시간만이 지금 그대 손에 있나니
그림자 드리워 있는 바로 '지금'일진저. -작자 미상

이런 엄숙한 사실에 직면하여, 지도자는 자기의 우선순위에 대한 선택을 매우 신중하게 하지 않으면 안 된다. 기회와 책임에 대한 비교적인 가치는 매우 신중하게 고려되어야 한다. 그가 우선적인 문제에 성심성의껏 전력하면 이차적으로 중요한 문제에 허비할 시간적 여유는 없을 것이다. 만일 어떤 일이 비전에서 벗어나게 되면, 그는 선택해야 할 것을 선택하고 거절해야 할 것은 거절해야 하며, 가장 중요한 것에 먼저 집중해야 한다. 보통 지내는 한 주간의 시간을 자신이 어떻게 보내고 있는지 성실히 기록하고, 그것을 영적 순위에 비추어 분석해 보면 매우 유익한 훈련이 된다. 결과를 보면 때로 깜짝 놀라게 될 것이다. 심지어는 영적인 가치의 견지에서도 충격을 받게 될 것이다. 한 가지 의심할 수 없는 결과는 그가 사용하고 있는 것보다 더 많은 시간을 소유하고 있었다는 것을 알게 될 것이다.

하루에 8시간 −실제로 그보다 더 많은 시간을 필요로 하지 않음 − 을 수면과 휴식을 위해, 3시간은 식사와 사교로, 그리고 하루에 10시간 정도는 일하고, 닷새에 한 번은 여행을 하도록 관대하게 참작한 후에도, 아직 한 주간의 시간 가운데서 계산되지 않은 시간이 75시간이나 남아 있게 된다. 그 시간들은 어떻게 될까? 그 주간에 저축된 이틀간의 여분은 어찌될까? 하나님의 나라에 기여하는 모든 사람들이 이러한 결정적인 시간들을 어떻게 사용하느냐에 따라 그 결과가 좌우되는 것은 당연하다. 그는 자신의 인생을 평범하게 하든지 아니면 비범하게 하든지를 결정하게 될 것이다.

'백인들의 공동묘지'라 불리는 서아프리카의 칼라바르에서 두려움을 모르고 헌신했던 선교사 마리 슬레소(Mary Slessor)는 술고래의 딸이었다. 그녀는 열한 살 때 스코틀랜드 던디에 있는 공장에서 아침 6시부터 저녁 6시까지 일을 했다. 그러나 그런 중노동에도 그녀는 성공을 위해 독학하는 자신의 의지를 꺾지 않았다.

리빙스턴은 고향 덤바톤에 있는 면 공장에서 아침 6시부터 저녁 8시까지 일을 해야 했다. 그는 열 살이 되었을 때부터 일을 하기 시작했다. 만일 그가 공부할 시간이 없다고 핑곗거리를 찾으려고 했다면 한둘이 아니었을 것이다. 그러나 그는 현명하게 '여가'를 이용하여 라틴어를 숙달했으며 열여섯 살이 되기 전에 로마 문학인 호라티우스(Horace)와 버질(Virgil)을 읽을 수 있게 되었다. 또한 스물일곱 살이 되었을 때는 신학뿐만 아니라 의학 분야도 노력하여 숙달할 수 있었다.[1] 이런 성취를 우리 앞의 유사한 많은 예들에서 비추어보면, 우리는 가치 있는 삶을 사는 데 시간의 부족함을 내세워 핑계 댈 수 없다.

이 외에도, 우리는 주님에게서 전략적인 시간 사용에 관한 완전한 모본을 볼 수 있다. 주님은 그를 요구하는 군중들이 항상 떼를 지어 따라다니며 괴롭혔지만 결코 서두름이 없이 계산된 걸음으로 인생을 걸어가셨다. 도움을 바라고 그분께 찾아오는 사람들에게 그들의 관심사보다 예수님께 더 중요한 관심은 없다는 인상을 주셨다. 그분의 평정의 비결은 그분의 인생을 위한 아버지의 계획 -모든 시간을 붙잡으시며 뜻하지 않은 사건을 섭리하시는 계획 -에 따라 자기가 일을 하고 있다는 확신 가운데 있었다. 그분의 일정표에는 날마다 해야 할 말과 해야 할 일들을 받았던 그의 아버지와의 교제가 잘 배치되어 있었다. "내가 너희에게 이르는 말은 스스로 하는 것이 아니라 아버지께서 내 안에 계셔서 그의 일을 하시는 것이라"(요 14:10).

그리스도의 우선적 관심은 주어진 시간 안에서 그에게 맡겨진 일을 이루는 것이었다. 그는 인생의 사건에 대한 거룩한 시간 측정기가 있다는 것을 인식하면서 행하셨다(요 7:6, 12:23, 27, 13:1, 17:1 참조). 심지어 그분이 사랑하는 어머니조차도 그분의 거룩하신 계획표에 지장을 초래하는 것을 허락지 않으셨다. "여자여 나와 무슨 상관이 있나이까 내 때가

---

1) *The Christian*, 29 April 1966, 10.

아직 이르지 아니하였나이다"(요 2:4).

마르다와 마리아를 향한 강렬한 애정과 그들에게 오해받으실 가능성조차 그분의 계획 일정을 이틀 앞으로 끌어당길 수는 없었다(요 11:6, 9, 마르다와 마리아가 나사로의 죽음이 임박했다고 오시기를 청했으나 예수께서 늑장을 부리시고 이틀 후에 출발하신 것을 의미한다. -역주). 예수께서는 공생애의 마지막 시점에서 자기의 삶을 돌아보시며, 후회 없이 만족스럽게 기도하시기를, "아버지께서 내게 하라고 주신 일을 내가 이루어"라고 하셨다(요 17:4). 그리고 그분은 어떤 부분을 너무 급함으로 망치거나, 또는 시간의 부족으로 일을 완전하게 끝마치지 못하는 부분이 없이 그 일을 기어이 끝마치셨다. 그는 하루 24시간이 하나님의 온전하신 뜻을 이루는 데 충분한 시간이었다는 것을 아셨다.

이것은 그분의 제자들을 바로잡아 주기 위한 말씀 가운데 잘 반영되었다. "낮이 12시가 아니냐?" 이 질문은 그의 아버지의 계획에 대한 견고한 확신과 주어진 시간 안에 계획된 사역을 완수할 수 있다는 확신을 제시하신 것이다. 스튜어트 홀덴(J. Stuart Holden) 박사는 주님의 말씀 가운데서 시간의 짧음에 대한 의미와 시간의 충분함을 동시에 발견했다. 낮은 오직 12시간뿐이었지만, 이는 충분한 12시간이었다. 그것은 주님의 분별력 있는 능력을 설명하는 주님의 자각을 뜻하는 말씀이 아니었는가?[2] 그분은 주어진 시간을 진정으로 관심을 가져야 할 일을

---

2) J. Sturat Holden, *The Gospel of the Second Chance* (London: Marshall Brothers, 1912), 188.

행하는 데 사용하셨다. 어떠한 시간도 불필요한 일에 허비하지 않으셨다. 그분의 도덕적 성품의 강인함은 중요하지 않은 일을 거부하심으로 잘 나타났고 또 이렇게 하여 그분의 성품은 보존되었다.

만일 우리가 하루의 많은 시간을 잃어버린다면, 우리는 당황하게 될 것이다. 우리는 인생의 교훈을 배울 수 있고 인생의 본분을 성취할 수 있는 12시간이라는 충분한 시간을 가지고 있다. 주님께서는 그 시간이 충분한 시간임을 우리에게 확신시켜 주신다.

나의 인생에 하찮은 것이란 있을 수 없다.
이 길은 복되신 주님께서 친히 걸어가신 길은 아닐지 모른다.
그러나 모든 힘과 능력이 항상 그리고 모두 하나님의 영광을 위해 사용되어져야 마땅하다. -작자 미상

너무 과열된 지나친 압력을 받고 있는 이 시대에 비추어 생각해 볼 때, 복음서에 하나님의 아들의 평온을 어지럽게 하는 방해 표시가 없었다는 것은 놀라운 사실이다. 기대하지 않았고 환영할 수 없는 방해들보다 바쁜 생활 가운데서 더욱 동요와 긴장을 만들기 쉬운 것들은 없다. 하지만 예수님의 경우, 하나님께서 계획하신 삶을 사는 데 방해는 존재할 수 없었다. 그분은 아버지의 계획 가운데서 이런 것들을 이미 보았으며, 그러므로 그들에게 방해받지 않도록 준비할 여유가 있었다. 그분은 때때로 '식사할 겨를도 없으셨으나' 항상 하나님께서 원하셨던

모든 것을 성취할 시간이 있으셨다. 가끔 영적 지도자에게 나타나는 압박감은 하나님에 의해서 그에게 주어지지 않는 책임들을 갖게 되는 결과이다. 그러므로 그는 이런 일에 대하여 하나님께로부터 특별한 도움 받기를 기대할 수 없다.

어느 바쁜 사람이 자기가 어떻게 방해 요인들을 극복했는지 이야기했다. '몇 년 전까지 몇 가지 일'을 하고 있었는데 항상 방해로 애를 먹었다. 실제로 그것은 그의 이기심의 문제 때문에 발생한 것들이었다. 길에서 만난 사람들이 때때로 말하기를 "글쎄, 나는 여기서 기차를 기다리며 두 시간을 보낼 참이었는데 네 생각이 났었지"라며 말했다. 그것은 나를 당황하게 했다. 그러나 그때 우리 주님은 하나님께서 사람들을 우리의 길로 보내주신다는 것을 내게 확신시켜 주셨다.

그분은 빌립을 에디오피아 내시에게 보내셨고 다소의 사울을 찾기 위해서 바나바를 보내셨다. 이와 같은 사실이 오늘날에도 적용된다. 하나님께서는 우리의 길로 사람들을 보내신다.

그래서 누군가가 안으로 들어올 때, 나는 "주님께서 당신을 이곳으로 보내셨음에 틀림없습니다. 왜 그분께서 당신을 보내셨는지 우리 한번 찾아봅시다. 그것에 대해 함께 기도합시다"라고 말을 한다. 이것은 두 가지 일을 한다. 하나님께서 이런 일을 발생하도록 하셨기 때문에 그 방문을 다른 차원에서 의미 있게, 또한 이런 접근은 그 면담을 일반적으로 짧게 한다. 만일 그 사람이 하나님의 손에 인도되어 여기에 왜 오게 되었는지를 당신이 진지하게 찾고 있다는 것을 알게 된다면, 그가 면담을 하지 않는다 할지라도, 그는 곧 푸른 초장으로 인도될 것이다. 그러므로 주님의 간섭을 그는 수용해야만 한다. 그때 방해되었던 그 일은 당신의 일상적 계획 일정에 속하게 되는데, 왜냐하면 하나님은 자기에게 맞도록 당신의 하루하루의 계획을 재배열하셨기 때문이다. 깨어 있는 그리스도인들에게 방해란 하나님이 간섭하실 기회를 의미한다.

하나님은 모든 인생에 대해 계획을 가지고 계시며, 우리 각자는 선한 일을 위하여 지으심을 받았는데 이 일은 하나님이 전에 예비하사 우리로 그 가운데서 행하게 하려 하심이라는 바울의 주장이 이 모든 것에 꼭 맞는 것이다(엡 2:10). 하루하루의 기도와 하나님과의 교제를 통하여, 지도자는 그 계획의 세부적 촉진에 대한 인도를 발견해야 하며 그것에 따라서 일을 재배열하여야 한다. 매 30분마다 실행할 계획을 세워 실천함으로 삶의 유용성을 나타내야 한다.

몇몇 거대한 회사에서는 금요일 저녁까지 자기들의 상관에게 주간 계획서를 제출하도록 젊은 간부들에게 요구하고 있다. 따라서 신중하게 시간 계획을 세우는 것은 매우 중요하다. 웨슬리와 마이어(F. B. Meyer) 같은 사람들은 상상할 수 없을 정도의 많은 일들을 성취했으며 세상 도처에 거대한 영향력을 끼쳤는데, 그들은 시간을 5분 간격으로 나누었으며, 각각의 시간을 구성하는데 전력을 다했다.[3] 우리들 몇몇은 이런 것을 성취할 수도, 하지도 못했지만 계획 하에 시간을 사용한

---

3) W. Y. Fullerton, *F. B. Meyer* (London: Marshall, Morgan & Scott, n. d.), 70.

다면 우리 모두 비슷한 정도로 놀랍게 득을 볼 수 있을 것이다. 허비하지만 않는다면 부스러기 시간으로 얼마나 많은 독서를 할 수 있는가는 놀랄만한 것이다. 만일 이것이 의문스럽다면, 독자는 다음 주간에 부스러기 시간으로 실험해보도록 하라.

마이어 박사가 시간을 아껴 기회들을 샀던 구체적인 방법에 대한 예가 그의 전기에 기록되어 있다. "그는 오랜 시간 기차여행을 할 때면, 객차의 구석에 자리를 잡고, 가방을 열어 움직이지 않는 책상처럼 고정시켜 놓은 다음, 주위의 상황을 아주 잊어버리고 몇 가지 처리해야 할 난해한 문제에 몰두하곤 했었다. 가끔 오래 끄는 집회에서와 심지어 위원회에서도, 그 회의가 그의 계속적인 주의를 요하지 않을 경우, 실례가 되지 않는 범위에서 그의 가방을 열어서 편지의 답장을 쓰기도 했다." 시간을 잘 아꼈던 또 다른 사람은 생스터 박사였다. 그의 아들이 그에 대해 기록하기를

그분은 결코 시간을 허비하지 않으셨다. 1분과 2분의 차이가 그에게는 매우 놀랄 정도로 중요하였다. 어느 날 그분이 서재에서 나오셨다. "애야, 너 지금 아무것도 하지 않는 것 같은데 내게는 정확히 22분의 시간이 있다. 우리 산보하자. 그 시간 안에 공원 주위를 돌고 올 수 있을 거야." 그리고 그분은 쏜살같이 밖으로 나가셨고 나는 그분을 따라가기 위해서 달려야만 했다. 그분은 다시 집으로 돌아올 때까지 시사문제를 이야기하셨으며(5분), 국내 선수권 대회

에서 서레이(Surrey)의 전망에 대해서(2분), 부흥의 필요에 대해서(5분), 스코틀랜드 호수의 괴물의 실재에 대해서(2분), 그리고 윌리엄 로메인(William Romate)의 신성함에 대해서(3분) 이야기를 하셨다.[4]

양심적인 지도자에게 시간 사용보다 더 속박하기 쉬운 것은 없으리라. 따라서 문제에 대한 균형 있는 관점이 확립되어야 한다. 만일 그가 이 문제에 대해 만족할 만한 해결의 길을 찾지 못한다면, 불필요한 긴장 아래서 일을 할 것이다. 책임을 성취하기 위해서 자기 능력 안에서 모든 것을 행한 후에도, 아직 이루어야 할 거대한 숙제가 남게 된다. 도움을 위한 모든 요청이 반드시 하나님으로부터의 요청은 아니다. 왜냐하면 그러한 모든 요청은 응답될 수 없기 때문이다.

만일 그가 진실로 그의 날을 주님의 면전에서 계획하고, 최선의 능력으로 그 계획을 수행해 나간다면, 그는 거기에 그것을 맡길 수 있고 또 맡겨야만 한다. 그의 응답도 그의 통제 안에 있는 그러한 문제들에 의해서만 확대된다. 그는 사랑 많고 능력 있으신 하늘에 계신 아버지께 나머지를 신뢰함으로 맡길 수 있어야 한다.

시간을 도적질하는 것은 인간의 영원한 유산을 사람에게서 빼앗는 것이며 마귀가 사용하는 가장 세력 있는 무기 중 하나이다. 효과적인 영적 지도력에서 치명적인 악습이 있다면 그것은 바로 지체하는 습관

---

4) Paul E. Sangster, *Doctor Sangste* (London: Epwort, 1962), 314.

이다. 이 습관의 교묘함과 영향력은 중요한 결정을 하는 데서 우리의 천성적인 기질과 타고난 저항감에 너무 잘 일치한다는 사실에 있다. 결정하는 것과 그것들을 수행하는 데는 항상 도덕적 노력이 수반된다. 노력이 안이해지면 안이해질수록, 시간이 지나감에 따라 우리는 반대 효과에 직면하게 된다. 결정을 내일로 미루어 놓으면 더 힘들어질 것이고 상황이 너무 자주 바뀜으로 진정 유리한 결정을 하는 데 그 때가 너무 늦게 될지도 모른다.

"그것을 지금 하라"(Do it now!)는 말은 많은 사람들을 세속적인 성공으로 이끌었던 행동 원리이며, 영적인 영역에서도 적용된다. 지체되는 경향을 극복하는 가장 좋은 방법은 스스로 책을 읽고, 힘이 드는 편지나 기사를 쓰며, 주어진 책임을 다하고, 그리고 꾸준하게 그것들의 범위에서 이탈되지 않도록 강한 집념을 가지는 것이다.

또한 평생 최대량 이상으로 책을 읽었던 어떤 사람은 계속해서 그의 친구들에게 이런 질문을 받아왔다. "당신에게 독서를 위해 얼마만큼의 시간이 주어졌는가?" 그는 항상, "나는 독서를 위해 시간을 얻지 못했소. 나는 시간을 붙잡은 것이오"[5]라고 대답했다.

---

5) *The Sunday School Times*, 22 November 1913, 713.

13
지도자와 독서

네가 올 때에…
책은 특별히 가죽 종이에 쓴 것을 가져오라(딤후 4:13)
독서는 온전한 인간을 만든다. 담론은 민첩한 사람을 만들며,
저술은 정확한 인간을 만든다(베이컨 F. Bacon)

바울이 디모데에게 권고한 "읽는 것에 착념하라"는 말은 의심의 여지없이 공중에게 구약성경을 읽어주는 것을 말한다. 그렇지만 그의 권고는 역시 다른 분야의 독서를 위해서도 아주 적합하게 적용될 수 있다. 바울이 디모데에게 가져오기를 바랐던 책은 아마 몇 권의 선택된 서적 -율법과 선지자에 대한 주해적이고 설명적인 유대의 역사와 아마 그가 그의 설교와 서신에 인용했던 몇몇 이교도의 시집들 -이 있었을 것이다. 그는 배우는 사람으로서 그의 마지막 몇 주 혹은 몇 달을 귀중한 책을 연구하는 데 시간을 바치기를 원했다. 1536년에 순교하기 바로

전, 옥에서 보낸 윌리엄 틴들(William Tyndale)의 유사한 이야기가 있다. 그는 총독에게 몇 가지 물건을 보내달라는 편지를 썼다.

> 온열 모자, 양초 한 개, 엉덩이와 무릎을 덧씌운 옷 한 벌… 그러나 무엇보다도, 내가 간절히 원하고 바라는 것은 내가 나의 히브리어 성경과 히브리어 문법책과 히브리어 사전을 소유하는 것을 친절하게 허락해주도록 정부에게 재촉해주시고 그래서 내가 그것으로 공부하며 시간을 보낼 수 있도록 해주십시오.

바울과 틴들 두 사람은 순교하기 전, 하루하루를 가죽 종이에 쓴 글을 연구하는 데 몰두했다. 이 장에서 나는 영적 지도자로서 그가 먼저 해야 할 일, 그리고 최고의 관심은 하나님의 말씀에 정통하기 위해서 부지런히 연구하고 성령의 조명을 받아야 된다는 것을 강조하고 싶다. 무엇보다 충분한 독서의 중요성이 현재 우리의 관심이다.

영적으로나 지적으로 성장하기를 원하는 사람은 계속적으로 책에 몰두해야 한다. 자기의 분야에서 성공하기를 원하는 법률가는 법의 중요한 사례와 변화에 뒤지지 않고 따라가야 한다. 마찬가지로 영적 지도자는 하나님의 말씀과 그 원리들에 정통해야 하고, 지도를 위해 자기를 바라보는 자들의 마음 가운데에 무엇이 진행되고 있는지도 알아야 한다. 이러한 목표들을 이루기 위해, 그는 개인적인 접촉을 통해 사람들과 서로 협조해야 하고, 선정된 책을 읽는 일에 열중할 수 있어야 한다.

오늘날, 충실하고 영적으로 가치 있는 고전을 읽는 훈련은 심각하게 쇠퇴하고 있다. 세계의 역사에서 이전 어느 시대보다도 더 많은 여가를 가지는 시대에 살고 있으면서도, 많은 사람들은 책을 읽을 시간이 없다고 아우성이다. 이 변명은 영적 지도자에게 결코 가치 있는 것이 못 된다.

존 웨슬리는 누구보다도 독서에 대한 열정이 뜨거웠는데 그는 대부분 말을 타면서 독서를 했다. 그는 때때로 하루에 150km를 말을 탔다. 그는 또한 넓은 범위의 주제들에 대한 서적을 깊게 읽었다. 안장 앞머리에 그는 과학, 혹은 역사, 혹은 의학 서적들을 담은 가방을 걸어놓고 여행하는 것이 습관이었으며, 그런 식으로 그는 수천 권의 책들을 독파했다. 헬라어 신약성경과 세 권의 위대한 책은 옥스퍼드 시절, 웨슬리의 마음과 생각을 완전히 압도해버렸다. "그가 『그리스도를 본받아』(The Imitation of Christ)와 『거룩한 삶과 죽음』(Holy Living and Dying)과 『중대한 부르심』(The Serious Call)과 같은 서적에 심취하기 시작했던 때가 이즈음이었다. 이 세 권의 책은 그에게 위대한 영적인 안내서가 되었다." 그는 웨슬리 연구회(Wesleyan Societies)의 젊은 사역자들에게 책을 읽기 싫어한다면 사역을 그만둬야 한다고 말하곤 하였다.

마음과 더 나아가 정신적이고 영적인 발전에 양식을 제공하는 가치 있는 책들을 읽는 데 하루에 최소한 30분 정도 소비하겠다는 결정은, 소화하기 쉽게 조리된 천박한 책들로 자기들의 독서를 제한하려 했던 자들에게 풍성한 소득이 됨을 증명할 것이다.

'책의 사용과 오용'이라는 주제로 『얼라이언스 주간지』(The Alliance

Weekly)에 연재한 매우 통찰력 있는 기사에서, 토저 박사는 사람의 눈을 끄는 몇 가지를 이야기했다.

왜 오늘날의 그리스도인은 항상 자신의 지혜를 초월한 위대한 서적을 읽으려 하는가? 지적인 능력이 한 세대에서 다른 세대로 시간이 지남에 따라 약해진 것은 아니다. 우리는 우리의 조상만큼 영리하며, 만일 노력하는 데 충분히 관심이 있다면 조상들이 품을 수 있었던 어떠한 사고도 우리가 품을 수 있을 것이다. 널리 알려진 대로 기독교 서적의 질이 저하되는 주된 원인은 지적인 것이 아니라 영적인 것이다. 위대한 신앙 서적을 즐기기 위해서는 하나님께 헌신을 요구하며, 세상으로부터의 초월을 필요로 하는 것이다. 초대교회의 기독교 교부들, 청교도들은 이 사실을 이해하는 데 어려움이 없었으며, 사실 그들은 공기가 서늘하고 희박하며 하나님께 열심 있는 자 외에는 올 수 없는 고지대에 머물고 있었던 것이다. 왜 사람들이 위대한 기독교의 고전을 이해할 수 없는가에 대한 유일한 이유는 그들은 그 고전들을 전혀 순종하려는 의도가 없이 이해하려고 애썼기 때문이다.[1]

---

1) A. W. Tozer, *"The Use and Abuse of Books"* 22 February 1956, 2.

왜 독서를 해야 하는가?

"영감(inspiration)의 우물을 다시 채우기 위해서 독서하라"는 말은 신혼여행 때 여행가방 속에 책을 가득 채우고 갔던 해롤드 오켄가(Harold J. Ockenga)의 충고였다.[2]

다음은 베이컨의 독서에 대한 규율이다. "반대하고 논박하기 위해 독서해서는 안 된다. 믿기 위해서, 동의하기 위해서 읽어서도 안 되며 또 이야기와 논설을 찾아내기 위한 방편으로 해서도 안 된다. 다만 그 가치를 알고 연구하기 위해서 독서하라. 어떤 책은 음미해야 하며 다른 책은 삼켜야 하며 또 어떤 책은 씹어서 소화시켜야 한다."[3]

한 작가는, 만일 우리가 우리의 생각들을 축적하거나 우월감을 느끼거나 지적인 사고를 좋아한다는 이유 때문에 독서를 한다면, 그런 독서는 소용이 없거나 오히려 유해할 수도 있다고 말했다.

영적 지도자는 '영적인 소생'과 도움을 위해 독서해야 하며, 이것은 독서를 위해 그가 어떤 책들을 고르느냐에 따라 강하게 영향을 받게 될 것이다. 어떤 이의 저서들은 우리의 마음과 양심에 도전을 던지고 우리로 위대한 분과 밀착되도록 돕는다. 우리는 자극과 영감을 주는 이런 독서를 귀중히 여겨야 한다.

영적 지도자는 '정신적인 자극'을 위한 관점에서 독서를 해야 하며,

---

2) Harold J. Ockenga, *in Christianity Today*, 4 March 1966, 36.
3) Francis Bacon, *in The Alliance Weekly*, 14 March 1956, 2.

그의 최고의 정신력을 요구하고 참신한 사고와 관념들을 자극시킬 수 있는 정신 훈련에 몰두할 수 있는 몇 권의 책들을 직접 가지고 있어야 한다. 또한 지도자는 그의 설교와 가르침과 글을 쓰는 데 도움이 되는 '스타일의 개발'을 위해 독서해야 한다. 어휘들을 늘리고 생각하도록 가르치며 날카롭고 강력한 말의 기술로 우리를 교훈하는 데 이런 숙달된 사람들의 저서에 필적할만한 것은 없다. 대가들에 관한 말 가운데, 토저 박사는, "간결함으로 존 번연(John Bunyan), 명석함과 고상함에서는 요셉 에디슨(Joseph Addison), 고귀함과 사고의 계속적인 상승에서는 존 밀턴(John Milton), 쾌활함에서는 찰스 디킨스(Charles Dickens) 그리고 도의심과 품위에서는 베이컨"[4]을 추천하였다. 베이컨은 "역사는 사람을 슬기롭게 만들며, 문학은 사람을 순수하게 하며, 수학은 사람을 정밀하게 하며, 자연과학은 사람을 심원하게 하며, 윤리학은 사람을 중후하게 하며, 논리학과 수사학은 논쟁에 능하게 한다"고 말했다.

지도자는 '정보를 획득'하기 위한 관점으로도 독서를 해야 한다. 오늘날처럼 모든 독자의 손이 닿을 수 있는 곳에 방대한 영역의 정보가 있었던 적은 일찍이 없었다. 정보를 이해하는 것은 주로 통독을 통해서이다. 그러므로 지도자는 그 시대와 보조를 맞추기 위해서 독서를 해야 하며, 자기분야의 정보에 대해 밝아야 된다.

또한 '위대한 사람과 함께 교제'하기 위해서 독서해야 한다. 그들의

---

4) A. W. Tozer, *in The Sunday School Times*, 22 November 1913, 713.

저서를 통해서 모든 시대의 가장 위대하고 거룩했던 사람들과 함께 교제를 나누는 것이 가능할 수 있다.

한 책에 대한 선한 가치의 능력을 평가하는 것은 사실 불가능한 일이다. 벤자민 디스레일리(Benjamin Disraeli)는 그의 책『문학의 호기심』(Curiosities of Literature)에서 제 1장을 '한 권의 책을 가진 사람'(The Man of One Book)이라고 제목을 붙이고, 외롭게 일하며 놀랄 만한 영향력을 행사했던 많은 사람들의 예를 들고 있다. 하나님께서 지나간 세기 동안에 특이한 방법으로 사용하셨던 많은 위대한 그리스도인들의 전기들을 읽어보면, 전기 작가들은 대체로 그들의 시간을 중시하였고 그들의 삶 가운데서 위기를 극복했으며, 그들의 사역에서 하나의 혁명을 산출하였음을 알게 된다. 찰스 피니(Charles G. Finney) 가 쓴『종교 부흥에 대한 교훈』(Lectures on Revivals of Religion)이 바로 그런 책이다.

이와 반대로, 히틀러의『나의 투쟁』(Mein Kampf)과 같은 단행본의 악에 대한 능력을 누가 측정할 수 있을까? 존 로빈슨(John A. Robinson) 영국교회 감독의 저서『신에게 솔직히』(Honest to God)라는 책의 가공할만한 영적 재앙을 누가 측정할 수 있겠는가?

무엇을 읽을 것인가?

그의 친구를 보면 그 사람에 대해 알 수 있다는 것이 사실이면, 그의 인격은 자기가 읽는 책에서 영향을 받는다는 것 역시 사실이다. 왜냐하면 그것은 그의 내적 굶주림과 열망에 대한 외적 표현이기 때문이다. 오늘날 출판사에서 쏟아져 나오고 있는 거대한 양의 세속적인 서적과 종교 서적들은 독서에 필요한 책을 식별할 필요가 있음을 보여준다. 가급적 좋은 책을 읽도록 노력해야 한다. 그것은 우리의 사명을 이루는 데 최대의 도움이 될 것이다. 다른 말로, 우리의 독서는 우리의 직업과 우리가 하는 일과 계획하는 일에 따라서 크게 조정이 되어야 한다.

필명이 클라디우스 클리어(Cladius Clear)라는 한 고령의 작가는 책을 사랑하는 사람은 자기가 사람들을 구분하는 것처럼 자기의 책들을 나눌 수 있어야 한다고 제의하였다. 그가 '사랑하는 책들'이라고 부를 수 있는 것은 몇 권에 불과하며, 그것들은 만일 자기가 해외로 추방당한다면 자기와 함께 있게 되는 책들이 될 것이라고 했다. 첫 번째 부류 이외의 다른 책들은 그는 '아는 사이'라고 불렀는데, 그것은 그에게 천박한 지식을 가져다주는 책들로 경우에 따라서 참고하는 정도의 책들을 의미한다.[5]

매튜 아놀드(Matthew Arnold)는 이에 대해 자기의 생각에 최고라고 여겨지는 서적은 5백 권의 범위 내에서 입수되어야 한다고 말했다. 다니엘 웹스터(Daniel Webster)는 무분별하게 책을 읽는 것보다는 오히려 두세 권의 걸작품을 읽는 것을 더 좋아했다. 걸작으로 인정받고 영구적인 문학성을 쌓아올렸던 몇몇 대가들의 작품을 읽는 것이 하루살이와 같은 많은 작품들을 대충 훑어 읽는 것보다 훨씬 낫다는 것이 그의 주장이었다. 우리들의 열망과 비극, 희망과 낙담 같은 인간의 진실한 지

---

5) Cladius Clear, *in The Life of Faith*, 26 November 1913, 1443.

식을 위해 우리의 기호를 바꾸도록 하는 것이 그들에게 있었다고 단언하였다. 영국의 철학자 토마스 홉스(Thomas Hobbes)는 한때 이런 말을 하였다. "만일 내가 다른 사람처럼 많은 책을 읽었다면 나는 거의 아무 것도 알지 못했을 것이다."

사무엘 브랭글은 자기가 가장 좋아하는 시에 대하여 이렇게 말했다.

> 나는 테니슨(Tennyson)과 브라우닝(Browning)의 몇몇 작품과 같이 자기들의 작품에 놀라운 도덕적 특성과 열정을 나타낸 시인들을 좋아한다. 다른 사람들의 작품들도 빛을 가지고 있다. 그러나 나는 빛을 지니고 있는 것보다 빛을 내는 것을 더 좋아한다. 셰익스피어는 햇살처럼 마음이 깨끗하지만 열이 없는 빛처럼 열정이 없다. 셸리(Shelly)와 키츠(Keats)는 완벽한 시인들이었다는 감은 들지만, 나를 감동시키지는 못한다. 아름답지만 낱말을 파는 자들에 불과하다. 거룩함을 지닌 아름다움과 아름다움을 지닌 거룩함 사이에는 굉장한 차이가 있다. 하나는 가장 고상하고, 고귀하며, 하나님을 닮은 인격으로 인도하며, 다른 하나는 너무 지나친 감정의 세계로만 인도한다.[6]

수년 동안 『브리티시 주간지』(The British Weekly)의 편집장을 지낸 로

---

6) C. W. Hall, *Samuel Logan Brenglei* (New York: Salvation Army, 1933), 269.

버트슨 니콜(W. Robertson Nicoll) 경은 전기는 인격을 전하기 때문에 일반 서적 가운데서 가장 매력적인 형태라는 것을 알았다고 한다. 영감에 불을 붙이고 열망을 불러일으키는 감동이 없이 위대하고 헌신된 사람들의 전기들을 읽어 나갈 수 없다.

"위대한 사람들의 삶은 아직도 우리의 삶을 승화시킬 수 있음을 우리에게 상기시키고 있다." 윌리엄 캐리, 아도니람 저드슨, 허드슨 테일러, 찰스 스터드(Charles Studd), 혹은 알버트 심슨(Albert Simpson)과 같은 위대한 인물들의 선교에 대한 열망을 누가 측정할 수 있겠는가?

설교와 가르치는 일을 광범위하게 하였던 요셉 캠프(Joseph W. Kemp)는 항상 좋은 자서전들을 가지고 다녔다. 랜섬 쿠퍼(Ransome W. Cooper)는 다음과 같이 말했다.

"기독교 교육의 중요한 한 부분은 전기와 같은 좋은 책을 읽게 하는 것이다. 그것은 자신의 사역에 많은 예화들을 제공하게 된다. 그리고 그는 인격의 진정한 가치를 평가하는 것과 그것을 얻는 데 최선의 방법을 결정하는 것, 자기를 부인하는 것으로 가치 없는 욕심들을 제어하는 필요한 것이 무엇인지 배우게 된다. 그리고 하나님께서 하나님 자신의 목적을 성취하시기 위해서 헌신된 사람들의 생애 속에 간섭하시고 역사하시는 것을 배우게 된다."

자기를 따라오는 사람들이 자가가 읽는 책들에 만족하고 있다고 해서 그 책들만을 읽는 것으로 만족해서는 안 된다. 또한 자기가 쉽게 읽을 수 있는 책들과 그 자신의 전문 분야를 따라서 안이하게 독서하는 것으로 만족해서도 안 된다.

뮤리 엘 옴로드(Muriel Ormrod)는 다음과 같이 권고하였다.

우리는 항상 우리보다 조금 높은 것을 붙잡는 것이 좋다. 우리는 우리와 같은 입장을 가진 작품들뿐 아니라 우리와 입장이 다른 책들도 항상 읽으려고 애써야 된다. 그리고 우리와 의견이 다르다고 해서 그것들을 경박하게 무시해서는 안 된다. 그들의 관점으로 진실을 시험해볼 수 있고 우리도 또한 그들의 성경에 대한 관점을 시험해봄으로 좋은 도전을 받을 수 있다. 그러나 우리 스스로 그들의 작품들을 읽지도 않고 오직 간접적으로 전해들은 작가들에 대한 것들을 쉽게 말하거나 비평해서는 안 된다. 우리는 새로운 생각들을 두려워해서는 안 되며, 또 그것들에 도취해서도 안 된다.[7]

어설픈 학식은 위험하다. 깊이 들이키든지 그렇지 않으면 피에리안(Pierian)의 샘물을 맛보지도 말라(Pierian은 고대 마케도니아의 지명인데 지식의 신을 의미하기도 하였다 -역주). 천박하게 마시면 오히려 두뇌가 마비되고, 신중히 마시면 오히려 정신이 되살아나리라.

-알렉산더 포프(Alexander Pope)

---

7) Muriel Ormrod, *The Reaper*, August 1965, 229.

그러므로 지도자는 하나님 나라에서의 수준 높은 봉사와 지도자 자격을 갖추기 위해 독서하는 일에 더욱 몰두해야 한다.

어떻게 읽을 것인가?

'책을 읽는다'는 의미 중 하나는 쓰여 졌거나 인쇄된 자료를 통해 배우는 것으로 정의될 수 있다. 그리고 이것은 글자를 대충 훑어보는 것뿐 아니라 이것이 나타내고 있는 사상을 묵상하는 것을 포함한다. "읽는 것은 쉽다. 그러나 마음 가운데에 독서의 열매를 효과적으로 맺는 일이 어려운 것이다. 실상 이런 목적을 이루지 못한다면 우리의 독서는 무슨 도움이 되겠는가?"

사우디(Southey)라는 시인이 자기가 세수를 하면서, 옷을 입으면서 어떻게 포르투갈어 문법을 배웠고, 그가 아침 식사를 하는 등, 하루의 모든 일과를 채우면서 다른 분야에서 어떻게 이런 것들을 성취했는가를 한 퀘이커교도인 부인에게 이야기할 때, 그 여인은 조용하게 "그러면 당신은 언제 생각하십니까?"라고 질문했다고 한다. 생각 없이 읽는 것은 가능하나, 만일 우리가 생각하지 않고 읽는다면 우리가 읽는 것으로부터 진정한 유익을 얻을 수 없다. 찰스 스펄전은 그의 제자들에게 이렇게 권고했다.

여러분들이 갖고 있는 책들을 통달 하십시오. 그 책들을 철저하게 읽으십시오. 여러분들이 그 책에 몰두될 때까지 그 책 속에

흠뻑 잠기십시오. 그것들을 읽고 또 읽으십시오. 씹어서 소화될 때까지 그 책들이 바로 여러분 자신이 되게 하십시오. 좋은 책을 여러 번 정독하고 그것을 기록하고 분석하십시오. 어떤 학생이 20권의 책을 대충 훑어보는 것보다 한 권의 책을 완전하게 이해함으로 그의 정신적인 구성이 더욱더 영향을 받게 된다는 것을 우리는 알고 있지 않습니까? 서두르는 독서는 조금 배우고 크게 뽐내는 결과만을 가져오게 됩니다. 어떤 사람들은 많은 양의 독서에 치중하다가 묵상하는 것을 멀리하게 됨으로 결국 그의 독서는 무익한 것이 되고 맙니다. 독서에 관한 여러분의 좌우명은 '풍부하게, 수적으로는 많지 않게'가 되도록 하십시오.[8]

독서를 위한 아래의 규칙들은 더욱 의미 있는 독서와 계속적인 독서의 유익을 위해 발견되었던 원리들이다.

- 즉시 잊어버릴 것을 읽지 말라. 왜냐하면 그것은 잊어버리는 습관만을 형성하도록 도와줄 뿐이다. 친구를 선택하는 것처럼 책을 선택할 때, 같은 분별력을 훈련하라.
- 손에 노트와 연필을 가지고 읽어라. 여느 때와 달리 만일 기억력이 활발하지 못하여 기억되지 않는다면, 많은 양의 독서는 시간을 허비할 뿐이다. 주의를 갖는 체계를 개발하라. 이 실행이 기억을 얼마나 크게 돕는지 발견하게 되면 놀랄 것이다.

---

8) Helmut Thielecke, *Encounter with Spurgeon* (Philadelphia: Fortress, 1963), 197.

- 인상적이고, 흥미 있으며, 암시적이며 영구히 기록할만한 가치가 있는 것을 적어둘 만한 '기록 수첩'을 휴대하라. 자기 자신의 의견과 비평을 첨가할 수 있으며, 이런 방법으로 둘도 없는 자료를 모으는 것은 미래의 사용을 위해 보존되며 색인에 넣게 될 것이다.
- 가능한 한 역사적으로 과학적으로 이 모든 자료들을 입증할 수 있어야 하며 그 의미를 충분히 이해함 없이 지나가지 말라.
- 독서를 다양하게 하라. 왜냐하면 정신은 너무 쉽게 틀에 박히기 때문이다. 다양성이란 육체와 마찬가지로 정신에도 휴식을 준다.
- 독서는 역사와 시, 전기와 역사 소설처럼 가능한 한 서로 연관성이 있어야 한다. 예를 들면, 미국 내란에 관한 역사를 읽을 때, 아브라함 링컨(A. Lincoln)과 그랜트(U. S. Grant) 장군의 전기와 링컨에 대한 월트 휘트먼(Walt Whitman)이 쓴 시를 함께 읽어라.

예이츠(Canon Yates)는 독서에 가장 도움이 될 만한 충고를 했다. 그러나 몇 가지는 우주 시대의 압력 때문에 실현할 수 없는 이상으로 그치게 될지 모른다.

그는 충실한 책은 세 번의 독서를 요한다고 제시한다. 첫 번째 독서는 속도가 빠른 계속적인 읽음이어야 한다. 그때 잠재의식은 계속해서 일을 할 것이고 당신이 이미 그 주제에 관해 알고 있는 지식들과 동맹하게 될 것이다. 그때 그것이 당신의 지식에 기여하게 되도록 생각할 시간을 가지라. 두 번째 독서는 깊이 사고하면서 나중에 사용할 수 있는 노트를 만들어가며 천천히 그리고 상세하게 읽어야 한다. 잠시 여유를 가진 후, 세 번째 독서는 매우 빠르고 계속적이어야 하고, 간결한 분석을 주제, 예화들을 참고한 페이지와 함께 그 책의 뒷면에 적어놓아야 한다.

스코틀랜드의 럼스덴(Lumsden)에 조그마한 목사관을 가진 한 목사는 1만 7천 권 이상의 책을 모았고, 그는 이 책들을 기쁘게 읽었다. 그러나 그의 아들은 자기아버지와 그의 책들에 관해 이렇게 말했다. "그가 독서하는 데 많은 시간과 수고를 쏟았음에도 불구하고, 설교하는 것과 독서하는 것을 연결시키지 못했습니다."[9)]

여기에 지도자가 깨달아야 될 위험이 있다. 이상적으로 말하자면 책은 어떤 생각이 한 사람의 정신으로부터 다른 사람에게로 흘러갈 수 있는 도관의 역할을 한다. 그런데 럼스덴의 목사는 독서와 자신의 영적 생활을 연결하는 도관을 뚫는 데 실패했다. 결국 그의 교회의 회중들은 그의 넓은 독서의 결과로써 누려야 했던 그 유익을 얻지 못하고 말았다. 지도자는 자기가 읽는 것과 말하는 것과 쓰는 것 사이에 도관을 뚫어야 하고, 그렇게 될 때 비로소 다른 사람들이 충분히 유익을 얻을 수 있게 된다.

저술가로서 알려진 호주의 한 시골 교회 목사는 책을 굉장히 사랑하는 사람이었다. 그의 초창기 사역 때, 그는 성도들을 성경적이며 신학에 대한 소양이 있는 성도들로 개발시키는 데 중점을 두어야겠다고 결정했다. 그는 그의 교회 성도들에게 자신의 책에 대한 사랑을 전달하는 데 성공했으며, 그들에게 점진적으로 무게와 깊이가 있는 영적인 서적

---

9) *Sunday School Times*, 22 November 1913, 715.

들을 소개하였다. 그 결과 그 지방에 있는 많은 농부들도 교양을 갖추게 되었으며, 그러한 것은 복음을 가진 목사에게 불명예스러운 것이 결코 아니었다. 만일 목사들이 이런 사실에 목표를 둔다면, 더욱더 많은 목사들이 정선된 독서를 하도록 회중들을 인도하게 됨으로 영적인 서적에 대한 올바른 분별력을 회중들에게 전달할 수 있게 될 것이다.

14

잠재된 지도력의 개발

당신이 지도자가 되려면, 다스리는 데
전념을 하시오(롬 12:8[NEB])

모든 그리스도인들은 하나님을 위해 자기가 할 수 있는 일에 최선을 다할 책임이 있다. 만일 그의 잠재된 지도력이 향상될 수 있다면, 그는 그것을 향상시켜야 한다. 왜냐하면 우리들 중 어느 누구도 장래에 될 일을 알지 못하기 때문에, 우리는 장래 사역의 기회들을 위해 가능한 한 모든 방법으로 우리 자신들을 준비해야 한다.

모든 그리스도인이 다 중요한 지도자의 위치로 부름을 받거나 그 위치에 적당한 자질을 갖출 수는 없지만, 모든 사람들은 다른 사람들에게 영향을 줄 수 있다는 관점에서 지도자들로 간주된다. 따라서 우리들은 할 수만 있으면 잠재되어 있는 자신의 지도력을 향상시켜야 한다.

그러한 목적을 이룰 수 있는 첫 번째 단계는 자신의 지도력에서 약점을 발견하고 수정하는 한편 강한 점들은 더욱 가꾸어 나가는 것이다. 여러 가지 이유들 때문에 그리스도인의 사역에서 지도력이 보편적으로 확산되어짐으로 지도력의 의미는 더욱 분명해졌다. 다음에 제시한 원인들을 살핌으로 지도력을 증진시키며 강하게 할 수 있는 분야를 발견하게 된다.

현재 우리에게는 우리를 자극하며, 믿음에 도전을 주며, 삶의 활동들을 하나로 묶을 수 있는 명확한 목표가 결여되어 있지는 않는가? 우리는 믿는데 겁이 많으며, 계단을 오르기도 전에 위험을 느끼는 것처럼 왕국에 대해 알기를 주저하는 것은 아닌가? 우리는 안전제일주의로 행동하고 있지는 않는가? 과연 우리는 행동하는 데 열의를 가지고 있는가, 아니면 미지근한가? 열성적으로 따르는 자들을 만들어내는 사람은 열성적인 지도자이다.

또 우리는 어려운 상황에서 자진하여 곤란에 부딪치고 그것을 용기 있게 처리하는 것을 꺼리지는 않는가? 그렇지 않으면 문제가 저절로 해결되기만 바라는 헛된 희망 가운데 꾸물거리지는 않는가? 그렇다. 어려운 결정들과 면담, 편지 쓰는 것들을 미루는 사람은 평범한 지도자에 지나지 않는다. 지체하면 아무 문제도 해결할 수 없으며, 오히려 문제를 더 악화시킨다. 우리는 넓이를 추구하여 깊이를 잃어버리고 얕게 널리 퍼뜨리려고만 하여 결과적으로 표면적인 성과만 추구하고 있는 것은 아닐까?

다스리는 데 부지런하라

로마서 12장은 지도자들에 대한 많은 교훈이 나타나 있다. 성별에 대한 부정 과거 시제가 1절에서 나타난다. '무엇보다도 먼저' "너희 몸을 거룩한 산 제물로 드리라." 이 따옴표 안의 명령은 우선적인 행위에서 나오는 결과들을 36개의 현재 시제를 통해 나타내고 있다. 그것들 중 하나는 특별히 위의 주제와 관련 있는 것이다.

첫째, "당신이 다스리는 자가 되려면 '다스리는 것을 열심히 하라'" 또는 "너희가 부르심을 받았으니 '그것을 열심히 하라'"(8절)이다. 지도자로서 책임을 지라는 것은 하나의 소환장이다. 여기에는 게으름이나 방종의 여지가 없다. 우리는 적극적으로 노력하며, 그 일을 위해 모든 것을 집중해야 한다. 우리는 그렇게 하고 있는가?

우리의 지도력에는 '강렬함'이 있는가? 그것은 우리 주님의 특징이었다. 예수님께서 아버지의 집이 모독적인 대우를 받는 것을 보시고 순수한 노여움과 의로운 분노를 발하셨다. 이를 본 제자들은 "성경말씀에 주의 전을 사모하는 열심이 나를 삼키리라 한 것을 기억하더라"(요 2:17)고 하였다. 예수님은 거룩하게 주어진 일을 수행하시는 열심이 특심하셨기 때문에, 그의 친속들은 "그가 미쳤다"고 말하였으며, 그의 적들은 "당신은 귀신이 들렸도다"라고 비난하기도 했다(막 3:21; 요 7:20).

이와 유사한 강렬함과 열정이 사도 바울의 모든 사역에 현저하게 나타났다. 아돌프 다이스만(Adolph Deissman)의 기록에서, "다메섹 도상의 찬란한 빛은 젊은 박해자의 영혼에 강렬한 불이 붙을 소지가 많은 것을 알아냈다. 마침내 우리는 하늘 높이 솟아오른 그의 불길을 바라보며, 노년의 바울에게서 아직도 이 불꽃이 사라지지 않고 계속 타오르는 것을 느낀다"라고 적었다. 우리는 나이가 들어감에 따라 계속적으로 강렬함을 추구해야 되지만, 그것이 기계적이어서는 안 된다. 불꽃은 항상 흐릿한 잔화로 사라지기 쉽다. 계속적으로 신선한 연료를 불꽃에 공급해야 한다.

회심하기 전의 바울의 타오르는 열심, 그러나 잘못 인도받은 열심은 결코 자신을 용서하지 않는 잔인한 행동으로 그를 몰아갔다. 후에, "나는 하나님의 교회를 박해하였으므로"라고 그는 애통하였다. 그러나 그가 성령의 인도를 받는 새로운 삶으로 전환되자 그는 일찍이 파괴하려고 애썼던 교회의 유익을 위해서 믿을 수 없을 정도의 업적을 이루는 데 헌신하였다.

그는 계속적으로 성령 충만하였으며, 그의 정신은 하나님의 말씀으로 밝게 빛나고 있었다. 그의 마음은 하나님의 사랑으로 불타고 있었으며, 그의 의지는 하나님의 영광을 위한 열정으로 들끓고 있었다. 사람들이 죽기까지 그를 기꺼이 따르려고 했던 것은 당연한 것이었다. 그는 계속적으로 다스리는 데 부지런하였다. 그는 강렬함과 열심으로 일을 했으며 성령께서는 그와 함께 협력하여 일하는 자들에게 성령의 불을 붙이셨다.

계속해서 열심을 품으라

로마서 12장에 기록되어 있는 두 번째 현재 시제는 11절에 있다. "부지런하여 게으르지 말고 열심을 품고 주를 섬기라", 혹은 "일하는데 게으르지 말고, 성령으로 계속해서 열심을 품고, 주를 위해서 종살이를 하라."

약한 부분을 발견하는 것과 그 부분을 교정하는 것은 별개의 것이다. 이 구절에서 우리는 계속해서 열심을 품는 사역에 대해 도전을 받는다. "성령으로 계속해서 열심을 품으라." 지도자의 위치에서 특별한 일을 하는 데 열심을 품는 것은 그리 어려운 일이 아니다. 대부분의 사람들은 이런 특별한 경우 평소 이상으로 열심을 품고 하나님께 가까이 나아가게 되는 영적 상승을 경험한다. 그러나 문제는 어떻게 그런 상태를 계속해서 유지할 수 있느냐이다.

이 구절은 '성령으로 이글이글 타오르게 되는' 매혹적인 가능성을 제시한다. 그것은 우리가 '끓게 하려고' 애쓸 필요가 없음을 뜻한다. 왜냐하면 성령은 우리 생활에서 가장 중추적인 용광로이기 때문이다.

존 번연의 작품에서 그리스도인은 자기가 해석자의 집을 방문했을 때 비밀을 발견하게 된다. 그는 누군가 타오르는 불 위에 물을 퍼붓고 있을 때 더 높이 치솟아 오르는 불길을 보고 어찌할 바를 모르고 있었다. 그리고 그는 누군가가 뒤에서 기름을 붓고 있는 것을 보았을 때 비로소 깨닫게 되었다. 우리는 이 비결을 배운 적이 있는가?

기도에 대한 예수님의 고상한 말씀 가운데서, 예수님은 풍부한 약속을 하셨다. "너희가 악할지라도 좋은 것을 자식에게 줄줄 알거든 하물 며 너희 천부께서 구하는 자에게 성령을 주시지 않겠느냐?"(눅 11:13). 이 구절은 구원을 위해 그리스도를 올바르게 신뢰함으로 이미 성령을 소 유한 것으로 믿는 사람들에게 해석상 문제가 되는 구절이다. "누구든 지 그리스도의 영이 없으면 그리스도의 사람이 아니라"(롬 8:9) 고 성경 은 말한다.

그런데 모든 믿는 자가 이미 성령을 소유하고 있다면, 왜 우리는 성 령을 구해야 하는 것일까? 그 대답은 그 구절의 문맥에 있다. 영어 번역 신약성경에, '성령'(the Holy Spirit)이라는 단어가 88회 언급된다. 그러나 헬라어 성경에는 54회만 정관사 'the'를 붙였고, 나머지 34회는 정관 사가 없이 단지 '성령'(Holy Spirit)이라고 쓰인 것을 발견한다. 그 중 하 나가 바로 누가복음 11:13의 경우이다. "정관사가 있는 것은 인격으로 서의 성령(the Holy Spirit as a Person)을 언급한 것이다"라고 스웨트(H. B. Swete)는 주장했다. 그러나 정관사가 없는 경우는, 인격을 언급한 것이 아니라, 단지 성령의 활동(the operations of the Holy Spirit)을 언급한 것이 다.

그것은 넓은 전망의 가능성을 열어준다. 예수께서는 제자들에게 그 리스도의 몸을 위해, 사역의 성취를 위해 필요한 성령의 활동은 무엇이 든지 구할 수 있다는 것을 확신시키셨으며 아버지께서 그것을 주셨다. 우리는 놀랍게 준비된 이 능력을 활용하고 있는가? 우리의 필요는 사 랑인가, 또는 능력인가, 용기, 혹은 지혜인가? "하물며 너희 하늘 아버지께서 구하는 자에게 성령(의 활동)을 주시지 않겠느냐" 그것은 예수께서 제자들에게 하신, "구하라 그러면 너희에게 주실 것이요"(눅 11:9)라는 말씀과 직접적으로 연관되어 있었다.

지도자 자격을 향상시킴

중국 내지 선교회의 창시자인 허드슨 테일러는 순박하고 매우 빈틈이 없는 사람이었다. 그는 단순한 방법으로 놀랄만한 중요한 일들을 말하는 은사를 가지고 있었다. 그는 그런 진술 중 하나를 지도자의 책임에 관한 그의 철학과 그의 일을 향상시키기 위한 규범으로 마음속에 간직하였다. 그 진술에 대한 조심스러운 연구와 그 원리들에 대한 적용이 놀랍게 잠재되어 있는 그의 지도자 자격을 향상시켰다.

1879년 홍콩에서 브룸홀(B. Broomhall)에게 써 보낸 편지에서, 당시 선교회의 총무였던 테일러는 이렇게 말하였다.

일을 행하는 데 없어서는 안 될 것은

① 일에 대한 성격을 향상시키며,
② 사역자들의 경건과 예배의 성취를 깊게 하며,
③ 방해되는 장애물을 가능한 한 제거하며,
④ 움직이지 않는 바퀴에는 기름을 바르며,
⑤ 결점이 있는 것은 어떠한 것이든지 바로 고치며,
⑥ 부족한 것이 있으면 보충할 것.

적합한 사람들이 부족하거나, 아직 조직의 설립과정에 있을 때 이런 것은 쉬운 일의 아니다. 내가 하나님께 쓰임을 받는다고 해도, 최소한 어느 정도, 이렇게 지도력을 성취해 가기를 원하는 것이 바람이다.

이 간단한 말은 지도자 자격에 대한 책임을 날카로운 통찰력으로 나타내고 있다. 지도자가 관심을 가져야 할 여섯 가지 중요한 영역이 있다.

- 행정 : **일의 성격을 향상시킬 것**
  활동할 분야가 가장 알맞은 수준에서 움직여지고 있는지 알아내며 결점들을 제거하는 것이 바로 지도자의 할 일이다. 이 책임은 새롭고 더 나은 직무표를 작성하여 지도자의 의사를 전달하여 책임 한계를 분명히 하는 임무를 수반한다.
- 영적인 분위기 : **사역자들의 경건과 예배의 성취를 깊게 할 것**
  교회, 선교회, 혹은 다른 단체의 분위기는 그 지도자들의 분위기에 따라 크게 좌우된다. 물은 호수보다 더 높이 오르지 않는다. 그러므로 지도자 그룹의 영적 건강은 가장 높은 위치에 있는 자들이 관심을 가져야 할 문제이다. 일에 만족하는 것도 역시 중요하다. 만일 지도자들이 동료에게 자신들이 경험한 성공의 비결을 보여줄 수 있다면, 그들의 성취감은 자기들의 사역에 대한 자질에 반영될 것이다.
- 모임의 사기 : **방해물이 되는 것을 제거할 것**
  사기란 최소한으로 마찰을 줄이면서 팀워크를 형성하여 사람들을 인도하는 태도를 말한다. 주의해야 할 문제들이 무시되고 그것에 휘말려갈 때, 사기는 저하되고 실행에 영향을 주게 된다. 제거되어야 할 방해물이면 즉시 제거해야 한다. 만일 그것이 사람이면, 상황이 분명해지는 대로 즉시 다루어서 모든 불평요인을 제거해야 한다. 물론 고려해야 할 사람 혹은 정중히 사랑으로 해야 할 사람도 있겠지만 하나님의 사역이 사람들 간의 화평을 유지하는 데 희생되어서는 안 된다.

- **대인관계 : 움직이지 않는 바퀴에 기름을 바를 것**
  대인관계를 원만하게 유지하는 것의 중요성은 아무리 강조해도 지나침이 없다. 어떤 사람들은 행정을 사랑하고, 어떤 사람들은 사람을 사랑한다. 참된 지도자는 후자를 지향해야 한다. 사람을 다루는 데 기름은 식초산보다 훨씬 더 효과적이다.
- **문제해결 : 잘못된 것은 바로 고치라**
  지도자 자격의 주요한 기능 중 하나는 처리하기 힘든 문제들을 찾아내고 즉시 그 문제를 해결하는 것이다. 문제를 일으키는 것은 쉬우나 문제를 해결하는 것은 어렵다. 지도자는 실제적인 문제에 직면했을 때 만족스러운 해결을 얻을 때까지 계속해서 그 문제를 추적해야 한다.
- **창의적인 계획 : 부족한 것은 보충할 것**
  만족스러운 계획들을 구상하는 것보다 제출된 계획들을 비판하는 것이 훨씬 더 쉽다. 지도자는 도달해야 할 목표를 확실하게 바라봐야 할 뿐 아니라 목표를 이루기 위해 대담한 전략과 방책도 마련해야 한다. 이것은 끊임없이 개발되어야 할 영역이다.

잠재되어 있는 지도자 자격이 향상될 수 있는 또 하나의 방법은 '후방에 의해 이끌려가는 지도 방책'을 거절하는 것이다. 진정한 지도자 자격이란 애당초 아래에서 위로 향하는 것이 아니라 위에서 아래로 내려오는 것이다. 이스라엘을 광야로 다시 후퇴시켰던 것이 바로 후방에 의해 이끌려간 지도 방책 때문이었다.

많은 교회와 조직의 지도자들이 강한 지도력 대신 후방에 의해 이끌려가기 때문에 그들의 지도력이 교착상태에 빠지게 된다. 영적 지도자들의 의견이 반대세력에 부딪히더라도 의견을 달리하거나 반대하는 세력에 의해 모임의 정책이 결정되도록 허용해서는 안 된다.

15

지도자가
치러야 할 대가

> 너희가 나의 마시는 잔을 마시며 나의 받는
> 침(세)례를 받을 수 있느냐(마 10:38)

하나님의 사역을 위해 지도자가 되기를 열망하는 사람은 동시대 사람들이 헌신하는 것 이상으로 희생할 준비가 되어 있어야 한다.

런던 공예 강습소의 창설자 퀸톤 호그(Quinton Hogg)는 자신의 사업을 위해 많은 재산을 투자했다. 강습소를 세우기 위해 들어간 돈의 액수를 사람들이 물어오면, 그는 이렇게 대답했다. "많지 않습니다. 그저 한 생명의 피 값이지요.[1]" 바로 이것이 커다란 성취를 위해서 치러야 할

---

1) Robert E. Speer, *Marks of a Man* (NewYork: Revell, 1907), 109.

대가이며 그것은 일시불로 지불되는 것이 아니다. 시간 분할 계획과 더 나아가 하루하루의 새로운 날을 분할하는 대가를 치르고 나서 얻어진다. 계속해서 참신한 지도자를 요구하고 있는 이 때에 그 대가를 지불하는 것이 중단된다면 지도자의 자격은 소모되고 말 것이다. 이 사실은 우리가 우리 자신과 다른 사람들을 동시에 구원할 수 없다는 것을 주님께서 지적하셨을 때 교훈 받은 사실이다.

사무엘 브랭글은 이렇게 기록하고 있다.

> 영적 능력이란 실로 다른 모든 종류의 생명과 동일하게 영적인 생명에서 흘러나온다. 담에 붙은 이끼의 생명부터 보좌 앞 천사장의 생명에 이르기까지 모든 것이 하나님께로 말미암은 것이다. 그러므로 지도자 자격을 열망하는 사람들은 응당 값을 지불해야 하고 하나님께 그것을 구해야 한다.[2]

자기 희생

이것은 매일매일 지불되어야 하는 값이다. 십자가는 영적인 지도자의 길에 반드시 있으며, 지도자는 십자가에 못 박히는 것에 반드시 동의해야 한다. 하늘의 요구는 절대적이다. "그가 우리를 위하여 목숨을 버리셨으니 우리가 이로써 사랑을 알고 우리도 형제들을 위하여 목숨

---

2) Samuel Logan Brengle, *The Soul-winner Secret* (London: Salvation Army, 1918), 23.

을 버리는 것이 마땅하니라"(요일 3:16). 우리 안에 역사하시는 그리스도의 십자가를 허락하는 정도는 그리스도의 부활이 우리를 통해 역사하시는 정도만큼 가능하다. "죽음이 내 안에서 역사하고 있으나, 생명은 당신 안에 있나이다" 십자가를 회피하는 것은 지도자 자격을 상실하는 것이다. "너희 중에 누구든지 으뜸이 되고자 하는 자는 모든 사람의 종이 되어야 하리라 인자가 온 것은 섬김을 받으려 함이 아니라 도리어 섬기려 하고 자기 목숨을 많은 사람의 대속물로 주려 함이니라"(막 10:44-45). 히브리서 11장에 나타난 영원히 불멸될 모든 믿음의 영웅들은 섬길 뿐만 아니라 희생을 위해 부르심을 받았다.

하나님 나라를 위하여 좋아하는 것을 자발적으로 부인하고, 정당하고 자연적인 갈구를 희생하는 것은 영향력 있는 지위에 있도록 하나님에 의해 계획된 사람들의 특징이다. 브루스 바톤(Bruce Barton)은 예로 자동차 정비소의 한 적합한 광고를 인용하고 있다. "우리는 당신의 차 밑에 더 자주 들어갈 것이며, 어떤 경쟁자보다 우리 몸을 당신의 차를 위해 더욱 많이 더럽힐 것이다." 이런 정비소가 진정 당신이 단골손님이 되고 싶어 하는 정비소가 아닐까?

사무엘 즈웨머(Samuel M. Zwemer) 박사는 예수께서 부활하신 후에 보여주시기 위해 고통을 참으셨던 유일한 것은 자신의 흉터였다는 충격적인 사실을 회상했다.[3] 엠마오로 가던 제자들은 길을 가면서 만난

---

3) Samuel M. Zwemer, *It Is Hard to Be a Christian* (London: Marshalls, 1937), 139.

그분을 알아보지 못했고 그분의 말씀조차 깨닫지 못했다. 예수께서 떡을 떼시고 그들이 그 상처를 보았을 때 비로소 그들의 눈이 밝아졌다. 예수님은 부활하신 후, 다락방에서 사기가 저하된 제자들 앞에 서셨을 때, 그들에게 자기의 손과 옆구리를 보여주셨다.

상처(흔적)들은 충성스런 제자와 진정한 지도자의 확실한 지도력의 표시이다. 레티에 B. 카우만은 어떤 지도자에 대해 "그 자신의 열정적인 영혼은 마치 그 육체를 번제로 일찍 드렸던 것과 같은 초기 순교자들의 반열에 속한 자이다"[4]라고 말하였다. 못자국과 창자국보다 더 사람을 움직일 수 있는 것은 아무 것도 없다. 바울이 잘 알고 있었던 것처럼, 어느 누구도 도전할 수 없는 진실성의 표시이기 때문이다. "이후로는 누구든지 나를 괴롭게 하지 말라 내가 내 몸에 예수의 흔적을 지니고 있노라"(갈 6:17).

> 그대는 아무 흔적도 가진 것이 없는가?
> 숨겨진 흔적이 발에도 옆구리에도 손에도 없는가?
> 나는 땅을 울릴 정도로 크게 그대가 노래하는 소리를 듣고 있으며,
> 나는 사람들이 그대의 찬란히 떠오르는 별을 환호하는 소리를 듣노라.

---

4) Lettie B. Cowman, *Charles E. Cowman* (Los Angeles: Oriental Missionary Society, 1928), 260.

그대는 흔적을 갖고 있는가? 그대는 아무 상처도 가지고 있지 않는가?
그러나 나는 사냥꾼에 의해 상처입고 쇠진하였노라.
나를 둘러싸고 삼키려드는 맹수들에 의해
나는 나무에 달려 죽게 되었고 찢기게 되어, 나는 기절하였도다.
그대는 아무 상처도 없는가?

정녕 그대는 상처도, 흔적도 가지지 않았는가?
주인으로서 종이 되고 나를 따르는 자의 발은 찔림을 받지만 그러나 당신의 발은 온전하다.
아무 상처 없고 아무 흔적 없는 것은 멀리서 쫓았기 때문일까?

-에이미 카마이클(Amy W. Carmichael)

   기꺼이 희생할 줄 알았으며 지도자에게 수반되는 진정한 흔적들을 가졌던 바울은 그의 서신서들 중 한 서신의 자서전적인 진술에서 그의 지도력을 입증하고 있다.

우리가 사방으로 우겨 쌈을 당하여도 싸이지 아니하며
답답한 일을 당하여도 낙심하지 아니하며
핍박을 받아도 버린 바 되지 아니하며
거꾸러뜨림을 당하여도 망하지 아니하고

우리가 항상 예수 죽인 것을 몸에 짊어짐은
예수의 생명도 우리 몸에 나타나게 하려 함이라
우리 산 자가 항상 예수를 위하여 죽음에 넘기움은
예수의 생명이 또한 우리 죽을 육체에 나타나게 하려 함이니라

-고후 4:8-11

외로움

삶이란 언제나 절정 -마음이 냉담해짐에 따라, 더욱 책임이 증가하게 되는 -을 향하여 점점 어려워진다는 것이 바로 니체(F. Nietzsche)의 주장이었다.

아주 당연한 이야기지만, 모든 지도자들은 외로운 사람이 되어야 한다. 그는 언제나 자기를 따르는 자들 앞에 있어야 하기 때문이다. 그가 비록 사람들에게 가장 친근하다고 할지라도, 그에게는 외로운 길을 걸어 갈 준비된 삶의 영역들이 있다. 허드슨 테일러가 중국 내지 선교회의 책임자에서 물러나고 그의 계승자로 호스트를 임명했을 때 호스트는 심한 외로움을 느꼈다. 그는 임명이 되어 회견을 한 후, 무거운 책임을 느끼며 이렇게 말하였다. "이제 나는 아무도 없습니다. 하나님 외에 아무도 없습니다!" 정상까지의 여정에서 그는 그의 동료보다 앞섰으며 하나님과 함께 산에 홀로 섰다.

인간의 본성상 친구 사귀기를 갈망하며, 책임이 무거운 짐과 걱정 근심을 다른 사람들과 함께 나누기를 원하는 것은 아주 당연한 일이다.

때로 사랑스러운 동역자들의 삶에 영향을 주는 중요한 문제를 -외롭게 만드는 -결정해야 하는 것은 가슴 아픈 일이다. 이것이 가장 심한 대가를 치러야 할 것 중 하나이며, 이행되지 않으면 안 되는 일이다. 모세 역시 지도자 자격을 위해 이러한 대가 -산에 홀로 있었고, 광야에 혼자 있었으며, 오해로 인한 압도적인 외로움과 비평과 비난으로 당하는 외로움 -를 치렀다.

선지자들도 외로운 사람들이었다. 에녹은 퇴폐한 사회에서 홀로 임박한 심판을 선포함으로 하나님의 면전에서 보상을 받았다. 수많은 영혼이 거하는 이방인의 도시에 가서, 즉시 회개할 때만 임박한 심판을 피할 수 있다는 말씀을 외쳤던 요나보다 더 외로운 설교가는 자기 시대보다 앞서는 예언적인 말씀을 부탁받은 사람인데, 그의 메시지는 그 시대의 일반적인 풍토를 추월하는 것이어야 하기 때문이다.

바울도 그의 동료로부터 심한 오해를 받고 반대자들의 허위 진술과 영적으로 어린 신자들과 친구들이 자기를 떠나가는 등의 쓴맛을 많이 경험한 외로운 사람이었다. 그가 당한 이 외로움에 대해 디모데에게 이렇게 이야기하였다. "아시아에 있는 모든 사람이 나를 버린 이 일을 네가 아나니"(딤후 1:15). 토저 박사는 아래와 같이 서술했다. "세상에서 위대한 사람들은 대부분 외로웠다. 외로움이란 성도가 그의 성스러움을 위해 지불해야 하는 대가인 것 같다."

지도자에게는 그를 옹호하는 자들이 있는 반면 격렬한 반대자들도 있음을 직시해야 한다. 따라서 지도자는 이러한 책임을 홀로 감당하기 위해 충분한 내적 자원을 가져야 한다. 그는 "하나님 이외에는 아무도 없다"라고 말할 수 있는 삶을 소유해야 한다.

자매나 딸의 격려도 없이
아버지나 아들의 함께함도 없이
홀로 땅 위에, 집 없이 물 위에서
내 일이 다할 때까지 외로움을 참으리.

-마이어스(F. W. H. Meyers)

피로

"세상은 지친 사람들에 의해 움직이고 있다." 이 진술이 도전이 될 수 있다면, 그 단언에는 한 가닥 진실 이상의 의미가 있다. 점점 증가되는 요구는 지도자의 정신적 자원들을 소모시키며 체력이 튼튼한 사람도 피곤하게 만든다. 그러나 지도자는 회복하기 위한 방법을 알아야 한다. 바울은 그 비결에 정통하였다. "그러므로 우리가 낙심하지 아니하노니 우리의 겉 사람은 낡아지나 우리의 속사람은 날로 새로워지도다"(고후 4:16). 주님께서도 사역하실 때 지치셨다. 그래서 우물가에서 쉬기도 하셨다(요 4:6). 열두 해를 혈루증으로 앓던 한 여자가 믿음으로 예수님의 옷에 손을 대었을 때, 예수께서 "그 능력이 자기에게서 나간 줄을 곧 스스로 아셨다"고 하였다(막 5:30). 참으로 계속되는 선행도 능력이 나가는 것과 억센 힘의 소비가 없이는 행해질 수 없다. 영성의 안전한 현상 유지에만 급급한 사람은 지도자의 자질이 없다. 만일 지도자가 기꺼이 다른 사람들보다 더 일찍 일어나고 늦게 자며, 그의 동료보다 더 열심히 일하고 부지런히 연구하지 않는다면 그는 자기세대에서 영향력 있는 지도자가 될 수 없다. 또한 지도자로서 기꺼이 피곤의 대가를 지불하지 않는다면, 그는 월등한 체력과 활동력을 가진 사람이 아닌 평범한 인간 밖에 되지 않을 것이다. 그러나 현명한 지도자라면 회복과 재창조를 위한 적당한 기회를 포착하게 될 것이며, 그렇지 않은 사람은 결국 자신의 유용성과 사역을 제한시킬 것이다.

이집트에 있는 더글라스 손튼은 선교사협회의 총무에게 이렇게 편지를 썼다.

> 그러나 나는 지쳐 있습니다! 나는 이제 너무 지쳐서 일을 할 수 없게 되었고 너무 피곤해서 잠을 이루지 못하고 편지를 쓰고 있습니다… 사람들은 내가 나이에 비해 너무 늙었다고 말하고, 의사들은 과로를 줄이지 않는다면 오래 살 수 없다고 합니다. 내 아내는 나보다 더 지쳐 있습니다. 그녀는 얼마동안 완전한 휴식이 필요합니다. 오, 본국에 있는 교회가 우리를 도울 수 있는 이 기회를 절반이라도 깨닫고 있다면! 아무도 이 부르짖는 소리가 들리지 않습니까? 제발 우리를 도와주십시오.[5]

---

5) W. H. T. Gairdner, *Douglas M. Thornton* (London: Hodder Stoughton, n.d.), 225.

선교사로 나간 지도자들은 그들의 시대에 주어진 선교의 기회를 붙잡기 위해서 육체적 수고의 대가를 기꺼이 지불했다. 성스러운 젊은 스코틀랜드의 목사인 로버트 맥체인(Robert M. McClieyne)이 29세의 나이로 죽어가면서, 자기 옆에 앉아 있는 친구를 바라보며 이렇게 말했다. "하나님께서는 나에게 전해야 할 말씀과 타고 다닐 말(사역의 기회)을 주셨어. 아, 나는 그 말을 죽였으며 이제 나는 말씀을 전할 수가 없구려." 그 지친 말을 죽도록 매질하는 것은 아무런 유익이 없다.

비판

"파괴적인 비판처럼 지도자의 능력과 주도권을 죽이는 것은 없을 것이다. 그 파괴적인 영향은 과소평가할 수 없다. 그것은 인간사고 과정의 능력을 방해하고 잘라버리기 쉽다. 그것은 책임을 잘 수행해나가는 그의 능력 안에서 그의 자존심을 조금씩 침식시키며 자기도 모르는 사이에 확신을 갖지 못하게 한다."[6]

어떤 지도자도 비판에서 제외될 수는 없으며, 이런 비판을 받아들이고 반응하는 태도에서 지도자의 인격은 더욱 명확하게 드러난다. 프레드 미첼이라는 한 젊은 목사가 편지에 이렇게 적었다.

---

6) R. D. Abella, *in Evangelical Thrust* (Mamla, n,d).

누군가에게 당신이 비판받고 있는 것을 당신이 축복으로 누리고 있다는 것은 무척 기쁜 일입니다. 그런 경우 심한 공격이 오히려 친절함을 가져오게 될 것입니다. 내 아내와 내 자신에게 커다란 도움이 되었던 한 말씀이 있습니다. "우리에게 무슨 일이 일어났는지가 중요한 것이 아니고 우리에게 일어난 일에 대한 우리의 반응이 더욱 중요한 것입니다." 나는 당신이 더욱 더 비판을 기대해야 한다고 생각하는데, 그 이유는 책무가 늘어감에 따라 이것은 불가피하기 때문이다. 그것 때문에 사람은 하나님과 함께 겸손하게 동행하며, 하나님께서 원하시는 행동을 취하게 됩니다.[7]

순전한 거룩함으로 탁월했던 사무엘 브랭글도 신랄한 비판을 받았다. 그러나 그는 친절한 대답이나 자기 정당화로 호소하는 대신에, "진정으로 나는 당신의 책망에 대해 감사를 드립니다. 나는 그것을 받을 만하다고 생각합니다. 그렇지만 나의 친구인 당신께서 기도로 이와 같은 저를 기억해 주시겠습니까?"라고 대답했다. 또 한 번은 그의 영적인 생활에 대해 신랄하고 비판적인 공격이 가해졌는데 그의 대답은, "내 생활에 대한 당신의 비판에 감사를 드립니다. 저는 이 일로 인해 내 생활을 돌아보고 하나님께 기도하게 되었습니다. 그리고 나로 하여금 예수님을 전적으로 의지하는 깊은 믿음을 갖게 하였고 그분과 더 달콤한

---

7) Phyllis Thompson, *Climbing on Track* (London: China Inland Mission, 1954), 116.

교제를 할 수 있도록 나를 인도했습니다."[8]

이런 태도를 가짐으로, 비판은 저주에서 축복으로 변하게 되며, 부채에서 자산으로 바뀌게 된다.

거절

높은 영적 수준을 유지하는 지도자는 가끔 거절하면서 주님의 길을 따라가는 자신을 발견하게 될 것이다. "그가 자기 백성에게 오매 자기 백성이 영접치 아니하였다"는 주님의 경험을 겪게 된다. 물론 항상 그런 것은 아니지만 많은 경우 이런 경험을 갖는다.

그레고리 맨틀(Gregory Mantle) 박사는 한 동료목사가 시무하는 교회의 회중들이 그의 설교를 받아들이는 것을 끝까지 거절한 이야기를 했다. 그 목사는 자기의 양떼들을 푸른 초장과 잔잔한 물가로 인도하기를 원했지만, 그 성도들은 인도받기를 거절하였다. 불경건한 행동으로 성가대는 그런 일에 앞장을 섰다.

목사는 더 이상 어쩔 수 없게 되자 성가대에게 해산을 권유했다. 성가대는 해산되었지만 그들은 성도들을 책동하여 주일 예배 시간에 어떤 찬송도 부르지 않기로 뜻을 모았다. 그 결과 어떤 찬송을 해도 목사 혼자서만 했으며 성가대와 회중들은 그의 계획을 좌절시키는 데 가담하였다. 얼마 동안 이런 상태가 계속되었고 목사는 크게 낙심하여 발생

---

8) C. W. Hall, *Samuel Logan Brengle* (New York: Salvation Army, 1933), 272.

하는 사태에 따라 당황하기 시작했다.

하나님께서 그에게 말씀하셨을 때 그는 어찌할 바를 몰랐다. 하루는 그가 공원의 벤치에 앉아서 노래하고 있을 때 찢어진 신문지 조각을 보게 되었다. 그 신문지 조각에는 그의 필요에 아주 적합한 메시지가 담겨 있었다. 그 내용은 다음과 같다.

무엇보다도, 사람이 완전히 거부당할 때
비로소, 그 사람은 인정을 받게 된다.

그는 더 이상 아무것도 필요 없었다. 그는 그리스도를 위해 완전히 거절당했으며, 그 사실에 대한 깨달음은 가장 열매 맺는 사역의 시작이 되었다. 사람에게 완전히 거절당했을지라도, 그는 하나님께 전적으로 인정받았던 것이다.

하나님의 확실한 부르심에 대한 반응으로 심슨 박사가 목사직을 사임했을 때, 그는 빈곤하게 되고 멸시당하고, 버림받게 되는 것의 의미를 배우게 되었다. 그는 5천 달러의 사례금과 미국의 가장 큰 도시에서 유력한 목사의 위치, 그리고 별로 힘들지 않는 일에 협력해달라는 교단의 모든 요구를 포기하였다. 그는 자기에게 딸린 대가족과 실패를 예상하는 옛날의 동료, 그리고 가장 친한 목사들과 함께 따라오는 자도 없고, 조직체도 없으며, 재정적인 힘도 없이 어느 대도시에 있었다. 그는 동정을 기대했던 사람들에게도 오해를 받고 어디를 가나 거절당했기 때문에, 가끔 길바닥의 돌들을 내려다보았다고 말한 적이 있다.

"남들이 전혀 가지 않는 울퉁불퉁한 길을 한 마디 불평도 없이 기쁨으로 걸어갔다. 그는 비록 자기가 불과 물을 통행할지라도, 그곳은 풍부한 곳으로서 거룩하게 임명받은 길임을 알았다."9)

마침내 심슨 박사가 인도된 곳은 풍부한 곳이었다. 그는 죽기 전, 16개 지역에 수백 명의 선교사를 보냈고, 선교사를 훈련시키는 5개의 학교를 남겼으며 한 걸음 더 나아가 영적인 영향력을 줄 수 있는 수많은 회중들을 미국과 캐나다에 남겨두었다.

"무리들은 가끔 지도자가 죽은 뒤에야 비로소 그 지도자를 인정하게 된다. 그리고 그들은 지도자가 살았을 때 그 지도자에게 던진 돌로 그를 위해 기념비를 세운다."10)

압력과 난처함

하나님과 계속적으로 관계를 맺어온 사람은 어려운 상황일수록 하나님의 뜻을 쉽게 분별할 수 있다. 그러나 그 반대의 경우도 있다. 하나님은 지도자를 성숙한 성인으로 간주하여 지도자 자신의 영적 분별력에 모든 것을 맡기고, 그의 초창기 때 있었던 민감하고 명백한 하나님의 인도하심의 증거들을 보여주시지 않을 때가 있다. 이런 난처함은 어

---

9) J. Gregory Mantle, *Beyond Humiliation* (Chicago: Moody, n.d.), 140-1.
10) Cowman, 258.

떤 책임 있는 직무에서 부수적인 피할 수 없는 압력들을 더한다. 자기 계시의 어느 순간에 호스트는 친구에게 이렇게 말하였다.

"입력! 매우 압박을 느끼며 이곳에서 저곳으로 전전하고 있다… 당신의 삶의 모든 시기는 변화되고 있다. 나를 힘들게 하는 압력들이 2년 동안 계속되었다. 얼마나 무서운 일이었는가! 나는 절반이나 죽었다. 그러나 그때 이후로 나는 준비할 수 있었다.

또한 다른 것들이 개발되기도 했다. 주님께서 한편으로는 당신을 편안하게 또 한편으로는 당신에게 새로운 것을 부여하는 것이다. 그러나 내가 그리스도의 삶 가운데 깊이 들어갈수록 주님은 때때로 우리에게 주님의 임재 의식 또는 그분의 도움에 대한 의식을 주시기 원하지 않으심을 많이 경험하게 된다. 이 점에 대해 다시 허드슨 테일러는 나에게 많은 도움을 준다. 우리는 지금 인도함에 대해서 이야기를 나누고 있다.

그는 그의 젊은 시절에 하나님의 인도가 얼마나 신속하고 확실하게 나타났던가를 이야기하곤 했다. "그러나, 내가 계속해서 앞으로 나아갔을 때, 하나님께서는 나를 더욱 더 사용하셨다. 하지만 나는 가끔 안개 속을 따라가고 있는 것처럼 생각되었다. 나는 때로 무엇을 할 것인지 전혀 알지 못하였다."[11]

---

11) Phyllis Thompson, *D. E. Hoste* (London: China Inland Mission, n.d.), 130-31.

그러나 행동할 때가 되면 하나님께서는 자기의 종의 기대에 항상 신실하게 응답하셨다.

다른 이들에게 값을 치르게 함

어떤 사람이 지도자 자격을 부여받을 때 자신보다 다른 사람들에 의해 지불되어야 하는 희생이 있다. 그들은 때때로 더욱 중대한 값을 지불해야 한다. 저술가로서 인정받고 있는 프레드 미첼이 중국 내지 선교회의 영국 대표가 되어달라는 요청을 받게 되었을 때 그는 자기 자신뿐 아니라 자기를 사랑했던 사람들이 또한 값을 지불해야 되는 것을 깨닫게 되었다.

나의 손은 이미 가득 찼으며, 나는 더 많은 일을 위한 욕심도 없다. 나는 오랫동안 충분하게 살았으며, 더 이상 어떤 지위를 구해서는 안 된다는 것을 알아야 할 정도로 이미 충분한 책임을 가졌었다. 또한 이런 책임은 중대한 값의 지불을 수반해야 했었다.

그는 나중에 자기의 한 자녀에게 편지를 썼다.

내 마음이 심히 아팠단다. 그리고 내 중심 가운데 후회가 되는 것은 내가 더욱 많이 어머니와 너희들에게 내 자신을 줄 수 없었다는 것이다. 추수할 곡식은 많고 일꾼은 모자랐고 그것은 나에게 요구가 많았음을 의미한단다. 나는 내가 소홀히 한 것을 정당화하지 않겠다… 우리 주 예수를 위하여 치른 너희들의 희생이 반드시 보상되리라고 나는 믿는다.[12]

불리한 의견에 대한 반응

바울은 이 점에서 가치 있는 귀감이 되었다. 사람들이 아닌, 하나님을 좋게 하려는 것이 그의 열망이었다. "이제 내가 사람들에게 좋게 하랴 하나님께 좋게 하랴 사람들에게 기쁨을 구하랴"(갈 1:10).

그는 동료들의 판단으로 인해 요동하지 않았다. "너희에게나 다른 사람에게나 판단 받는 것이 내게는 매우 작은 일이라… 다만 나를 판단하실 이는 주시니라"(고전 4:3-4). 세상은 그를 판단할 수 없었다. 그는 사람들의 비판이 자기에게 괴로움이 될 수 없다고 생각했는데 그 이유는 바울의 마음은 하나님을 향하는 마음 하나였기 때문이다(골 3:22). 그러나 인간의 비판에 무관심한 것이 하나님을 두려워하는 것과 연관성이 없을 때는 비참할 수밖에 없다. 그러나 이러한 의지가 하나님께 영광 돌리는 것을 목적으로 하는 훈련된 사람에게는 가치 있는 자산이 된다. 바울에게는, 그의 귀가 하나님의 평가의 커다란 목소리에 집중되었기 때문에 사람의 목소리는 약하게 들렸다. 또한 더 높은 심판대 앞에 설 것을 의식했기 때문에 사람의 판단을 두려워하지 않았다(고후 8:21).

---

12) Phyllis Thompson, *Climpson on Track*, 115. Climbing.

16

지도자의 책임

> 날마다 내 속에 눌리는 일이 있으니
> 곧 모든 교회를 위하여 염려하는 것이라(고후 11:28)

　지도자 자격에 대해 예수님은 섬기는 것을 말씀하셨으며, 이것은 세상적이거나 영적인 영역을 막론하고 진실이다. 몽고메리 경은 자기의 군대 생활에서, 간부는 군대의 종이 되어야 하고, 훌륭한 장교는 그의 지휘관과 군대를 섬겨야 하지만, 자기 자신은 세상에 알려져서는 안 된다는 것을 주지하도록 했다고 한다.

　브루스 박사는 그의 저서 『열두 제자의 훈련』에 이렇게 기록하고 있다. "다른 왕국에서는 섬김 받는 자가 특권을 누리지만 거룩한 국가에서는 섬기는 것이 특권이라고 생각하는 자들이 통치하게 된다." 프린

스톤의 맥케이(John A. Mackay) 박사는 "종의 모습은 기독교의 필수적인 모습이다"라고 주장했다. 하나님의 아들이 하나님의 일을 이루기 위하여 하나님의 종이 되었다. 이와 같은 모습은 그리스도인 개인, 선교회 그리고 교회들이 하나님께서 주신 사명을 어떻게 성취하는가의 방식과 기준을 마련해준다.

참된 지도자는 그 자신의 안락과 특권보다도 다른 사람의 복지를 우선적으로 생각해야 한다. 그리고 자신들의 문제와 어려움과 걱정으로 가득 찬 자기 밑에 있는 자들에게 연민과 관심을 나타내야 한다. 그러나 그것은 마음을 약하게 하는 것이 아니라 견고하게 하고 기운을 북돋아주는 연민이다. 그는 언제나 자기 수하에 있는 자들의 신뢰가 주님께로 향하도록 해야 한다. 그는 위급한 경우를 도움을 위한 새로운 기회로 삼는다. 하나님께서 모세의 뒤를 이을 지도자를 선택할 때, 하나님께 충성스러운 종으로 입증되었던 여호수아를 택하셨다는 것은 주목해 볼 가치가 있다(출 33:11).

성공적인 지도자 자격을 갖추었던 테일러에 대한 몇 가지의 숨은 이야기를 그의 계승자인 호스트가 이와 같이 말하였다.

"우리 가운데 그가 감화를 준 또 다른 비결은 그의 커다란 연민과 복지를 위한 사려 깊은 동정과 그와 관계된 사람들을 평안하게 해주는 데 있었다. 그는 높은 수준의 자기희생과 심지어 자기 앞에 놓인 고통에도 불구하고 항상 다른 사람들을 다정함과 연민으로 대했다. 그는 자기 형제들의 결점과 실패에서도 부드러움과 인내를 나타냈으며, 이러한 면은 그들이 높은 수준의 헌신에 도달하는 데 큰 영향을 주었다."[1]

지도자의 또 다른 책임은 징계하는 것이다. 이런 책임은 무거운 짐이며 사실 달갑지도 않다. 어떤 교회나 종교 단체에서 특별히 믿음과 윤리와 그리스도인의 행위의 건전함에 관해서 거룩한 수준이 유지되려면, 경건하고 충실한 훈련이 필요하다.

바울은 징계를 베푸는 사람들에게 요구되는 정신을 다음과 같이 규정했다.

"형제들아 사람이 만일 무슨 범죄한 일이 드러나거든 신령한 너희는 온유한 심령으로 그러한 자를 바로잡고 너 자신을 살펴보아 너도 시험을 받을까 두려워하라"(갈 6:1). 모든 징계의 행위에서 근본적인 요건은 사랑이다. "원수와 같이 생각하지 말고 형제 같이 권면하라"(살후 3:15). "그러므로 너희를 권하노니 사랑을 그들에게 나타내라"(고후 2:8). 자기 자신의 실패와 결점들을 솔직하게 대처했던 사람은 다른 사람들의 실패를 다루는 데에서도 호의적이면서 견고한 태도를 취하는 최고의 자질을 갖추게 된다. 온유한 심령은, 비판적이고 흠잡기 좋아하는 영성 이상의 것을 성취할 것이다.

---

[1] 1. Phyllis Thompson, *D. E. Hoste* (London: China Inland Mission, n.d.), 217.

징계를 필요로 하는 문제에 접근할 때는 다섯 가지 요지를 마음에 새겨야 한다.

① 가장 철저하고 편견이 없는 조사를 한 후, 취해져야 한다.
② 사역과 개인 모두에게 이롭다고 생각될 때 행한다.
③ 항상 사랑하는 마음 가운데서 행해야 하고, 매우 사려 깊은 태도에서 행해져야 한다.
④ 언제나 영적인 필요와 위반자의 복귀를 고려해야 한다.
⑤ 많은 기도로 행해져야 된다.

세 번째 책임은 인도하는 것이다. 영적 지도자는 자기가 어디로 가고 있는지를 알아야 하며, 동방의 목자들처럼 자기 양떼 앞에 있어야 한다. 이것이 목자장의 방법이었다. "자기 양을 다 내놓은 후에 앞서 가면 양들이 그의 음성을 아는 고로 따라오되"(요 10:4). 토저는 이렇게 말했다. "이상적인 지도자는 하나님의 음성을 듣는 사람이며, 그 음성이 자기와 자기 양떼들을 부르는 곳으로 양떼들을 인도하는 사람이다." 바울은 고린도 교인들에게 이렇게 권면했다. "내가 그리스도를 본받는 자가 된 것 같이 너희는 나를 본받는 자가 되라"(고전 11:1). 바울은 자기가 누구를 따라가고 있으며 어디로 가고 있는지를 알았기 때문에 그들에게 자기를 따라오라고 권면할 수 있었다.

그러나 아무리 경건하다고 해도 자기 의지가 확고한 사람들을 인도한다는 것이 간단한 일은 아니다. 지도자는 무자비하게 자기의 뜻을 고집해서는 안 된다. 호스트는 이 사실을 강조했다.

이와 같은 일을 수행함에 있어서 지도자는 제멋대로 하려고 하는 유혹의 세력과 반대를 이겨낼 준비가 되어 있어야 하고, 그들이 비록 본질적으로 건전하고 유익하다 할지라도 몇 사람에 의해서 그 같은 영향이 승인되어서는 안 된다. 허드슨 테일러는 여러 번에 걸쳐 건전하고 도움이 되는 계획들을 어쩔 수 없이 크게 수정하거나 포기해야 했다. 그는 때때로 결정적인 반대에 부딪치기도 했으며 또한 현안 문제의 변화로 제거되거나 경감될 수 있었던 것들보다 더 심한 악을 초래하는 경우도 있었다. 그러나 나중에, 기도 안에서 끊임없는 인내의 결과로 그런 계획들이 실행될 수 있었다.[2]

지도자의 직무에서 한 가지 중요한 기능은 시작하는 것이다. 어떤 이들은 새로운 모험적인 일을 시작하기보다는 얻은 것을 보존하려는데 급급하며, 열정을 산출하기보다 규칙을 유지하는 데 마음을 쏟는다. 진정한 지도자는 비전이 있어야 할 뿐만 아니라 모험을 좋아해야 한다. 그는 단지 대비하는 사람이기보다는 오히려 주도권을 쥔 사람이어야 한다. 대부분의 사람들은 안전하게 살기를 좋아하지만, 바울은 안전하게 살지 않았다. 그는 예상되는 위험들에 유의하며 기도하는 마음으로 대처해 나갔다.

지도자는 진행하기 위한 계획들을 주도하든지 다른 이들의 계획을

---

2) Ibid., 158.

인정하든지 해야 한다. 그는 뒤에 있는 자들을 인도하고 방향을 설정해주기 위해 앞에 있어야만 한다. 그는 일어날 일들을 기다리는 것이 아니라 그 일들이 일어나게 해야 한다. 그는 자발적으로 계획을 착수하는 사람이며, 언제나 개선된 방법들을 찾아내는 사람이어야 한다. 그는 새로운 생각들을 자발적으로 시험하고자 할 것이다.

로버트 스티븐슨(Robert L. Stevenson)은 안전, 무난, 신중의 태도를 '무서운 바이러스'[3]라고 지적했다. 허드슨 테일러는 안전 위주로 행하지 않았다. 한결같이 일정불변하게 그가 취했던 놀랄만한 믿음의 발걸음은 당돌한 계획이라는 비난을 받았다.

그러나 어느 것도 그를 제지할 수 없었으며 오늘날의 역사는 그의 편이 되었다. 교회와 선교의 역사에서 가장 위대한 성취는 하나님이 함께하심으로 어려운 위험에 직면해서도 용감하게 대처한 몇몇 지도자들의 성과였다.

상당수의 실패는 새로운 생각을 가진 대담한 실험의 결과라기보다는 오히려 지나친 조심 때문에 일어났다. 최근에 기독교와 전 세계적으로 크게 공헌을 하여 명성을 얻었던 한 친구가 필자에게 자기의 삶을 돌이켜보며 말하기를, 자신이 실패했던 일들의 주요 원인은 자기가 대담하지 못했기 때문이었음을 알고 놀랐다고 하였다. "하나님 나라의 확장은 결단코 조심하는 여자와 남자들에 의해서는 촉진될 수 없다."

---

3) Robert Lewis Stevenson, *in The Reaper*, May 1961, 9.

라고 모월(H. W. K. Mowll) 부인은 말했다.[4]

지도자는 자기 주위에 있는 조심스러운 사람들의 권고를 무시할 수 없다. 그들은 가끔 지도자를 무익한 실수로부터 구할 것이다. 그러나 만일 자신의 비전이 하나님의 비전이라고 느낀다면 지나친 조심 때문에 자기의 주도권이 억제되지 않도록 경계해야 한다. 뿐만 아니라 그는 자신과 다른 사람들이 담대하게 믿음의 거보를 내딛도록 부르시는 하나님의 초청에 대해 사람들의 제지를 받아서는 안 된다.

지도자의 필수 불가결한 기능은 책임을 지며 기꺼이 그 책임을 수행하는 것이다. 만일 그에게 이것이 준비되지 않았다면, 그 직분을 맡기에 부적격하다. 또한 지도자가 자신의 위치에서 일어나기 쉽고 더욱 부담이 되는 어려운 난관들을 부담스럽게 여겨 피하려고 한다면 그의 영향력은 그 정도에서 제한되고 만다.

여호수아는 위대한 지도자 모세의 발걸음을 따르는 데서 성가신 책임을 주저하지 않고 받아들임으로 그의 지도자적 자질을 나타냈다. 여호수아는 모세보다 자신의 부적당함을 변명할 더 큰 이유가 있었지만, 모세가 자기의 부적당함을 변명한 것과 같은 죄를 반복하지 않았다. 대신에, 그는 일에 대해서 신속하게 책임을 인정했고 자기 자신을 그 일에 드렸다.

엘리야가 죽음을 보지 않고 승천할 때, 엘리사는 자기 주인에 의해

---

4) Marcus Loane, *Archbishop Mow II* (London: Hodder Stoughton, 1960), 249.

맡겨진 선지자의 직분에 대한 책임을 주저하지 않고 떠맡았다. 그는 떨어진 겉옷으로 주어진 권위를 받아들였고 지도자가 되었다. 각각의 경우에서 결정적인 요인은 거룩한 부르심에 대한 확신이었다. 확실한 소명이 인정되면, 아무도 하나님께서 맡기시는 책임을 주저할 필요가 없다. 하나님께 쓰임 받았던 사람들의 내적인 삶을 성찰하면서 그들의 영적인 효과 면에 기여했던 몇 가지 요소들을 살펴보면 용기를 얻게 될 것이다.

막중한 책임들을 수행했던 벤슨(Benson) 대주교는 그가 인생을 살면서 지켰던 규칙들을 『로버트 스피어의 일생』이라는 책에 기록하고 있다. 이것은 우리에게 큰 도전과 감동을 주고 있다. 비록 그가 다른 시대에 살았다고 할지라도, 그의 많은 규칙들은 계속해서 우리와 관련이 있으며 우리에게 유익이 될 만하다.

- 하루의 중요한 일을 시작하는 데 꾸물거리지 말 것.
- 일이 많다거나 시간이 부족하다고 투덜대지 말 것이며 모든 시간을 사도록 할 것.
- 편지 답장할 때 괴로워하거나 투덜대지 말 것.
- 주어진 일에 고통을 느낌으로 맡겨진 일을 확대해서 보지 말며, 자유와 기뻐함으로 모든 것을 처리할 것.
- 복잡한 일이나 하찮은 경험에 지나치게 신경 쓰지 말 것.
- 어떤 사람을 혹평하기에 앞서, 그를 향한 하나님의 진정한 사랑을 얻을 것. 네가 알고 있는 것과 네가 고려할 수 있는 모든 것이 확실한가를 점검할 것. 그렇지 않다면 아무리 좋은 의도로 누군가를 자극하기 위해 책망했다 할지라도 그 결과는 아무 효과도 없으며 유익도 없을 것이다.
- 다른 사람에 관해서는 되도록 침묵을 지키고, 분별없이 모든 것을 믿지

않으며, 이야기한 것을 마구 지껄이지 않는 것이 화평을 위해 잘하는 것이다.
- 과거의 자기봉사에 대한 찬사, 감사, 존경을 윗사람이나 동년배에게 구하지 말 것.
- 자신의 충고나 의견이 관철되지 않을 때 불쾌한 감정을 가지지 말 것.
- 자신을 다른 사람과 대조할 때 유리한 위치에 놓지 말 것.
- 자신과 관계있는 말을 하려고 애쓰지 말 것.
- 아무런 호의나 동정을 구하지 말고, 상냥함을 구걸하지 말 것.
- 비난을 나누거나 퍼뜨리는 것을 참을 것.
- 자신이 계획한 것과 실행한 것에 대한 명예가 다른 사람들에게 주어질 때, 방해하지 말고 오히려 감사할 것 등이다.

17

지도자 자격에 대한 엄격한 시험

그 일 후에 하나님이 아브라함을 시험하시려고(창 22:1)

그 때에 예수께서 성령에게 이끌리어
마귀에게 시험을 받으러 광야로 가사(마 4:1)

지도자 자격에 대한 시험뿐 아니라 지도자 자신을 시험하는 것이 있다. "그 일 후에 하나님이 아브라함을 '시험'하시려고"라는 말씀은 이 문제에 대한 영원불변한 원리를 나타내고 있다. 누구든지 영적 권위를 부여받게 되면, 그 뒤에는 반드시 시험에 따르게 된다.

타협

타협은 합의에 도달하기 위해 어떤 부분을 포기하는 원리를 말한다. 우리의 수준보다 더 낮은 것에 동의할 때 언제나 퇴보한다. 합의하기 위해 타협하지만 결과적으로 그것은 거의 수준 이하의 상태에 머물고 만다. 모세와 바로의 웅장한 경쟁은 타협에 대한 진보적인 시험(유혹)의 고전적인 예를 제공하고 있다. 바로는 여호와를 섬기기 위해 이스라엘 백성들을 출애굽하려는 모세의 확고한 의지를 알았을 때, 모세를 좌절시키기 위해 그의 모든 계략을 사용했다. "네가 원한다면 하나님께 희생을 드리라. 그러나 그것을 행하는 데 굳이 애굽을 떠날 필요가 있겠는가, 너 있는 곳에서 하나님께 희생을 드리라"는 것이 첫 번째 제안이었다. 오늘날로 말할 것 같으면 "종교를 소홀히 해서는 안 되지. 그러나 세상을 제한하거나 세상과 완전히 관계를 끊을 필요는 없어"라는 말과 같다.

첫 번째 제안에 실패했을 때 바로는 "내가 너희를 보내리니 너희가 너희의 하나님 여호와께 광야에서 제사를 드릴 것이나 너무 멀리 가지는 말라"고 다시 제안했다. 다시 말하면 "종교란 좋은 것이고 필요하지만, 너무 광신적으로 믿으면 안 돼. 너희가 할 수 있는 한 세상과 가까이 하면서 믿어라"이다.

그의 다음 제안은 자연적인 감정을 이용하였다. "너희 남자만 가서 여호와를 섬기라. 그러나 여자와 어린 것들은 동반하지 말라" 즉 이 말은 "너희가 정 원한다면 너희 자신들은 세상과 관계를 끊어라. 그러나 너희 가족들까지도 너희와 같은 수준으로 이끌기 위해 그들이 세상적으로 나가는 것을 방해할 만큼 너무 과격해서는 안 돼"라는 말이다.

그의 마지막 시도는 자기들의 탐욕스러움과 물질적인 것에 대한 사랑에 호소하였다. "너희는 가서 여호와를 섬기되 너희 양과 소는 머물러 두고 너희 어린 것은 너희와 함께 갈지니라" 즉 "너희와 사업에 대한 관심과 활동이 너의 신앙생활과 서로 갈등을 느끼면서까지 올바른 종교적 확신을 유지하려고 고집할 필요는 없어"라는 의미와 같다.

모세는 확실한 영적 통찰력으로 각각의 그럴듯한 제안을 꿰뚫어 보았으며, 그의 대답은 뚜렷하고 확고하였다. "한 마리도 남길 수 없나이다"(출 8:25, 28, 10:11, 24, 26). 그래서 모세는 그의 지도자 자격에 대한 첫 번째 시험을 영광스럽게 통과하였다.

야망

모든 위대한 지도자들처럼, 모세도 야망에 대한 시험을 받았다. 모세가 하나님과 함께 시내산에 있는 동안 이스라엘이 우상숭배에 빠졌으므로 하나님은 거룩하신 노를 발하셨다. "그런즉 나대로 하게 하라 내가 그들에게 진노하여 그들을 진멸하고 너로 큰 나라가 되게 하리라"(출 32:10). 이스라엘의 고질화된 불평과 불신은 이미 모세에게 커다란 시련이었고 이 제안은 자기향상을 꾀할 수 있고 그의 무거운 부담을 덜게 되는 놀라운 기회임과 동시에 정녕 미묘한 테스트였다. 더욱이 그 제안에 주도권을 잡으신 분은 하나님이셨기 때문에, 시험은 더욱 엄격하였다. 우리는 하나님의 말씀에 대한 모세의 반응에서 그의 사심이 없음과 인격의 고귀함을 더 확실하게 찾아볼 수 있다. 모세의 관심은 오로지 하나님의 영광과 자기 백성의 행복뿐이었다. 그의 고상한 마음속에

한 순간도 자기를 크게 하려는 생각은 없었다. 모세는 하나님을 대담하고 끈질기게 붙잡고 늘어졌으며, 이러한 그의 중보로 신앙을 버린 민족에 대한 하나님의 심판을 막을 수 있었다.

불가능한 상황

"그는 어떻게 불가능한 상황들을 대처해나갔는가?"는 존 모트가 직면한 지도자 자질에 대한 시험 중 하나였다. 그는 쉬운 일보다 오히려 불가능한 일들을 처리함으로 지도자들을 격려하는 지도력을 보였는데 왜냐하면 이런 기회가 자기들의 능력을 발견하게 하며, 다른 사람들을 신임하도록 가르치고, 그들을 하나님께로 인도하기 때문이다. 그는 또 이렇게 말했다. "다른 사람들도 할 수 있는 사소한 일들에 매이지 않기를 바란다." 참된 지도자는 저해하는 상황 가운데서도 최선을 다해야 한다.

인류 역사에서 지도자들이 오늘날만큼 이렇게 해결할 수 없는 위기와 불가능한 상황에 집중적으로 직면했던 시기는 없었다. 결과적으로 우리는 생존하기 위해서 어려움과 함께 살아가는 것을 배워야 하고 이런 난관은 오히려 당연한 삶의 부분으로 간주되어야 한다.

모세는 이스라엘 백성이 홍해에 이르렀을 때 불가능한 상황에 직면하게 되었다. 한편에는 통과할 수 없는 바알스본(Baal Zephon)의 산맥들이 놓여 있었고, 다른 한편에는 지날 수 없는 사막이 있었다. 또한 그들 앞에는 건널 수 없는 홍해가 놓여 있었고, 뒤에는 바로의 군대들이 그들을 뒤쫓고 있었다. 그는 완전히 막다른 골목에서 낙담하여 불평하고 있는 백성들에게 침묵하고 있는 자신을 발견하였다. 이런 상황에서 백성들의 사기는 땅바닥에 떨어졌다. 백성들은 원망하기 시작했다. "애굽에 매장지가 없어서 당신이 우리를 이끌어내어 이 광야에서 죽게 하느뇨?" 그러나 믿음의 사람 모세는 하나님께 붙잡혀 있었다. 그 날의 그의 명령은 사기가 저하된 이스라엘 백성들에게 단순한 꿈과 같은 소리로 들렸으나, 사실 그것은 뛰어난 지도자의 표현이었다.

두려워할 수밖에 없는 상황이었지만 모세는 "두려워 말라!"고 외쳤다.

바로의 군대가 급히 그들을 공격해오고 있었을 때 "가만히 서서!"라고 하였는데 가만히 서서라는 의미는 죽음을 뜻하는 것이었다.

"여호와께서 오늘 너희를 위하여 행하시는 구원을 보라"(출 14:11-13).

이 탁월한 믿음의 선포에서, 모세는 불가능한 상황에 대한 시험을 영광스럽게 통과했으며, 그의 선언은 하나님에 의해 영광스럽게 옹호되었다. 마침내 그의 낙관하는 예언은 진실이 되었다. "너희가 오늘 본 애굽 사람을 다시는 영원히 보지 못하리라." 그들은 하나님의 구원하심과 자기들의 적이 모두 몰살되는 것을 보았다. 하나님께서 백성들을 잠잠하게 하시고 그들이 하나님을 신뢰할 때 불가능을 가능으로 바꾸시는 능력과 은혜를 나타내신 것은 정말 멋진 교훈이 아닐 수 없다.

중국 내지 선교에 있어서, 허드슨 테일러는 가끔 자신이 그러한 불가능한 상황에 직면하는 것을 경험했다. 그러나 이런 경험의 결과로서 그는 하나님을 위해 맡겨진 커다란 임무 안에는 항상 세 가지 국면 -불가능하다, 어렵다, 끝났다 -이 있었다고 말하였다.

당신은 당신의 인생에서
홍해와 같은 자리에 서 본 일이 있는가?
거기서 당신이 할 수 있는 모든 노력을 다한다 할지라도
빠져나갈 길도 없고 돌아갈 길도 없는 자리에
정말 그대에게 통과해야 할 다른 길은 없는가?
하지만 두려움의 밤이 사라질 때까지
조용히 신뢰함으로 주님을 기다리시오.
그분께서 당신의 영혼에 '앞으로'라고 말할 때
그분은 바람을 보낼 것이고
큰물을 산더미처럼 쌓을 수 있소
물벽이 흘러내리기 전에,
그분의 손이 그대를 인도하실 것이고
아무리 힘센 바다도 익사시킬 수 없고
어떤 원수도 그대에게 미칠 수 없고
어떤 파도도 그대를 건드릴 수 없을 것이요
일어나는 큰 놀은 물마루를 이룰 것이며
그대의 발에서 물거품은 부서져버리고
그러나 그대는 주님께서 만드신 그 길에서

신발을 적시지 않고 하천 바닥 위를 걸을 것이요
아침에 산뜻하게 말아 올린 구름을 바라보시오
그대는 오직 주님 한 분만을 보게 될 것이요
그분이 그대를 바다에서부터
그대가 알지 못하던 땅으로 인도할 때,
그대의 적들이 사라져갔던 것처럼
그대의 두려움들이 지나가게 될 때,
그대는 더 이상 두려워하지 않게 될 것이요
그대는 더 좋은 처소에서 그분을 찬양할 것이요
그분의 손이 함께하시던 곳에서.

-애니 플린트(Annie J. Flint)

실패

만일 우리가 물마루를 타고 있다고 생각되는 많은 사람들의 속마음을 볼 수 있다면, 우리는 몇 가지 놀랄만한 일들을 경험하게 될 것이다. 유명한 강해 설교가인 알렉산더 맥클라렌(Alexander Maclaren)은 어느 큰 집회에서 놀랄만한 연설을 한 후, 실패감에 사로잡혀 자리를 도망치듯 피한 일이 있었다. "나는 다시는 그런 경우에 말하지 않을 것입니다"라고 그는 소리쳤으나, 반면에 회중들은 축복과 감명을 받고 흩어졌다. 반동은 팽팽한 활이 다시 제자리로 돌아오는 것에서 나오는 반응이다. 이와 마찬가지로 우리는 우리에게 팽팽히 맞서오는 원수의 공격이 있음을 염두에 두어야 한다.

　지도자가 자기 자신의 실패를 대하는 태도는 그의 미래의 사역에 지대한 영향을 줄 것이다. 사람들은 베드로의 실패가 그 후 그리스도의 나라에서 지도자로 쓰임 받을 가능성의 문을 닫아버렸다고 판단하여 자신의 실패를 정당화시킬지도 모른다. 그러나 베드로의 깊은 회개와 예수님에 대한 그의 사랑은 더 넓은 범위의 봉사로 기회의 문을 다시 열었다. "죄가 더한 곳에 은혜가 더욱 넘쳤나니"(롬 5:20).

　성경에 나타난 인물들의 대부분은 몇 가지 점에서 실패한 사람들이었고, 몇몇 사람들은 격렬했으나, 좌절의 자리에 계속 누워있기를 거부한 것을 볼 수 있다. 그들은 대부분 실패와 후회 때문에 하나님의 크신 은혜를 얻게 되었다. 그리고 하나님께서는 실패했던 자녀들에게 또다시 기회를 주는 분이심을 그들은 알게 되었다.

　역사가 프라우드(Froude)는 이렇게 서술했다. "사람의 가치는 한 번의 큰 실패에 의해서가 아닌 그의 전체 삶에 의해서 측정되어야 한다. 미리 예고하였음에도 불구하고 사도 베드로는 첫 번째 위험의 자리에서 주님을 세 번 부인하였다. 그러나 그의 강점과 나약함을 아셨던 주님께서 그를 택하여 주님의 교회를 세우는 데 반석이 되게 하셨다."

　성공적인 지도자는 실패가 자신의 것이든지 아니면 다른 사람들의 것이든지 간에 어떤 실패도 최후가 될 필요가 없다는 믿음으로 행동한 사람들이다. 그는 자기가 항상 올바를 수 없다는 것을 인식하기 위해 현실적이어야 하며 따라서 실패에 대비하여 준비하는 것을 배워야 한다. 완전하거나 과오가 없는 지도자는 없기 때문이다.

질투

가끔 지도자 자격은 야망이 크고 질투가 많은 경쟁자들에 의해 도전받게 될 것임을 예상해야 한다. 모세의 영향력이 점점 커짐에 따라 모세도 이런 경험에 직면하게 되었다. 불평불만은 적수의 공통적인 무기이다.

모세의 지도자 자격에 대한 첫 번째 도전은 매우 비참하게도 그의 사랑하는 누이(미리암)와 형(아론)으로부터였다. 거룩한 부르심에 대한 모세의 헌신적인 반응이 없었더라면 그들은 아직도 애굽 십장의 채찍 아래서 괴로움을 당하고 있으리라는 것을 잊고 있었다.

미리암은 이때 초로의 여인이었으며, 하나님께서는 질투에 대한 악함과 추함을 그녀에게 가르치셔야 했다. 미리암은 모세가 구스 여자를 취한 것을 이용하여 모세의 권위에 도전하였고 중상모략을 선동하였다. 인종차별은 오늘날에도 존재하는 현상이 아니겠는가! 미리암은 이 방인을 취한 것을 원망했으며, 반역에 아론까지 끌어들였다.

미리암과 아론은 모세 다음의 지위에 만족하지 않았으며, 사탄의 선동에 이끌려 모세를 지도자의 자리에서 몰아내려고 시도했던 것이 분명하다. 그들의 질투는 하나님을 위한 열정적인 모습처럼 변장되었다. "여호와께서 모세를 통해서만 말씀하셨는가? 우리를 통해서도 말씀하시지 않았느냐?" 이처럼 그들은 하나님께서 허락하신 모세의 권위를 인정하기를 거부했다.

　모세의 반응은 모범적이었다. 깊은 상처를 받았음에도 불구하고, 모세는 이 중요한 문제가 자신의 특권이 아니고 하나님의 영광을 위한 것이었기 때문에 자기 자신을 옹호하지 않았다. 이와 관련하여 그의 독특한 성격인 온유함이 드러난 것이다. "이 사람 모세는 온유함이 지면의 모든 사람보다 더하더라"(민 12:3). 그러나 모세가 엄숙한 침묵을 지켰음에도 불구하고, 하나님께서는 자기 종의 권위에 대한 도전이 묵과되는 것을 허락지 않으셨다.

　왜냐하면 그것은 공적인 범죄였기 때문에, 공적인 심판과 처벌을 받아야만 했다. "미리암은 나병이 들려 눈과 같더라." 하나님의 이 단호한 처벌은 그가 비록 연약하고 실수가 있는 사람일지라도, 하나님의 기름부음을 받은 자에게 도전하는 죄의 심각함에 대한 하나님의 판단을 나타내셨다. 여기서 모세의 위대함은 빛을 발했다. 모세의 유일한 반응은 그의 누이를 위해 중보기도 하는 -하나님께서 자비롭게 응답하셨던 중보기도 -것이었다.

　지도자에 대한 교훈은 명백하다. 하나님께서 임명하신 위치에 있는 사람은 질투하는 적수들에 의해 도전받을 때 자기 자신이 변호하려고 애쓸 필요가 없다. 하늘에 계신 감독자의 손에 있으면 안전하며, 미리암에게 하신 주님의 책망은 풍성한 확신을 그에게 줄 수 있을 것이다. "너희가 어찌하여 내 종 모세 비방하기를 두려워하지 아니하느냐"(민 12:8).

　두 번째 도전은 모세와 아론에 대해 불합리한 질투를 품은 고라와 그와 연합한 자들에게서였다. 왜 그들만이 높은 자리의 특권을 누려야 되는가? 그들 자신들을 포함해서, 다른 사람들도 동등하게 지도자의 자리를 받을 만하고 자질이 있지 않는가? 모세와 아론만 하나님의 말씀을 전달하기에 적합하단 말인가? "너희가 분수에 지나도다. 회중이 다 각각 거룩하고 여호와께서도 그들 중에 계시거늘 너희가 어찌하여 여호와의 총회 위에 스스로 높이느냐"라고 그들은 비난하였다(민 16:3).

모세가 또다시 자기 자신을 변호하기를 거부하였으므로 하나님께서는 이 문제에 간섭하셔서 질투한 사람들에게 심판을 내리셨다. 두려움은 백성 위에 떨어졌고, 모세의 위신은 그 전보다 더 높아지게 되었다.

하나님께서는 자기가 부르시고 임명하신 지도자들에게 애정을 쏟으신다. 하나님은 그들을 영예롭게 하시고, 보호하시고, 그들을 변호하시며, 그들의 권리를 옹호하기 위해 모든 부족한 것을 그들에게서 제거하신다.

18

위임의 기술

> 이에 모세가… 이스라엘 무리 중에서 능력 있는 사람들을 택하여 그들을 백성의 우두머리 곧 천부장과… 십부장을 삼으매 십부장을 삼으매 그들이 때를 따라 백성을 재판하되 어려운 일은 모세에게 가져오고 모든 작은 일은 스스로 재판하더라(출 18:24-26)

지도자가 갖추어야 할 또 하나의 자격은 다른 사람들의 특별한 능력과 한계를 인식하는 능력과 각자에게 합당한 책임을 부여하는 데 있다. 가장 뛰어난 지도자는 다른 사람들을 통하여 일을 성취하는 사람이다. 사람들에 대한 판단력이 기민했던 드와이트 무디(Dwight L. Moody)는 자기가 천 명 몫의 일을 하는 것보다 차라리 일을 할 천 명의 사람들을 두는 것이 더 낫다고 말했다. 자기가 권위를 안심하게 이양할 수 있는 사람들을 선택하고, 실제로 권위를 이양하는 것이야말로 참된 지도자의 능력이다. 중국 내지 선교회의 호스트는 이렇게 말했다.

"널리 다양한 부류의 사역자들이 가진 은사를 평가하고 자신의 특성과 사역의 노선에 따라 그들을 돕는 기능은 우리의 임무에서 주의해야 할 주요한 자질이다."[1]

이 능력은 부적격자를 적합하게 하려고 애쓰는 데서 느끼는 좌절의 경험에서 지도자를 구할 것이다. 그러나 자신의 권위를 과시하고 즐기는 지도자들에게 언제나 이 책임 이양이 흥미 있는 것은 아니다. 이런 사람들은 책임양도에 대해서는 찬성할지 모르나 자신들의 손에 있던 권세의 고삐는 놓으려 하지 않는다. 그러나 그가 이렇게 경시하는 것은 공정치 못한 것이며 이런 태도로는 그의 사역에서 만족이나 효과를 입증할 수 없을 것이다.

그러한 태도는 지도자의 확신의 부족을 나타내며 최고의 협력을 일으키지 못한다. 뿐만 아니라 그것은 지도자 자격을 갖추기 위해 훈련받고 있는 사람의 가장 높은 능력을 찾아내지 못할 것이다. 그가 자기 임무를 지도자만큼 잘 해내지 못할지는 모르나 많은 경우, 우리는 경험을 통해 이것이 결코 사실이 아님을 체험한다. 기회를 준다면, 젊은 사람은 자기와 같은 시대의 경향을 더 잘 살필 수 있기 때문에 주어진 일을 더 잘 할 수 있다. 그러나 만일 이런 책임과 권위가 그에게 이양되지 않는다면 그가 어떻게 경험을 얻을 수 있을까?

"지도자가 사역을 이양시킬 수 있다는 것은 바로 지도자 자신의 성

---

1) Phyllis Thompson, *D. E. Hoste* (London: China Inland Mission, n.d.), 156.

공의 척도를 나타낸다." 한 사람의 활동이 그 사람이 이해할 수 있는 최대의 양보다 결코 더 커질 수 없다는 것은 진리이다. 그런데 어떤 지도자들은 현명한 부하들에 의해 자기 자리가 위협받고 있다고 느끼며 따라서 권위이양을 꺼리게 된다.

권한을 위임하는 데 실패한 지도자는 짐이 과중하게 되고 우선적인 책임을 소홀하게 될 뿐 아니라 부수적인 문제에 계속적으로 말려들게 된다. 또한 자기 밑에 있는 사람들의 숨겨져 있는 지도자 자질을 발견하는 데도 실패하게 된다. 오직 자기 자신만 일하는 것을 고집한다. 하지만 그것이 더 잘 될 것이라는 것은 근시안적인 정책일 뿐 아니라 보증되지 않은 자기 과대평가의 증거가 될 수 있다. 우선순위를 분별하는 데 세심한 지도자는 측량할 수 없을 정도로 자기 자신의 지도력의 유효성을 증가시킬 수 있다.

일단 권한을 위임한 것이 효력을 나타내려면 지도자는 자기 부하를 최고로 신임해야 한다.

선교사 협력기구 창설자인 심슨 박사는 그가 관계하기 어려운 다른 기관들의 책임을 다른 사람들에게 맡김으로 그들의 은사를 활용하였다.[2] 그는 그들이 성공하지 못한다면, 그것은 자신의 지도력에 대한 반영이라고 생각했다. 왜냐하면 그 지위에 알맞다고 그들을 선택한 자가

---

2) A. E. Thompson, *The Life of A. B. Simpson* (Harrisburg: Christian Publications, 1920), 208.

바로 자신이었기 때문이다. 밑에 있는 사람들은 결과야 어찌되었든지, 자기의 권한 내에서 행동하며 행동하는 데서 전적으로 지도자의 지지를 확신해야 된다. 또한 이것은 책임 영역이 명확히 정의되어야 하고 오해가 발생하지 않도록 문서에 기록해야 함을 전제하고 있다. 많은 불행한 상황들은 이렇게 하지 못함으로 일어난다.

존 모트 박사와 동역한 폴 수퍼(Paul Super)는 다음과 같이 기록했다.

> 폴란드에서의 최근 10년 동안 나의 가장 커다란 자원 중 하나는 그가 후원하고 있다는 확신이었다. 나의 가장 커다란 자랑은 그의 신뢰이다. 확실히 나의 가장 놀라운 사역의 동기 중 하나는 그의 후원에 힘입고 있는 가치이며 나에 대한 그의 기대에 부응하고자 하는 데 있다.[3]

책임과 권위위임에 대한 중요한 원리를 담고 있는 성경적인 예는 출애굽기 18:1-27에 기록된 모세의 장인 이드로의 충고이다. 비조직적인 노예의 무리들인 이스라엘이 애굽에서 벗어났다. 당시 이들은 새로운 민족정신이 성장하고 있었고, 조직적인 공동체를 형성하고 있는 중이었다. 이러한 새로운 공동체 질서는 모세에게 과중한 행정적인 부담들을 주었고, 모세는 이드로의 건전한 충고를 들어야 했다. 아침부터 저

---

3) B. Matthews, *John R. Mott* (London, Hodder & Stoughton, 1909), 364.

녁까지, 모세는 이스라엘 공동체에서 새롭게 생겨나는 문제와 분쟁들로 인해 백성들을 상대로 재판을 해야 했고, 이것을 이드로가 지켜보았다. 이때 모세는 입법과 사법의 기능 모두를 혼자 짊어지고 있었고, 백성들은 그의 결정을 하나님의 말씀으로 받아들였다.

이드로는 이런 문제들을 모세 혼자서 감당할 수 없음을 보고 모세의 책임들 가운데서 몇 가지에 대한 권한위임을 권고하면서 두 가지 강력한 이유를 제시하였다. 첫째로, "너와 함께 한 이 백성이 필경 기력이 쇠하리니 이 일이 네게 너무 중함이라 네가 혼자 할 수 없으리라"(18절). 육체적인 신경 소모에 따르는 힘의 소비는 한계가 있었으며 따라서 안전하게 앞으로 나갈 수 없었다. 둘째로, 지금의 방법은 문제 처리가 느리며, 자신들이 바라는 배려를 받지 못하기 때문에 백성들이 불만을 갖게 되리라는 사실이다. 그러나 책임을 분담하게 함으로 판결을 빨리 끝낼 수 있었고 백성들 또한 만족할 수 있었다(23절).

그때 이드로는 행위의 이중적인 단계를 제시했다. 모세는 하나님의 대리로서 영적인 원리를 가르치고 입법적인 기능을 집행하는 자로서 계속 일해 왔다. 또 자기는 자기대로 하나님께 어려운 문제들을 가져왔을 것이다(16, 19-20절). 모세는 해결할 수 없는 이 무거운 부담을 가볍게 하기 위해 능력을 갖춘 재판관들에게 지금까지 집행했던 재판의 기능들을 위임해야만 했다. 이것은 현명한 충고였는데, 왜냐하면 모세가 자기직무에 대한 피로에 굴복되었더라면, 그는 자기 뒤를 이어 이 백성을 인도할 지도자를 한 사람도 훈련시키지 못했을 것이기 때문이다. 과거에는 그러한 대비를 하지 못함으로 가망성이 높은 하나님의 일들이 파멸되었다.

이드로의 충고를 따름으로 모세에게 몇 가지 유익이 생겼다. 모세는 자기 직무의 더 높은 면과 책임에 전념할 수 있게 되었다. 그리고 잠재되어 있던 부하들의 능력을 발견하게 되었다. 계속해서 모세 자신의 손 안에서 모든 일을 처리했더라면 아마 그들은 모세를 비난하는 자가 되었을지도 모르는데 도리어 능력을 가진 이들이 책임을 느끼고 일하는 지도자로 개발되었으며 그의 충실한 협력자가 되었다. 또한 빠르게 진행되는 재판으로 백성들의 불평불만이 사라졌다. 또한 자기가 죽은 뒤, 민족을 효과적으로 지도할 사람을 대비하였다.

이드로는 훌륭한 영적 원리를 적절하게 제시함으로 사위를 격려했다. "네가 만일 이 일을 하고 하나님께서도 네게 허락하시면 네가 이 일을 감당하고…"(출 18:23) 모세는 그의 충고를 하나님의 절대적인 가르침으로 복종했다. 그 원리란 하나님께서 임명하신 자에게 부여하신 모든 일들을 성취하기 위해 하나님의 사람에게 권한을 주시는 데 이에 대한 모든 책임은 하나님께서 맡으신다는 것이다. 다른 사람들이 우리가 할 수 있는 것보다 더 잘 할 수 있는 일들이 있으면, 우리들은 그 일들을 양도해야 된다. 비록 그들이 일을 잘못한다고 할지라도, 완전주의자의 심리에 빠지지 말고 관용하면서 그 일들을 지켜보아야 한다. 모세는 의심할 여지없이 자기가 선택한 70인보다 일을 더 잘 할 수 있었지만 그렇게 하지 않았다. 그가 그렇게 하기를 주장했다면, 그는 얼마 안 가서 추억의 인물이 되고 말았을 것이다.

　이드로가 모세를 위해 제시한 협력자들을 선택하는 기준은 영적인 분별력을 보여주고 있다. 그들은 일을 잘 감당할 수 있는 능력 있는 사람이어야 하며, 또 하나님을 두려워하고 자기의 동료를 존경하는 경건한 사람이어야 하고, 불의한 이익을 탐내는 것을 미워하고, 뇌물에 눈이 어둡지 아니한 신의를 존중하는 사람이어야 했다.

　이런 일과 관련하여 지도자들을 위한 또 다른 교훈은 다음과 같은 것이 있다. 그것은 우리가 만족스럽게 실행할 수 있는 것보다 더 많은 일들을 떠맡는 실수이다. 우리 자신의 한계를 깨닫고 받아들일 수 있는 것이 유익하다.

　우리의 이드로들은 우리보다 우리가 할 수 있는 일과 할 수 없는 일들을 더욱 분명하게 분별할 수 있으며, 지도자가 되기 위해 어떤 대가를 지불해야 할 것인가를 잘 알고 있으므로 우리는 그들의 권고를 경청해야 한다. 우리가 자연 법칙을 어긴다면, 아무리 하나님께 대한 봉사일지라도 형벌에서 제외될 수 없다. 하나님의 지시에 의한 것보다 오히려 사람의 압력 아래 책임을 떠맡는 것이 쉬운 법이다. 그러한 의무를 위반한 행동들의 경우에 하나님은 책임 있게 역사하시기를 원하지 않으신다.

　선교사의 지도자 자격의 엄밀한 시험들 중 하나는 그 민족 지도자들이 충분하게 영적으로 성숙했다는 것이 입증될 때, 그들에게 기꺼이 책임을 위임하고, 지원하고, 도와줄 준비가 되어 있어야 하며, 또한 그들이 선교사들이 했던 방법대로 시련과 실수를 통해 경험을 얻도록 해야 한다는 사실이다. 이런 책임에 대한 발전은 그 민족 지도자들의 잠재된 재능을 발견하고 훈련하고 사용하게 하는 중요한 기능을 성취한다. 처음 상태에서는, 지혜롭게 경계하는 것이 필요하지만, 지나친 간섭을 피하면서 꼭 필요할 때만 도움을 주는 것이 좋다.

감시받고 있다고 느껴지면 일의 확신은 파괴되기 때문이다. 생스터가 영국 감리회 선교국의 총무로 임명되었을 때, 그는 자기 나라의 모든 감독을 없애버리고 구성원들에게 임무를 분담하여 책임을 맡겼다. 그는 동료를 완전히 신뢰하고 자기의 책임을 위임하였으며, 위임한 것을 결코 후회하지 않았다. 사람들은 이렇게 말했다. "그는 지도자의 자격을 잘 파악했기 때문에 조심스럽게 협력자들을 선택하고 이양하는 것의 중요성을 알고 있었다. 그는 그런 기술을 잘 습득하고 있었다."[4]

큰 선교회의 한 지도자에 대해 그 선교회의 간사가 논평했다. "그는 자기 밑에서 일하는 사람들에게 아무 간섭도 하지 않는 위대한 지도자 자질을 소유했다. 그러므로 누구든지 자신의 일에 열중했다." 또 다른 간사가 논평하기를, "그는 사람들이 무엇을 할 것인가를 알았으며, 그들에게 자신들의 기회를 최대로 선용하도록 하였고 단지 잘못된 것이 있는지 조사함으로 그들이 하는 것을 지켜보았다."[5]

---

4) Paul E. Sangster, *Doctor Sangster* (London: Epworth, 1962), 88, 221.
5) Phyllis Thompson, *Climbing on Track* (London: China Inland Mission, n.d.), 99.

19

지도자의
교체

> 내 종 모세가 죽었으니 이제 너는 이 모든 백성과 더불어 일어나
> 이 요단을 건너 내가 그들 곧 이스라엘 자손에게 주는 그 땅으로 가라 …
> 내가 모세와 함께 있었던 것 같이 너와 함께 있을 것임이니라(수 1:2, 5)

움직임이 유능한 한 인물 주위에 나타날 때, 그의 지도자적 자질에 대한 시험은 그가 물러난 다음 그의 사역이 어떻게 존속되느냐에 달려 있다. 이 사실은 동료 바리새인들에 대한 가말리엘의 충고에서도 엿볼 수 있다. "이제 내가 너희에게 말하노니 이 사람들을 상관하지 말고 버려두라 이 사상과 이 소행이 사람으로부터 났으면 무너질 것이요 만일 하나님께로부터 났으면 너희가 그들을 무너뜨릴 수 없겠고 도리어 하나님을 대적하는 자가 될까 하노라"(행 5:38-39). 하나님에 의해 시작되어 영적인 원리들로 집행되는 일은 지도자 자격의 변화에 대한 충격을

극복할 것이고, 사실 그 결과는 더욱 성공적일 수 있다.

하나님과 하나님의 일에 원치 않는 열심을 마음에 품는 것은 가능한 일이다. 하나님의 사역자들 중 한 사람의 죽음이 하나님을 놀라게 한다거나 특별한 대책을 취하게 하지는 않는다. 비록 우리들의 지도자가 물러나서 알려지지 않게 되고 우리 자신은 산산조각이 난다 할지라도, 우리는 하나님의 법궤에 대하여 크게 걱정할 필요가 없다. 우리는 세상의 지도자에게서 찾아볼 수 없는 자격 요건들이 그리스도인 지도자 가운데 있음을 명심해야 한다. 궁극적으로 하나님 나라의 지도자가 될 자들을 준비하고 선택하시는 분은 바로 하나님이시지 인간이 아니다(막 10:40). 하나님께서는 자신의 목적이 성취될 때까지 그 시작하신 일을 포기하시지 않는다.

모든 위대한 운동은 창시자의 죽음으로 위기에 직면케 될 것이라고 주장되어 왔다. 이것은 사실이긴 하지만 위기가 반드시 치명적인 것만은 아니다. 미국 선교 위원회의 초대 총무가 죽었을 때, 라이만 비처(Lyman Beecher)는 자기들의 외국 선교사역에 대해 절망적인 마음을 갖게 되었다고 말했다. 그러나 후임자가 맡겨진 임무를 잘 수행하였다. 그 후 그 또한 죽자 똑같은 위기에 직면하게 되었다. 마침내, 제3대 총무도 전임자와 같은 영향을 남긴 것이 증명되었을 때, 비처 박사는 하나님의 원천이 위원회와 그 문제들을 돌보시는 데 모두 똑같다는 것을 생각하게 되었다. 비처 박사가 이 사역에서 제외되었을 때, 몇몇 사람들은 사역의 절제와 정통성과 외국 선교에 이르기까지 둘도 없는 손실로 애석하게 생각했다. 그러나 이 모든 원인 때문에 그들은 새로운 지도자들을 하나님의 때에 하나님의 방법으로 찾아내게 되었다.[1] 그 사실은 아무리 사람이 재능이 있고 헌신된 자일지라도 하나님 나라의 일은 혼자서 하는 것이 아니라는 것을 보여준다.

사람들은 깨닫지 못하지만 하나님께서는 언제나 일을 하시면서 지도자가 될 사람들을 준비시키신다. 위기가 일어났을 때, 하나님은 빈틈없이 하나님께서 임명하신 자를 정해진 장소에 예비해두신다. 어떤 지도자가 교체된 직후 그의 능력이 즉각적으로 명백하게 나타나지 않는다 해도 시간이 지남에 따라 우리는 알게 된다.

이스라엘에게 주신 하나님의 위대한 선물은 약속된 땅이 아니라 모세와 다윗과 이사야와 같은 사람들이었다. 왜냐하면 하나님의 가장 위대한 선물은 항상 사람들이었기 때문이다. 하나님께서 교회에게 주신 가장 귀한 선물은 예수님께서 지도자로 훈련시켰던 12명의 제자들이었다.

능력 있는 모세가 지배권을 이양해야 할 시간이 가까이 왔을 때 몹시 놀라고 낙심하는 백성들의 모습을 그려보는 것은 그리 어려운 일이 아니다. 40년 동안 모든 생활이 모세를 중심으로 전개되었다. 그들의 문제해결과 논쟁에 대한 화해의 초점은 언제나 모세였다. 하나님의 뜻을 자기들에게 나타내주었던 사람 역시 모세였다. 그래서 그들에게 모

---

[1] Sunday School Times, *8 November 1913*, 682.

세는 둘도 없는 중요한 존재였음을 이해할 수 있다. 물론 모세의 수하에는 70명의 장로들이 있었으나, 동일선상에 서 있는 또 다른 모세는 없었다. 모세가 죽은 시기는 그들이 가나안 땅을 막 들어가려는 때였기 때문에 위기감이 더욱 고조되었다. 그들은 하나님께서 바로 이 위급함을 극복하기 위해 한 사람을 예비해두셨다는 것을 믿기가 쉽지 않았을 것이다. 그러나 하나님께서는 실상 오랫동안 여호수아를 준비시켜 오셨다. 그가 두각을 나타내게 된 것은 바로 위기에 처했을 때였다.

이런 상황이 역사 속에서 계속적으로 되풀이되고 있으며, 각각의 세대는 본질적으로 같은 교훈을 배워야 한다. 특출하게 뛰어난 지도자를 잃게 되는 것은 언제나 같은 의심과 두려움을 가져온다.

"존 웨슬리가 죽으면 감리교는 어찌 될 것인가?"
"윌리엄 부스(William Booth)가 죽으면 구세군은 어찌 될 것인가?"
"우리 목사님이 다른 곳으로 가시게 되면 어찌 될 것인가?"

영광의 길이 비록 죽음으로 인도한다고 할지라도, 새로운 영광이 나타나게 될 것이다. 모든 위대한 지도자는 죽음이나 다른 이유로 말미암아 필연적으로 그 자리에서 물러나야 하며 이 같은 지도자의 상실감은 그가 인도하던 공동체에 여러 가지 변화를 가져다 줄 것이다. 그러나 뒤돌아보면 겉으로 나타나는 비극은 실제적으로 더 많은 사람들이 일에 대해서 흥미를 갖게 하는 결과를 낳게 된다.

지도자의 인격과 업적은 그가 그 자리에서 물러난 후 비로소 완전히 드러나게 된다. 모세가 죽었을 때 비로소 이스라엘 백성들은 참된 견지에서 그의 위대함을 바라보게 되었다. "죽음의 강조가 삶에 대한 교훈을 완전하게 만든다."

한편으로, 우리는 지도자가 그 직위에서 물러났을 때 비로소 하나님의 일과 관련하여 그를 평가하게 된다. 그가 아무리 위대한 업적을 이루었다고 해도, 그 사람이 교체될 수 없는 것은 아니다. 그의 특별한 공헌도 더 이상 그 시대의 요청이 될 수 없는 때가 온다. 가장 능력 있는 지도자에게도 약점이 있을 수 있고 또한 그의 계승자에 의해 그가 적합하지 못했던 영역들이 개발되고 발전된다면 우리는 더욱 교체의 중요성을 깨닫는다.

많은 재능에서 전임자에게 못 미치는 사람도 때로는 그의 전임자보다 훨씬 더 효과적으로 일을 발전시키는 경우가 있다. 사실 모세에게는 여호수아만큼 훌륭하고 마음에 들도록 가나안의 정복과 분배를 이룰 만한 능력이 없었다.

강력하고 유력한 지도자가 물러남으로 또한 새로운 지도자의 출현과 개발을 이룩할 수 있다. 지도자의 아랫사람에게 책임 있는 일이 주어졌을 때 그 사람은 전혀 생각지도 않았던 자질들을 개발시키는 경우가 종종 있다. 다른 사람들이 전혀 예상치도 않았던 잠재된 힘과 능력들이 나타나게 된다. 만일 여호수아가 '모세의 종'으로만 남아 있었다면, 그가 입증하였던 탁월한 지도력은 결코 나타날 수 없었을 것이다.

종종 지도자의 교체는 하나님께서 이루시고자 하는 목표를 실현하기 위한 하나님의 다재다능함을 나타내는 기회가 된다. 하나님께서 주도권을 쥔 어떤 일에서 하나님의 자원은 무진장하다. 만일 놀라운 재능을 사용치 않는다면, 하나님께서는 소멸시킬 것이다. 하나님은 재능이 적을지라도 완전히 하나님께 사용되기를 원하는 사람을 취할 것이고, 그들에게 하나님의 전능하신 능력으로 그들의 부족을 채워주실 것이다. 이 사상은 고린도 교인들에게 진술한 바울의 말 가운데 암시되어 있다. "형제들아 너희를 부르심을 보라 육체를 따라 지혜로운 자가 많지 아니하며 능한 자가 많지 아니하며 문벌 좋은 자가 많지 아니하도다. 그러나 하나님께서 세상의 미련한 것들을 택하사 지혜 있는 자들을 부끄럽게 하려 하시고 세상의 약한 것들을 택하사 강한 것들을 부끄럽게 하려 하시며 하나님께서 세상의 천한 것들과 멸시 받는 것들과 없는 것들을 택하사 있는 것들을 폐하려 하시나니 이는 아무 육체도 하나님 앞에서 자랑하지 못하게 하려 하심이라"(고전 1:26-29).

하나님께서는 문벌 좋은 자들을 사용하기 원치 않으시는데 그 이유는 그들 중에 바울처럼 하나님의 뜻대로 기탄없이 자원함으로 자기들의 재능을 투자하는 사람들이 많지 않기 때문이다. 그러나 사람들이 자신들의 능력과 지혜를 의지하지 않고 하나님의 능력과 지혜를 의지할 때, 하나님께서는 자신의 영광을 위하여 그들을 사용하시는 일에 아무런 제한을 두지 않으신다.

놀라운 재능을 가지고 있던 기독교 선교 연맹의 창설자 심슨 박사의 생의 마지막 무렵 한 모임에서, 어느 탁월한 뉴욕의 목사는 심슨 박사의 선교회에서 어느 누구도 이 조직체를 계속적으로 이끌어나갈 만한 지도자로서의 자격을 갖추지 못했으며 또한 이 조직체의 사역을 지속하기 위해서는 많은 경제 자원의 축적이 있어야 할 것이라고 제의했다. 심슨 박사는 아무 말도 안했고 아무 일도 하지 않았다. 그는 그 일이 하나님께 속한 것이라면, 어떤 것도 그 일을 무너뜨릴 수 없으며, 만일 하나님께 속하지 않았다면, 아무리 좋은 목적도 영속적으로 유지될 수 없을 것이라고 굳게 믿었다.[2]

그는 그의 소신대로 선교회의 지도자의 자리에 관여하지 않았다. 그렇지만 이 선교회에 선교사로 헌신하겠다는 자원자가 증가하고 있음과 외국 선교 현지에서의 놀라운 성과를 들음으로써 그는 생의 마지막 몇 달 동안을 기쁨 속에서 지냈다. 그가 죽은 다음 해에는 그 선교회가 역사상 최대로 번창했던 해였음이 증명되었다. 아무리 위대한 찬사라 할지라도 그의 이런 훌륭한 지도자 자질에 대한 보상은 될 수 없을 것이다.

교체할 필요 없이 영구히 자리를 지키는 한 지도자가 있다. 예수님 승천 후, 그의 제자들 중 어느 누구도 그들 가운데서 한 사람을 택하여 주님의 자리에 임명하려 하지 않았다는 것은 놀라운 사실이다. 이는 예

---

2) A. E. Thompson, *The Life of A. B. Simpson* (Harrisburg: Christian publications, 1920), 208.

수께서 아직도 그들의 살아계신 지도자라는 것을 그들이 영광스럽게 의식한 무언의 증거이다. 교회는 가끔 예수님의 생생한 임재 의식을 잃어버렸으나, 결코 지도자가 없는 군대의 공포의 외침은 아니었다. 그분은 교회가 당하는 어려움과 위험이 그분의 마음 가운데 깊이 자리 잡고 있다는 것을 항상 보여주셨다.

마르틴 루터는 이렇게 말했다. "우리는 주님께 솔직히 이야기하자. 만일 그분이 자신의 교회를 소유하신다면 주님께서는 교회를 돌보시고 유지하시고 보호하실 것이 틀림없을 것이다. 왜냐하면 우리는 교회를 지지할 수도 없고 보호할 수도 없기 때문이다. 우리가 할 수 있다는 얘기는 하늘 아래서 가장 바보스러운 이야기에 불과하다."

우리에게는 어제와 오늘 그리고 영원토록 변함없이 영원한 생명의 능력으로 자신의 일을 이행하시는 지도자가 있기 때문에 우리는 인간 지도자들이 바뀐다고 해도 흔들리거나 실망할 필요가 없다.

20

지도자의
재생산

또 네가 많은 증인 앞에서 내게 들은 바를
충성된 사람들에게 부탁하라 그들이 또 다른 사람들을
가르칠 수 있으리라 (딤후 2:2)

위의 말씀에서 바울은 영적 지도자의 책임은 자기 자신을 재생산하고 배가하는 것이라고 차근차근 타이르고 있다. 만일 그가 전적으로 신뢰할 만한 책임 있는 사람을 대신 세우고자 한다면 그를 계승할 젊은 사람들을 훈련시키기 위해 시간을 바쳐야 할 것이고, 그래서 자기를 대신하도록 해야 할 것이다. 바나바의 보호를 받던 바울이 그의 영적인 능력을 앞지르고 그 팀의 유력한 구성원이 되었을 때, 바나바는 전혀 바울을 시기하지 않았다. 지도자는 자기 손아래 있는 자들에게 그들의 능력을 훈련하고 개발할 수 있는 충분한 기회를 주어야만 한다. 지도자들은 젊은 사람들을 개발시키고, 그들의 능력을 발휘할 적당한 계기를 마련함으로 그들의 삶을 향상시키도록 해야 한다는 것이 존 모트의 주장이었다. 그것을 성취하기 위해서, 책임에 대한 무거운 부담을 느끼게 해주고 최종적인 결정의 권한을 포함해서 그들에게 기회를 제공해야 한다. 그래서 그들은 자기들의 성취를 인정받고 관대한 칭찬을 받아야 한다. 중요한 것은 그들을 신뢰하는 것이다. 실수는 훈련받고 있는 지도자들이 치러야 할 값이다.

최근에 어떤 선교 모임에서, 선교사의 역할 가운데 고려해야 할 내용이 무엇인지 아시아인의 입장에서 말해달라는 어느 지도자의 요청을 받았다. 그는 많은 이야기 가운데 다음과 같은 말을 했다. "오늘날 동양에서의 선교사는 자신이 직접 일을 수행하는 사람이 되는 것보다도 다른 사람을 훈련시키는 자가 되어야 한다." 물론 이것이 모든 선교사의 상황에 다 적용될 수는 없겠지만 그것은 급변하는 선교전략에서 매우 중요한 부분이다.

장래의 지도자들을 훈련시키는 임무는 신중을 요하는 것이요, 현저하게 요구되는 전략이다. 현명한 지도자는 자신의 마음속에 품고 있는 계획을 떠벌리지 않을 것이다. 스티븐 닐 감독은 그의 풍부한 경험을 통해서 그리스도인의 사역의 이런 치명적인 면에 대해 잘못 접근한 몇 가지 위험들을 정확히 지적하였다. "만일 우리가 지도자 계급을 생산하겠다는 결심으로 시작한다면, 우리는 야망적이고 불만스러운 개인만을 생산하게 될 것이다. 우리가 어떤 사람에게 그가 지도자가 되기 위해서 부르심을 받았다고 이야기해주는 것은 그의 영적인 파괴를 초래하는 지름길이다. 왜냐하면 그리스도인의 세계에서 욕망이란 다른 어떤 죄보다도 더욱 치명적인 것이며, 만일 그가 그것에 굴복된다면 그 사람은 사역에서 무익한 존재가 되고 말 것이기 때문이다. 오늘날 가장 중요한 것은 교회들이 지도자를 선택할 때 지적인 지도자보다 영적인 지도자를 선택해야 된다는 사실이다."

레슬리 뉴비긴(Leslie Newbigin) 감독은 지도자의 자격에 대한 인식과 개념을 어느 한계까지 정한다는 것은 어려운 문제라고 지적한다. 비 그리스도인들에 의해 오해받지 않고 지도력을 사용하는 것은 매우 힘든 일이다. 그 필요는 지도자들을 위한다기보다는 오히려 성도와 종들을 위한 것이며, 만일 이 사실이 꾸준하게 가장 잘 두드러진 균형을 유지하지 못한다면, 지도자 훈련에 대한 모든 착상은 위험하게 될 것이다. 기독교 지도자의 훈련방식은 역시 예수님께서 12명의 제자들을 훈련시키신 것에서 배워야 한다.[1]

오늘날 가장 전략적이고 열매 맺는 선교사의 사역은 사람들의 영적인 가능성을 개발함으로 내일의 지도자들을 도와주는 일이다. 그것은 세심한 사고, 지혜로운 계획, 끝없는 인내와 진실한 그리스도인의 사랑을 요하는 일이다. 우리는 사람들을 아무렇게나 하도록 내버려 두어서는 안 된다. 우리 주님은 공생애 3년의 대부분을 제자들의 인격을 형성

---

1) Bishop Leslie Newbigin, *in International Review of Missions*, April 1950.

시키고 훈련하는 데 전념하셨다. 이런 필수적인 사역을 하는 데 우리는 시간을 초월해야 한다. 바울이 디모데와 디도와 같은 장래가 촉망되는 젊은 사람들을 훈련시킴으로써 그들은 주님의 발자취를 따라갈 수 있었다.

잘 가르친 에베소 교회의 사역을 맡기기 위해서 디모데를 준비시킨 그의 방법은 매우 본받을 점이 많다. 디모데가 가르치기를 시작했을 때는 스무 살 정도 되었을 것이다. 그는 여성적인 분위기에서 양육 받아 왔으며, 약한 기질은 아마 그의 좋지 않은 건강에 의해 더욱 두드러지게 나타났을 것이다. 그의 내성적인 소심함 역시 수정을 요했을 것이다. 그가 자기의 체질을 더욱 강하게 할 필요가 있었다는 것을 성경에서도 지적하고 있다. 그의 사역은 일관성이 없거나, 중요한 사람들에게 너무 관대하고 편파적인 경향이 있었다. 그는 의견을 달리한 자들에게 화를 잘 내거나 쉽게 흥분했다. 그는 꺼져가는 불꽃에 다시 불을 붙이는 것보다는 오래된 영적 경험을 의존하기가 쉬웠던 사람이었다. 그러나 바울은 그를 향하여 매우 고귀하고 엄격한 열망을 가졌으며, 그의 기질을 강하게 하고 사내다움을 부여하여 그로 하여금 어려움을 피하거나 쉽게 좌절하지 않도록 격려했다.[2] 바울은 힘에 지나칠 정도의 임무를 디모데에게 부과하기를 주저하지 않았다. 한 젊은이가 막중하게 부과된 일들에 최선을 다해 씨름하게 하는 것보다 더 큰 능력을 개발시킬 수

---

2) H. C. Less, *St. Paul's Friends* (London: Religious Tract Society, 1917), 135-41.

있는 다른 방법이 있겠는가?

    디모데는 바울과 함께 여행하면서 여러 부류의 고매한 사람들과 접촉하게 되었으며, 그들의 인격과 업적들은 그에게 건전한 야망을 유발시켰다. 그는 바울의 가르침에서 하루하루 바울의 사역에 나타났던 어려운 위기들을 의기양양하게 대면하는 법을 배웠다. 그는 복음을 전하는 특권을 함께 나누었다. 그는 데살로니가에 있는 그리스도인들을 견고하게 세우고, 믿음으로 그들을 확고하게 하는 책임을 부여받았다. 과연 그는 바울의 신뢰를 저버리지 않았다. 바울의 엄한 교육, 높은 기대 그리고 무거운 요구들이 디모데에게 큰 영향을 주어 그를 비범한 사람이 되게 하였다.

    폴 리스(Paul S. Rees) 박사는 사무엘 에스코바(Samuel Escobar) 목사와 함께 볼리비아에서 체류하였던 여행에 관해서 말하고 있다.

    "그는 어떤 책을 읽고 있었다. 명백히 그는 열광적인 흥분에 빠져 있었다. 흥분이 되어 몇 마디 낮은 목소리로 중얼거린 후에, 그는 나의 주의를 불러일으켰다. 그 책의 제목은『헌신과 지도자의 역량』(Dedication and leadership Techniques)이었으며, 책의 저자는 20년 동안 공산당의 적극적이고, 선동적이며, 조직적인 구성원이었던 더글라스 하이드(Douglas Hyde)라는 영국인이었다. 그는 1948년에 회심하였으며, 마르크스주의와 관계를 끊고, 로마 가톨릭 신자가 되었다."

그 책에서 가장 흥미진진한 내용 중의 하나 -그가 수년 동안 공산주의자와 관계있었던 이야기-는 그에게 찾아와 지도자가 되기를 바란다고 말한 한 젊은 사람에 대한 이야기이다. 하이드는 이렇게 말하였다. "지금까지 살아오면서 어느 누구도 이 청년처럼 지도자가 될 자격이 없는 사람은 결코 본 적이 없다. 그는 커다랗고, 무기력하고 널쩍하고 지루한 얼굴을 가졌으며 키는 작고 이상야릇하게 뚱뚱한 사람이었다… 그는 매우 말을 더듬었으며 한 눈이 사팔뜨기였다." 그래서 어떻게 되었을까? 아무리 기대도 없이 그를 외면하는 대신에, 하이드는 그에게 기회- 자기의 헌신을 공부하고, 배우며, 시험하고 그의 말더듬을 부드럽게 하는 -를 주었다. 결국 그는 영국에서 공산주의자들의 침투가 가장 잘 되어 있는 노동조합 가운데 한 곳의 지도자가 되었다.[3]

예리한 지도자는 아주 호감을 주지 못하는 사람일지라도 그 안에 잠재되어 있는 지도자적 자질들을 발견할 수 있어야 한다. 그 운동의 장점에 대한 논의를 떠나서 도덕재무장운동(Moral Rearmament)의 지도자인 프랭크 부흐만(Frank Buchman)은 위에 열거한 지도자적 자질이 뛰어난 사람이었다. 그는 자신이 과거에 했던 것보다 더 잘 행할 수 있도록 다른 사람들을 훈련시키지 않았었다면, 자신은 지도자로서 실패한

---

3) Paul S. Rees, "The Community Clue," Life of Faith, 26 September 1976, 3.

사람이었을 것이라고 말했다. 그는 수년 동안을 이런 사역에 몸 바쳐 일하였으며, 그가 다른 많은 지도자들과 다른 점이 바로 이 점이었다.[4]

선교 분야에서 이것보다 더 중요하고 가치 있는 일은 없을 것이다. 왜냐하면 피선교지에서 그리스도인들의 영적인 능력과 훈련이야말로 그 나라 교회의 발전을 좌우하기 때문이다. 선교 지역에서 초창기의 개척 상태가 일단 지나면, 모든 사역에서 지도자 훈련이 우선순위를 가져야 한다. 자기가 일하고 있는 사람들 가운데 장래성이 있는 젊은 사람들의 삶 속에 자기 자신을 배가시키는 것은 선교사의 주된 목적들 중 하나로 평가되어야 한다.

지도자를 양성하기 위해 젊은 선교사들을 훈련시킬 때, 예외적이거나 생소한 선교를 대비하여 신축성 있는 여지를 남겨두어야 한다. 하나님께는 그분의 '예외'가 있다. 그 중 많은 것들이 세상을 복음화 시키는 데 놀랍게 기여하였다. 누가 찰스 스터드를 한 분야의 지도자로 설명할 수 있겠는가? 이런 위대한 남녀 지도자들은 평범한 수준으로는 측정될 수 없으며 어떤 고정된 방식에 예속시킬 수 없다.

더글라스 손튼이 그러한 선교사 중 한 사람이었는데, 그는 근동에 있는 모슬렘 지역에서 모슬렘 교도들을 위한 사역에 지울 수 없는 발자취를 남겼다. 그는 보기 드문 재능을 가진 사람이었으며, 심지어 풋내기로서 급진적이고 실행 불가능해 보이는 일에 대해 그의 선배들에게

---

4) Howard, *Frank Buchman* (London: Heineman, 1961), 111..

자기의 소견을 나타내기를 주저하지 않았다.

그의 전기를 기록한 사람은 이렇게 쓰고 있다.

> 그가 이집트에서의 사역에 대한 과거, 현재 그리고 미래에 관한 그의 견해를 밝히는 비망록을 그의 선교회에 부득이 쓰지 않을 수 없었다는 것은 심히 놀라운 일이다. 그 지역에 온 지 겨우 3개월 반이 지난 젊은 선교사가 지도자가 된 것은 전례 없는 일이다. 이처럼 손튼은 특별한 사람이었으며, 시간이 지남에 따라 그의 관점과 심지어 그가 토론한 말까지도 연구할 가치가 있는 것이었음이 입증되었다. 대부분의 젊은이들은 더 성숙할 때까지 자기의 견해 피력을 보류하는 것이 흔한 일이다. 그러나 특별한 사람이 나타날 때, 두 가지를 관찰해야 한다. 즉 후배는 자기의 선배들을 감동시키기 위해서 올바른 방법으로 관찰한 것을 올바로 전달하고 또 선배들은 후배들이 그 지역에 대한 지식의 부족에도 불구하고 그의 참신하고 자발적인 착상에 귀를 기울여야 한다. 이는 양쪽 모두에게 어려운 교훈이다.[5]

지도자들을 훈련시키는 것은 대량생산의 기술들을 도입한다고 해서 이룩될 수는 없다. 그것은 오랜 시간에 걸쳐 개인에 대한 끈기와 면

---

5) W. H. T. Gairdner, *Douglas M. Thornton* (London: Hodder Stoughton, n.d.), 121.

밀한 가르침과, 신앙심이 깊은 개인적인 인도를 통해 이루어진다. "제자는 대규모로 제조된 도매 상품이 아니다. 제자는 한 사람 한 사람 만들어진다. 왜냐하면 누군가가 아파하면서 훈련을 베풀고 개개인에게 교훈과 기회를 주며, 양육함으로써만 형성되기 때문이다."

하나님이 어떤 사람을 지도자로 세우실 경우, 하나님께서는 그 사람을 유용하게 쓰기 위해서 그가 필요한 훈련을 받도록 하실 것이다.

하나님께서 어떤 사람을 훈련시키고
감격시키고
숙련시키기를 원하실 때,
하나님께서 한 사람의 인격을 형성하시고
가장 고상한 부분을 다루시기를 원하실 때,
하나님께서 그처럼 위대하고 대담한 사람을 창조하시기 위해서
그의 모든 마음으로 갈망하실 때,
모든 세상이 하나님의 손길과 방법을 바라보며
놀라움을 금치 못할 것이로다!
하나님께서 왕으로 택하신 사람을
거침없이 완전하게 하실 것이로다!
하나님께서 인간을 만드시고 그에게 감정을 주시고
능력 있는 입김을 그에게 불어넣으시고
시련의 진흙으로 주의 형상을 만드시는도다.

오직 하나님의 명철로서,

그의 뒤틀린 마음이 애통하는 동안

그는 손을 모아 간절히 기도하시는도다!

하나님께서 인간의 행복을 떠맡으실 때

하나님께서는 그것을 휘어지게는 하실지라도

결코 깨뜨리지는 않으신다.

하나님께서 인간을 모든 목적에 사용하시고 선택하시기 위해서

그 용도에 맞게 녹이신다.

모든 행동으로 인간을 설득함으로

하나님의 뛰어남을 엄밀히 시험하시는도다.

하나님께서는 자신의 모두를 아시기에!

- 작자 미상

21

지도자의 두드러진 위험들

내가 내 몸을 쳐 복종하게 함은 내가 남에게 전파한 후에
자신이 도리어 버림을 당할까 두려워함이로다(고전 9:27)

모든 직업에는 그 특정한 소명에 수반되는 위험들이 있지만 영적인 지도자에게 따르는 위험들은 특별히 미묘하다. 그는 결코 육신의 시험을 면제받은 자가 아니다. 오히려 조심해야 할 대부분의 위험들은 영적인 영역 안에 놓여 있다. 영적 지도자의 집요한 적인 '안식일도 없는 사탄'은, 그가 자기생활의 영역으로 받아들이는 분야에 대해서는 무엇이든지 이용하려고 애쓸 것이라는 것을 기억해야 한다.

교만

사람은 유명한 지도자의 위치에 오르게 되면, 자기기만과 교만이 일어나기 쉽다. 만일 그러한 것을 억제하지 않는다면 하나님 나라의 사역을 증진시키는 일에 방해가 될 것이다. 왜냐하면 "무릇 마음이 교만한 자를 여호와께서 미워하시기"(잠 16:5) 때문이다. 이 말은 얼마나 강력하며, 우리의 폐부를 꿰뚫는 말인가! 하나님께서 허영심보다 더 싫어하시는 것은 없을 것이다. 본질적으로 처음이요 근본적인 죄는 하나님을 희생시키고 자신이 왕위에 앉는 것을 목적한 데 있었다. 이 교만에 의해 하나님의 보좌를 지키는 기름부음 받은 천사가 부정한 악마가 되었으며, 하늘로부터 추방당했다.

죄라 추정되는 수많은 형태 중에서, 영적인 교만보다 더 증오할 만한 것은 없다. 하나님께서 부여하신 영적인 은사나 하나님의 사랑과 은혜로 높여진 지위로 교만하게 되는 것은 은혜가 선물이라는 것과 우리가 가진 모든 것은 하나님으로부터 받았다는 사실을 망각하는 것이다.

교만이란 교만의 임재와 그 결과가 거의 의식되지 않는 미묘한 죄이다. 그러나 우리가 이 죄에 빠졌는지 빠지지 않았는지는 다음과 같은 세 가지의 시험에 의해 곧 발견될 수 있다.

우선권의 시험 우리가 기대했던 임무나 우리가 원했던 직무에 다른 사람이 선정되었을 때 우리는 어떠한 반응을 보이는가? 다른 사람의 지위가 올라가고 우리가 무시될 때 우리의 반응은 어떠한가? 재능과 공로에 있어서 우리보다 다른 사람이 우수할 때 우리의 반응은 어떠한가?

성실성의 시험 정직한 자기비판의 기회에 우리는 우리 자신에 대하여 많은 말을 할 것이며 진지하게 그것들을 생각할 것이다. 그러나 다른 사람들이, 특히 나의 적수들이 우리에 대하여 같은 말을 정확하게 이야기할 때 우리는 어떻게 느끼고 반응하는가?

비판의 시험 비판이 우리 마음에 적개심과 원한을 불러일으키며 즉시 자기를 합리화시키는 요인이 되고 있는가? 우리는 혹평자의 흠을 찾아내는 데 서두르지는 않는가?

만일 우리가 정직하다면, 십자가상에서 죽기까지 자신을 낮추셨던 우리 주님의 삶에 우리 자신을 비추어 볼 때, 우리는 마음의 초라함과 값싸고 심지어 가치 없는 것에 압도될 수밖에 없다. 우리가 본성을 드러내어 우리의 교만을 보게 될 때, 우리는 이렇게 외칠 것이다.

오만이 추방될 때, 교만은 전락하고 말 것,
나는 단지 은혜로 구원받은 죄인일 뿐.

자기중심

자기중심이란 교만의 충동적 표현 중 하나이다. 그것은 자기의 재간과 중요함을 나타내고자 자신을 과대하게 생각하고 말하는 습관이다. 그것은 하나님과 하나님의 백성들의 행복과 관련시켜 사고하는 것보다 오히려 자기 자신과 관련하여 모든 것을 생각하도록 유인한다. 자기의 추종자들에 의해 오랫동안 찬사를 받아왔던 지도자는 이런 유혹에 빠질 큰 위험이 있다.

로버트 스티븐슨이 사모아에 도착했을 때, 그는 말루아 학원의 교장으로부터 원주민 목사들의 훈련을 위해서 학생들에게 강연해달라는 초청을 받았다. 그는 기꺼이 이 제의를 수락했다. 그의 강연은 베일을 쓴 야비한 예언자 이슬람교도의 이야기에 기초를 두었다. 그 예언자는 백성의 교사들 가운데서 화려한 빛이 나는 베일을 얼굴에 썼는데, 그 이유는 그의 용모의 영광이 너무 찬란함으로 아무도 바라볼 수 없기 때문이라고 말했다.

그러나 마침내 그 베일은 오래되어 썩어버렸다. 그때 백성들은 그 사람이 자기 자신의 추함을 숨기기 위해서 애쓰는 한 추한 노인이었음을 알게 되었다. 이 이야기를 통해 스티븐슨은 아무리 고귀한 진리를 가르치며, 아무리 교묘하게 인격의 흠을 변명할 수 있다고 할지라도, 때가 되면 그 베일은 벗겨지게 될 것이며 사람은 성실한 만큼 백성들의 눈에 나타나게 된다는 것을 강조하며 성실의 중요성을 역설하였다. 당신에게 베일 아래 억제하지 못하는 자기중심의 추한 모습을 하고 있거나 아니면 그리스도를 닮은 변용된 인격의 영광으로 나타나게 되는 날이 올 것이다.

당신 자신의 명성에 대하여 당신이 다른 사람들의 찬사를 어떻게 듣는가를 주시하는 것은 자기중심의 상승과 하락에 좋은 시험이 될 것이다. 경쟁자에 대한 찬사를 비난하고 싶은 욕망 없이 당신이 들을 수 있을 때까지는, 당신 속에 하나님의 은혜로 변화 받

지 않으면 안 될 자기중심적인 충동본성이 있다는 것을 확신하게 될 것이다.[1]

질투

질투는 교만의 가까운 친척이다. 질투가 많은 사람은 상대방을 의심한다. 이 시험은 모세의 충성스러운 동료를 통하여 나타났다. "엘닷과 메닷이 진중에서 예언하나이다." 격분한 모세의 종 여호수아는 "내 주 모세여 그들을 말리소서"라고 말하였다(민 11:28). 모세가 권한을 위임했던 사람들 가운데서 두 사람이 예언하였을 때, 그의 충성스러운 추종자들은 모세의 예언하는 특권과 그의 명예에 대한 도전에 질투하였다. 그러나 질투와 시샘은 하나님과 대면했던 사람의 관대한 성품 안에서는 자라날 수 없었다. 그러한 문제들은 자기를 부르셨던 하나님과 함께 안전하게 머물 수 있는 결과를 가져왔다.

"네가 나를 두고 시기하느냐 여호와께서 그의 영을 그의 모든 백성에게 주사 다 선지자가 되게 하시기를 원하노라"고 모세는 침착하게 대꾸하였다. 하나님의 영광을 위해 일하기를 사모하는 지도자는 자기 자신의 명예와 특권을 위해 아무런 관심을 가져서는 안 된다. 이렇게 될 때 비로소 하나님의 손길 안에서 안전할 수 있다.

---

1) Robert Louis Stevenson, *in The Reaper*, July 1942, 96.

인기

인간숭배는 공산주의에만 국한된 것이 아니다. 바울 당시에도 고린도에서 두각을 나타냈으며, 오늘날 우리에게도 성행하고 있다. 자기들의 영적인 지도자들과 조언자들에게 부당한 경의를 표하는 지혜롭지 못한 사람이 언제나 있으며, 그들은 다른 사람 위에 한 사람을 치켜세우는 경향이 있다.

이런 일로 인해 고린도 교회는 당파를 짓게 되었으며 결국 바울은 고린도 교회에 편지를 쓰게 되었다. "어떤 이는 말하되 나는 바울에게라 하고 다른 이는 나는 아볼로에게라 하니 너희가 육의 사람이 아니리요 그런즉 아볼로는 무엇이며 바울은 무엇이냐 그들은 주께서 각각 주신 대로 너희로 하여금 믿게 한 사역자들이니라. 나는 심었고 아볼로는 물을 주었으되 오직 하나님께서 자라나게 하셨나니 우리는 하나님의 동역자들이요 너희는 하나님의 밭이요 하나님의 집이니라"(고전 3:4-6, 9).

교회의 지도자들에게 너무 지나치게 경의를 표하는 것은 영적 미성숙과 세속성의 표시이다. 그리고 지도자가 그러한 아첨하는 경의를 받아들이는 것은 매우 연약하다는 증거이다. 바울은 그 일에 충격을 받았으나 그것을 혹독하게 거절했다. 주님의 일을 하는 데서 사람들에게 사랑을 받게 되는 것이 잘못이 아니라, 그 헌신이 주님으로부터 종에게로 기울어질 위험이 있기 때문이다. 영적 지도자들은 '그들의 사역에 대한 사랑은 매우 높이 평가' 되어야 하지만, 이 평가가 사람을 찬양하는 것이 되어서는 안 된다.

가장 성공적인 지도자는 자기를 따르는 자들의 애착을 자기 자신에게 두기보다는 그리스도에게 두도록 하는 사람이다. 자기의 사역이 열매를 맺고 그 사역의 진리를 인정받아 정당하게 격려 받을 수는 있으나, 사람들의 열심히 지나쳐 자신이 우상화되는 것은 거부해야 한다.

어떤 지도자나 설교자가 인기를 갈망하지 않을 수 있을까? 인기가 없는 것이 미덕이 될 수는 없지만, 그렇다고 인기가 너무 높은 값으로 구매되어서도 안 된다. 예수께서는 이것을 명백하게 말씀하셨다. "모든 사람이 너희를 칭찬하면 화가 있도다." 그리고 예수께서 보충적인 진리를 말씀하셨다. "나를 인하여 너희를 욕하고 핍박하고 거짓으로 너희를 거스려 모든 악한 말을 할 때에는 너희에게 복이 있나니"

스티븐 닐 감독은 신학생들에게 한 연설에서 이렇게 말하였다.

"인기란 것은 상상할 수 있는 가장 위험한 영적인 상태이다. 왜냐하면 인기는 사람들을 파멸로 떨어지게 하는 영적 교만으로 너무 쉽게 유인하기 때문이다. 세상과의 타협으로 자주 인기가 높은 가격에 팔렸기 때문에 우리는 두려움으로 그것을 경계해야 할 것이다."[2]

인기와 성공의 위험들은 스펄전의 독특한 사역에서도 늘 따라다녔다.

---

2) Bishop Stephen Neill, *in The Record*, 28 March 1947, 161.

성공은 한 개인에게 사람들의 압력을 노출시키며, 육신적인 방법과 행위에 의하여 자기가 얻은 것을 고수하려 하고 자기 자신을 끊임없이 팽창시키는 일방적인 요구에 완전히 맡겨버린다. 만일 성공이 한 개인을 흥분시켜 모든 일을 성취하시는 분이 하나님이시라는 것을 기억하지 못하게 된다면, 하나님은 그의 도움 없이도 일을 계속할 수 있음을 보이실 것이며, 어떤 방법으로든지 그를 낮추실 것이다.[3]

조지 휫필드가 가는 곳마다, 그의 인기는 확대되어 갔다. 그러나 그는 인기에 싫증을 느꼈고 가끔 식당에 들어갔을 때 누가 함께 있다는 사실도 잊어버리고 음식을 선택할 수 있는 사람을 부러워했다. 그러나 늘 그런 느낌만은 아니었다. 사역 초기에 그는 경멸받는 것은 죽는 것과 같았으며 조소를 당하는 것보다 차라리 죽는 것이 더 낫다고 말하였다. "그러나 나는 이제 병이 날 정도로 충분한 인기를 보았다"라고 외쳤다.

그가 누리는 인기의 사악함에 대하여 경고하는 사람에게 그는 이렇게 말하였다.

"당신의 호의에 진심으로 감사드립니다. 나의 영혼을 당신이 지켜주심에 하나님께서 보상해주실 것을 바랍니다. 그러나 나의

---

3) Helmut Thielecke, *Encounter with Spurgeon* (Philadelphia: Fortress, 1963).

적수들이 나에 관해 비난하는 것 이상으로 내 자신이 더 악하다는 것을 나는 잘 알고 있습니다."[4]

무오성

'영적이다'라는 것은 과오가 없는 것과는 다르다. 어떤 사람 속에 성령이 내재하시고 그 사람이 성령으로 인도받기를 구하는 사실은 의심의 여지없이 그는 아직 육신의 몸을 입고 있으며, 과오가 있기 때문이다. 잘못을 저지르지 않는 사람들보다 더욱 잘못을 저지르기 쉽다는 것을 의미한다. 심지어 거룩하게 부르심을 받고 성령 충만을 받은 사도들도 거룩함의 지배를 필요로 했던 실수를 범했다.

하나님을 아는 데 있어서 그의 동료보다 더 그분을 잘 알고 있는 지도자에게는 이 미묘한 위험에 무의식적으로 떨어질 위험이 도사리고 있다. 왜냐하면 그의 판단은 보통 다른 사람들보다 더 정확하다고 판명되었고, 그는 그들보다 더 진지하게 기도하고 사고하며, 그 문제와 씨름하였기 때문에, 그가 잘못할 가능성을 시인하고 형제들의 판단에 따르기가 어렵다. 그는 확신 있는 사람이며 그가 믿는 바를 위해 싸울 준비가 되어 있다는 것은 틀림없다. 그러나 그것은 실질적으로 과오가 없다는 것과는 다르다. 잘못 판단할 가능성을 시인하고 형제들의 판단을 기꺼이 따르는 것은 영향력을 감소시키기보다는 오히려 증대시킨

---

4) J. R. Andrews, *George Whitefield*(London˙ Morgan Scott, 1915), 412.

다. 과오가 없다는 태도는 오히려 신뢰의 손실로 끝나고 만다. 그러한 태도가 인생의 다른 분야에 진정한 겸손으로 공존할 수 있다는 것은 이상한 것이 아니라 참된 것이다.

절대 필요함

커다란 영향을 준 많은 사람들은 자기들이 둘도 없는 중요한 사람이며 따라서 그들은 그 직무를 자기들의 손에서 놓아서는 안 된다고 생각하는 유혹에 빠진다. 그래서 그들은 이미 젊은 사람들에게 넘겨주었어야 할 일을 오랫동안 고수한다. 이런 비참한 풍조는 다른 영역에서보다 그리스도인의 사역에 널리 퍼져 있다. 호의적으로 몇 년 동안은 그 전보다 유지될 수 있지만 나이든 사람들은 자리에서 물러나기를 거부하여 그들의 쇠퇴하는 손 안에 고삐잡기를 주장하고 결국 사역은 빛을 잃어간다. 저자는 거의 90세나 되어서까지 한 도시의 주일학교 교장으로 봉사한 훌륭한 그리스도인을 만난 적이 있다. 그곳에 쓸모없는 젊은이들만 있었기 때문은 아니었다. 분명한 것은 그 교회 안에 그 상황을 현실적으로 조정할 용기를 가진 사람이 한 사람도 없었다. 또한 그는 불행하게도 자기가 꼭 필요하다는 신화 속에서 일을 하고 있었다. 우리는 나이가 들어감에 따라 점차적으로 자신의 공헌을 객관적으로 평가할 수 없게 됨을 알아야 한다.

자기가 도왔던 교회에서 자신이 절대 없어서는 안 될 위치에 있다면 그 선교사는 교회에 큰 해를 준 것이라고 할 수 있다. 그는 초창기부터 배후에 물러서서 성도들로 하여금 주님을 참으로 의뢰하는 사람들이 되게 하며 실제적일 뿐만 아니라 그 사역을 완전히 책임질 수 있다고 확신하는 영적인 사람들을 훈련하는 것을 그가 지향해야 할 목표로 삼았어야 했다.

의기양양과 의기소침

하나님을 위한 모든 사역에는 반드시 향상과 성취의 날이 있는가 하면 낙심과 좌절의 때도 있다. 지도자는 전자의 경우처럼 심하게 의기양양하게 되거나 후자처럼 과도하게 의기소침하게 되는 위험에 빠지기 쉽다. 뿐만 아니라 그 둘 사이의 중간 상태를 발견한다는 것이 반드시 쉬운 일은 아니다.

70명의 제자들은 성공적으로 그들의 사역을 마치고 아주 의기양양하게 돌아왔다. 예수께서는 재빨리 그들의 자연적이며 영적인 반응을 점검하셨다. "그러나 귀신들이 너희에게 항복하는 것으로 기뻐하지 말고 너희 이름이 하늘에 기록된 것으로 기뻐하라"(눅 10:20). 예수께서는 높은 특권으로 자고하여 스스로를 높인 자의 운명에 주의를 돌리셨다. "사탄이 하늘로서 번개같이 떨어지는 것을 내가 보았노라."

갈멜산의 사건 이후, 엘리야는 매우 심한 좌절을 경험하여 죽기를 구했다. 여호와께서는 무력하고 병적으로 자기 연민에 빠진 이 사람을 고쳐주셨다. 여호와께서는 영적인 채찍이나 끌을 가지고 과로한 선지자에게 접근하지 않으셨다. 그 대신에, 주님께서는 그가 휴식을 취할 수 있도록 두 번의 긴 잠을 주셨고 숯불에 구운 떡을 두 번 먹게 하셨다. 그렇게 하신 후에 여호와께서 더 깊은 영적인 문제 -영속적인 가치가 있는 교훈 -를 다루기 시작하셨다. 그때 여호와께서는 그의 낙심에 대해 실재하는 근거가 없음을 보여주셨다. 바알에게 무릎을 꿇지 아니한 그의 동역자 7천 명이 아직 남아 있었다. 피로해진 그는 절대적으로 지도자를 요청하던 상황 속에서 도피함으로 그의 민족을 더욱 위태롭게 했던 것이다.

하나님의 사역에서 우리의 생각이 실현되지 않을 것이라는 것도 우리가 직면하게 되는 사실이다. 사악한 우상들은 진흙 발을 갖고 있음을 알아야 한다. 우리가 의지하는 사람들이 믿을 수 없는 사람임이 입증되는 경우도 있다. 심지어 매우 희생적이었던 지도자까지도 때때로 변하게 될 것이다. 그러나 영적으로 성숙한 지도자의 의기소침과 낙심에 대한 참된 기원을 분별하는 법을 알며, 그것을 적절하게 처리할 것이다.

마이어 박사를 알았던 대부분의 사람들은 그에 대해 말할 때, 확신을 가진 낙천가로 사물의 밝은 면을 보며, 희망적이고, 활력적이며, 악을 극복하고 선의 궁극적인 승리를 확신한 사람으로 그를 묘사한다. 그리고 그들은 옳았다. 그는 유쾌하며 희망에 차 있었고 용기를 북돋아 주는 사람이었다. 그러나 그는 동시에 매우 날카롭고 사려 깊은 사람이었으며, 매우 겸손한 학도였고, 인생의 염세적인 흐름에 굴복하지 않은 거인이었다. 그러나 그도 때때로

절망의 깊은 수렁에 빠지기도 하였으나 그것을 슬퍼하거나 부정하지 않고 인생을 직시했다.[5]

그는 우리와 같은 감성의 소유자였으나, 결코 그 가운데 오래 머무르지 않았다.

'목사의 좌절'이라는 강연에서 스펄전 목사가 간증했듯이 또 다른 종류의 의기소침이 있을 수 있다.

어떤 위대한 성취에 앞서서, 어느 정도의 의기소침은 매우 흔하다… 그것은 런던에서 처음 목사가 되었을 때 나의 경험이었다. 나의 성공은 나를 섬뜩하게 하였고 이 성공이 나를 향상시키는 것이 아니라 나를 더욱 낮은 바닥에 던졌다. 나는 애원했으며, 정녕 '지극히 높은 데서는 하나님께 영광이요'라는 찬양을 할 여유를 찾지 못했다. 그 많은 무리들을 계속해서 인도해야 하는 나는 누구란 말인가? 나는 나를 알지 못하는 마을로 이사하거나 미국으로 이민을 하든지 하여 내가 감당할 수 있는 일만으로 충분한 자연 속의 어느 마을에 들어가 쉬며 일하고 싶었다. 그때 나의 일생의 사업을 시작하는 휘장이 올라가고 있었으며, 나는 나의 미래를 두려워하고 있었다. 내가 신앙이 없는 것이 아니고 내 자신의 부적절에

---

5) W. Y. Fullerton, *F. B. Meyer* (London: Marshall, Morgan Scott, n.d.), 172.

대한 감정으로 가득 차 있었기 때문이다. 여호와께서 나의 사역을 위해 커다란 축복을 준비하고 계실 때마다 이런 의기소침이 나를 덮쳤다.[6]

모든 것이 잘 되어가는 계절이 있다. 목표에 도달하며, 계획된 노력이 결실을 이루어 성공하며, 성령께서는 영혼들을 구원하시고 성도들에게 축복하시기 위해 활동하신다. 이러한 때에 성숙한 지도자는 누구의 이마 위에 성취의 면류관이 놓이게 될 것인가를 알고 있다. 로버트 맥체인이 그의 사역에서 이런 축복된 시기를 경험하였을 때, 그는 일터에서 집으로 돌아오는 중에 무릎을 꿇었으며 그가 분명히 아는 대로 주님의 이마 위에 성공의 면류관이 상징적으로 놓인 것을 바라보며 기도하였다. 이런 훈련은 하나님 한 분에게만 속한 영광을 자신이 가로채는 위험으로부터 자기를 구하는 데 도움이 되었다.

사무엘 차드윅은 이런 위험에 대한 현명한 태도를 요약하였다. "성공한다 하더라도 뽐내지 말라. 실패한다 하더라도 투덜대지 말라."[7]

선지자인가, 지도자인가

어떤 사람이 두 가지 일이 모두 적합할 경우 그 두 가지 사역 사이에

---

6) Thielecke, 219.
7) N. G. Dunning, *Samuel Chadwick* (London Hodder Stoughton, 1934), 206.

서 갈등하는 경우가 종종 있다. 예를 들면, 여러 가지 은사를 소유한 설교가가 그의 교회나 조직체 안에서 한 위치에만 머물면서 인기 있는 지도자 중의 하나가 되든지 아니면 인기가 없는 선지자 중의 하나가 되든지를 선택하도록 강요받을 수 있다.

이러한 딜레마는 시카고에 있는 무디교회 목사였고, 나중에 런던에 있는 스펄전 교회의 목사였던 딕슨(A. C. Dixon)에 의해 묘사되었다.

> 모든 설교자는 결과에 집착하지 않고 우선적으로 하나님께서 그에게 명령하신 대로 설교하는 하나님의 선지자가 되어야 한다. 그가 지기의 교회나 교파의 지도자라는 사실을 의식하게 될 때, 자기사역에 있어서 위기에 봉착하게 된다. 그는 이제 두 가지 길 중 하나 즉, 하나님의 선지자가 되느냐 아니면 사람들의 지도자가 되느냐를 선택해야 한다. 만일 그가 선지자와 지도자가 되기를 구한다면, 그는 두 가지 다 실패하게 될 것이다. 만일 그가 지도자 자격을 잃지 않으면서 동시에 선지자가 되기를 결정한다면, 그는 외교관이 되는 것이며 결국 그는 선지자가 되는 것은 포기해야 할 것이다. 만일 그가 어떤 희생을 치르더라도 지도자 자격을 유지하기로 결정한다면, 그는 자리를 얻거나 붙들기 위해서 조종하는 정치가의 수준으로 쉽게 전락될 것이다.[8]

---

8) H. C. A. Dixon, *A. C. Dixon* (New York: Putnam's 1931), 277.

물론 딕슨 목사가 제시한 것처럼 두 가지 역할이 뚜렷하게 둘로 갈라지는 것이 아니며, 전자는 반드시 필연적으로 후자를 포함하지 않을 수도 있다. 그러나 상황이란 가장 높은 수준의 훈련을 가로막는 영적인 사역과 지도자의 자격 가운데서 하나를 선택해야 될 때 매우 쉽게 이런 사태가 전개될 수 있다. 여기에 위험이 있다.

하나님께서 세계의 절반을 부흥시키기 위해 사용하셨던 토리(Torrey) 목사도 그러한 선택에 직면하게 되었다. 딕슨 목사가 그에 관하여 이렇게 썼다.

> 토리 목사에 대해 들었던 많은 사람들은 그 사람과 그의 설교를 알고 있다. 그는 성경을 사랑하며, 성경이 정확 무오한 하나님의 말씀인 것을 믿고 있었으며, 몹시 감격스러운 확신의 열정으로 성경을 가르쳤다. 그는 결코 타협하지 않았다. 단순히 사람들의 지도자가 되는 것보다 오히려 하나님의 선지자가 되는 것을 택했으며, 그것은 하나님과 사람들에게 함께 한 그의 능력의 비결이었다.[9]

실격

바울은 그리스도에 대한 헌신적인 사랑과 불타오르는 열정에도 불구하고 다른 사람에게 복음을 전파한 후에, 도리어 자기 자신이 버림당

---

9) Ibid., 158.

할지도 모른다는 두려움을 가지고 있었다(고전 9:27). 모두에게 영적인 책임들을 맡겨야 되었을 때, 그에게 있어 그것은 끊임없는 도전이요 경고였다. 높은 재간과 방대한 경험으로 인해 바울은 독선적인 자기만족을 초래하지 않았을 뿐 아니라, 그의 헌신적인 사역의 생애에서 그렇게 비참한 용두사미와 같은 결말에서 자기 자신은 면제되리라고 생각하지 않았다.

'쓸모가 없는' 혹은 '버림이 되는'으로 번역이 된 단어는 금속에 대해 사용되는데, 연단 받는 동안에 시험에서 탈락되는 것을 가리킨다. 열망하는 상을 잃지 않고 경기에서 실격당하지 않게 되기를 유의했던 것은 분명하다. 만일 바울이 그 경기의 모든 규칙을 따르는 데 실패했다면, 상을 얻지 못했을 것이다.

바울은 자기 자신을 이중적인 역할로 나타내고 있다. 그는 경쟁자이며 명단을 갖고 있는 의전관이다. 의전관의 역할이란 시험의 규칙을 알리고 경쟁자들을 호출하는 것이다. 전파한다는 단어는 '전달하다'라는 동사에서 연유된 것이다. 의전관으로서 다른 사람들을 경기장에 들어가도록 명령한 후에, 자기 자신이 같은 기준에 의해 측정될 때 실격될지도 모른다는 것이 바로 사도 바울의 두려움이었다. 그러한 경우, 의전관으로서의 그의 높은 자리는 불명예를 가중시킬 것이다.

그는 육체로부터 생기는 것에 유의하며 혹독한 자기 훈련을 통하여 실패를 극복하지 않으면 안 되었다. 찰스 하지(Charles Hodge)는 성경에서 몸을 "죄의 자리요 기관이며, 우리의 모든 죄 많은 본성이 자리 잡은 곳이다. 그것은 바울이 복종시키려고 애썼던 감각적인 본능뿐 아니라, 그의 마음에 사악한 경향이었다"라고 말했다.

바울은 이 끊임없는 위험에 대한 만병통치약을 교리나 윤리적인 영역에서뿐 아니라 육체적인 영역에도 있다고 생각했다. '절제하는' (temperate)이란 단어는 금욕주의도 아니요 방종도 아닌 자제하는 중용을 뜻한다. 그는 그의 몸을 육체적인 욕망이나 단정치 못한 방종이 지배하지 못하도록 하였다. '내가 내 몸을 쳐 복종하게 함'이란 말은 그가 싸움에서 이겨서 이제는 적들을 자기의 노예로 삼고 고향으로 개선 행진하는 의기양양한 장군을 연상하게 한다. 웨이(A. S. Way)는 이 구절을 적절하게 번역했다. "나는 내 자신의 동물적인 본성을 위협할 뿐 아니라, 그 본성을 나의 주인이 아닌 내 종으로 취급한다."

22

본을 보인 지도자, 느헤미야

내 하나님이여 나를 기억하사 복을 주옵소서(느 13:31)

영향력 있고 권위 있는 지도자 자격에 대한 성경적인 본보기 중 하나는 느헤미야의 삶에서 찾아볼 수 있다. 때때로 그의 방법은 다소 강경하게 보였으나, 그는 놀랄 정도로 짧은 시간에 자기 백성들의 삶 가운데 극적인 개혁을 성취하기 위한 하나님의 계획에 쓰임을 받았다. 그의 인격과 방법을 분석해보면, 그가 채택했던 방법들은 그 인격의 특성 때문에 효과적이었다는 것을 알 수 있다.

그의 인격

그의 꾸밈없는 이야기를 읽음으로 얻게 되는 첫 번째 인상은 그는 '기도'의 사람이었다는 것이다. 예루살렘의 비참한 처지를 듣고 난 그의 첫 번째 반응은 기도하기 위해 하나님께로 향하였으며, 그것은 그가 은혜의 보좌에 전혀 낯선 자가 아니었다는 증거이다. 그에 대한 기록은 시종일관 절규하는 기도로 꽉 채워져 있다. 그에게는 기도가 한 때 흘러가는 일이 아니고 일상 속에서 빠뜨릴 수 없는 부분이었다(1:4, 6, 2:4, 4:4, 9, 5:19, 6:14, 13:14, 22, 29).

커다란 위험에 직면해서도 그는 '용기'를 잃지 않았다. "내가 이르기를 나 같은 자가 어찌 도망하며 나 같은 몸이면 누가 외소에 들어가서 생명을 보존하겠느냐 나는 들어가지 않겠노라"(6:11). 이 확고하고 두려움 없는 표현은 낙심하고 있는 백성들의 사기를 북돋아 주었다.

그는 백성들의 행복을 위해 '진심으로 우러난 관심'을 보였는데, 어떤 관심은 너무 명백했기 때문에 심지어 그의 적들도 그것에 대해서 언급하였다. "호론 사람 산발랏과 종이었던 암몬 사람 도비야가 이스라엘 자손을 흥왕하게 하려는 사람이 왔다 함을 듣고 심히 근심 하더라"(2:10). 그의 관심은 금식하고 기도하며 우는 것에서 찾아볼 수 있다(1:4-6). 느헤미야는 자기백성들의 슬픔뿐 아니라 그들의 죄까지 자기의 것으로 동일시하였다. "이스라엘 자손이 주께 범죄 한 죄들을 자복하오니 … 나와 내 아버지의 집이 범죄 하여"(1:6).

또한 그는 날카로운 '선견지명'을 나타냈다. 왕의 호의적인 관심을 얻게 되었을 때, 그는 자기가 통과해야 하는 영역들을 지나갈 수 있도록 감독들에게 내리는 조서를 자기에게 달라고 청하였다. 그러나 그의 생각은 예루살렘에서 자기를 기다리고 있는 임무에 더욱 골몰하였다. 또한 왕의 삼림 감독에게도 조서를 내리도록 요청함으로 "전에 속한 영문의 문과 성곽과 나의 거할 집을 위하여"(2:8), 필요한 들보 살림을 얻을 수 있었다. 그는 매사를 조심스럽게 생각했다.

느헤미야의 활동과 그의 성격 중에는 '신중함'이 있었다. 예루살렘에 도착하자마자, 그는 경솔하게 그의 일에 착수하지 않았다. "내가 예루살렘에 이르러 머무른 지 사흘 만에"(2:11). 시간이 경과한 뒤에 상황을 신중하게 평가하면서 일을 시작했다. 심지어 그는 어두운 밤을 이용하여 지형을 답사했다. 즉 이 같은 그의 내적인 신중함은 자기가 온 목적에 대해서 침묵을 지키게 하는 요인이 되었다.

느헤미야는 '명확한 결단성'을 가진 사람이었다. 그는 결정해야 될 때 지체하지 않았다. 그의 정력적인 성격은 지연되는 것을 용납지 않았다. 그는 유별날 정도로 '감정이입'의 공감능력을 소유했다. 그는 백성들의 문제와 불평에 기꺼이 이해와 동정으로 귀를 기울였으며, 도와주는 행동을 취하였다(4:10-12, 5:1-5). 어떤 지도자가 자기수하에 있는 한 사람에 대해 말하기를, "나는 그가 내 어깨에 기대어 울지 못하게 했다!"고 하였는데, 그러나 사실 지도자의 어깨는 그것을 위해 있는 것이다!

느헤미야의 결정과 행동은 엄격하게 '편견이 없는 것'으로 특징지을 수 있다. 그는 사람들을 전혀 편애하지 않았다. 귀인과 민장들도 잘못할 때는 일반 백성들과 같이 거리낌 없는 책망을 들었다. "귀족들과 민장들을 꾸짖어 그들에게 이르기를 너희가 각기 형제에게 높은 이자를 취하는도다 하고 대회를 열고 그들을 쳐서"(5:7).

문제들에 대한 그의 영적인 접근은 '건전한 현실주의'를 배척하지 않았다. "우리가 우리 하나님께 기도하며 그들로 말미암아 파수꾼을 두어 주야로 방비하는데"(4:9).

'책임을 수락함'에서, 그는 귀찮은 것들을 회피하지 않았으며 따라다니는 어려움을 성공적인 해결로 바르게 함으로써 그의 임무를 수행할 준비가 되어 있었다.

느헤미야는 행정에서는 정력적이었고, 위기에 처해서는 초연했으며, 위험을 겁내지 않았으며, 결단하는 데 용감하였고, 조직에서 완전무결하였으며, 지도자의 자리에는 사욕이 없었고, 반대 앞에서는 인내했으며, 위협에 직면해서 굴하지 아니하였고, 술책에 대하여 방심하지 않았던 사람으로 자기를 따르는 자들에게 확신을 심어준 지도자였다.

그의 방법

'그는 자기 동료들의 사기를 북돋아 주었다.' 이것이 책임감 있는 지도자의 중요한 기능이다. 그는 동료들의 믿음을 격려하고 그들의 눈앞에 당면한 문제에서 잠시 시선을 돌려 그들의 생각이 하나님의 위대하심과 성실하심에 향하도록 그 목적을 성취했다. 도처에 산재된 기록은 다음과 같은 그의 확신을 반영한다.

"하늘의 하나님이 우리를 형통하게 하시리니"(2:20)

"여호와로 인하여 기뻐하는 것이 너희의 힘이니라"(8:10)

믿음이 믿음을 낳게 한다. 비관주의는 불신을 낳는다. 자기의 동료들에게 믿음을 공급하는 것이 영적 지도자의 우선적인 책임이다.

'그는 인정과 격려함으로 관대하였다' 느헤미야는 낙담에 빠지고 사기가 저하된 백성들 앞에 나타났다. 그의 첫 번째 목적은 희망을 불러일으켰고 그들의 협력을 얻었다. 그는 자신에게 있는 하나님의 선하신 손을 자세히 이야기하고, 하나님 안에서 자기의 비전과 철저한 확신을 그들과 나눔으로 자기본분을 다했다. "하나님의 선한 손이 나를 도우신 일과 왕이 내게 이른 말씀을 전하였더니 그들의 말이 일어나 건축하자 하고 모두 힘을 내어 이 선한 일을 하려 하매"(2:18).

잘못과 실수는 정확하게 고쳐져야 한다. 그러나 그것이 이렇게 고쳐지느냐 하는 것이 중요한 것이다.

느헤미야는 사람들을 더 낫게 고무시키기 위한 방법으로 사람들의 결함을 시정하였다. 또한 특기할 사실은 그의 성실하고 확고한 삶의 훈련이 그로 하여금 백성들로부터 계속적인 신임을 얻게 하였으며 그의 권위를 더욱 굳게 하였다.

'그는 잠재되어 있는 허약함의 원인들을 신속하게 처리했다.' 두 가지 전형적인 경우가 기록되어 있다. 그 첫 번째는 백성들이 '피로와 방해로 낙담에 빠지게' 되었다(4:10-16). 그들은 완전히 지쳐 있었으며 진로를 방해하는 방해물이 산적하였으며 대적들은 그들을 협박하고 있었다. 이때 느헤미야는 어떤 재치를 사용하였는가? 그는 그들의 생각이 하나님을 향하게 하였다. 그리하여 그들이 다시 적절하게 무장하도록 격려하였고 그들을 다시 나누어 전략적인 요지에 세웠다. 그는 종족에 따라 무장하게 하였다. 절반은 지키면서 쉬는 동안에 나머지 반은 일을 하도록 명했다. 그들은 지도자가 자기들의 직면한 문제들을 알고 그 문제들을 해결하려고 애쓰는 것을 보았을 때 다시 용기를 얻었다.

두 번째 경우는 백성들이 자기들의 부유한 형제들의 소유에 대해 '욕심과 무정함으로 환멸을 느끼게' 되었다(5:1-5). 그들은 땅을 전당잡혔으며, 자녀 중의 몇몇을 종으로 팔아야만 했다. "우리의 밭과 포도원이 이미 남의 것이 되었으나 우리에게는 아무런 힘이 없도다." 자기 자녀들의 복지가 침범당할 때보다 백성들의 사기가 더 저하된 때는 없었다.

느헤미야가 채택한 재치는 교훈으로 가득 차 있다. 그는 백성들의 불만을 세심하게 들었으며 궁지에 빠져있는 그들을 동정했다. 그는 자기들의 혈족으로부터 이익을 취한 귀인들의 무정함을 꾸짖었다(5:7). 그는 그들의 행동과 자신의 이타주의를 대조했다(5:14). 그는 즉각적인 반환을 촉구했다(5:11). 그의 영적인 주도권이 매우 컸으므로 그들은 이렇게 대답했다. "우리가 당신의 말씀대로 행하여 돌려보내고 그들에게서 아무것도 요구하지 아니하리이다"(5:12).

'느헤미야는 하나님의 말씀에 대한 권위를 회복하였다'(8:1-8). 그가 시행한 개혁은 일시적이거나 심지어 현실과는 거리가 먼 불가능한 것이었을지도 모른다. 그는 하나님의 말씀의 수준을 강력하게 역설했고, 그것은 그와 그의 행동에 영적인 권위를 가져다주었다.

그는 초막절의 복귀를 명하였는데, 그 절기는 여호수아 이래로 지켜지지 않았던 것이다(8:14). 일에 지친 백성들이 그 주의 휴일과 축제를 환영하게 되었다. 율법책의 낭독은 백성과 제사장들 양편 모두에게 회개와 자복의 결과를 가져왔다(9:3-5). 그들은 도비야의 신성 모독의 세간을 하나님의 전에서 청결케 하였다(13:4-9). 거룩한 기명을 방에다 다시 들였으며(13:9), 십일조를 다시 그 방에 들였다(13:5). 안식일을 강화하였으며(13:15), 주변 나라들과 통혼을 금하였고(13:23-25), 이방 사람들과의 분리가 실행되었다(13:30).

'그는 조직에서 능란하였다.' 계획을 세밀하게 짜기 전에 조심스럽게 관찰하고 상황에 대해 객관적인 평가를 하였다(2:11-16). 그는 일할 수 있는 개인들에 대한 정보를 세밀하게 획득하였다. 그는 매혹적이지 못한 탁상 사무도 소홀히 하지 않았다. 각각의 그룹들에게 전문적이고 분명하게 제한된 책임의 분야들을 맡게 하였다. 그는 자기 밑의 지도자들에게 그들의 이름과 각각 일하고 있는 장소를 언급하면서도 그들을 알맞게 인정하였다. 그들이 단지 기계에 있는 톱니 이상의 존재라는 인상을 주었다. 그는 책임을 지혜롭게 이양했다. "내 아우 하나니와 영문의 관원 하나냐가 함께 예루살렘을 다스리게 하였는데"(7:2) 그는 이렇게 능력 있는 다른 사람들에게 그들의 잠재적인 지도자 자질을 개발시킬 기회를 주고 있었다. 그는 그가 선택한 부하들의 높은 기준, 즉 "충성스러운 사람이요"의 충성스러움과 "하나님을 경외함이 무리 중에서 뛰어난 자라"(7:2)의 비범한 경건을 알고 있었다.

그의 지도자 자격은 '조직적인 반대에 대한 그의 태도'에 나타났는데, 그 반대들은 다양한 형태 -모욕, 비꼼, 침략, 협박 그리고 음모-들을 취하였다. 소용돌이치는 급류 한가운데서도 동요하지 않고 나아갈 때 마침내 현명하고 확고한 인도를 얻었다.

다시 그의 첫 번째 의지는 기도하는 것이었다. "우리가 우리 하나님께 기도하며"(4:9) 그렇게 행하는 것이 확실해질 때, 그는 간단하게 자기의 대적들을 묵살할 수 있었다. 그는 확고하게 대적들이 자기의 중심 과제로부터 기울어지는 것을 허용하지 않았으며, 같은 시간에 모든 필요한 예방책을 강구했다(4:16). 무엇보다도 가장 중요한 것은, 그는 하나님 안에서 흔들리지 않는 믿음의 태도에서 결코 벗어나지 않았다(4:20).

영적 지도자 자격의 시험은 결국 그 목적의 성공적인 성취에 달려있는 것이다. 느헤미야의 경우 그것은 의심의 여지가 없었다. "성벽 역사가… 끝나매"(6:15).

영적 지도력
SPIRITUAL LEADERSHIP

제 1 판 1쇄 발행 1982년 7월 10일
         13쇄 발행 1991년 3월 5일
제 2 판 1쇄 발행 1991년 9월 1일
         20쇄 발행 2004년 4월 6일
제 3 판 1쇄 발행 2004년 7월 1일
         16쇄 발행 2017년 9월 15일
개정판   1쇄 발행 2018년 9월 12일
         6쇄 발행 2023년 10월 20일

지은이   오스왈드 샌더스
옮긴이   이동원

발행인   김용성
담당편집   강성모
디자인   조운희
제작   정준용
보급   이대성

펴낸곳   요단출판사
등록   1973. 8. 23. 제13-10호
주소   07238) 서울특별시 영등포구 국회대로 76길 10
기획   (02)2643-9155
보급   (02)2643-7290
           Fax(02)2643-1877
구입문의   요단기독교서적센터 (02)593-8715
           대전침례회서관 (042)256-2109

ⓒ 2018. 요단출판사 all right reserved

값 13,000원
ISBN 978-89-350-1716-4 03230

이 책의 한국어판 저작권은 요단출판사가 소유하고 있습니다.
출판사의 사전 승인 없이 책의 내용이나 표지 등을 복제, 인용할 수 없습니다.